KB151814

49편의
말많은
영화읽기

FORTYNINE... TALK... MOVIE...

49편의 말 많은

영화읽기

윤문원 지음

포이즌

영화는 삶이다

영화는 삶 그 자체입니다. 과거의 삶을 반추하고, 현재의 삶을 비춰주기도 하고 미래의 꿈을 제시하기도 합니다. 영화는 2시간 내외의 제한된 시간을 통하여 시공을 초월한 메시지를 전달하고 있습니다.

영화는 관객이 어떤 관점으로 보는가가 중요합니다. 오락성, 배우의 연기, 전체적인 줄거리, 대사, 영화가 던지는 주제와 메시지 등 각자 관심을 가지고 있는 부분이 다양합니다.

이 책에 실린 영화는 재미도 있고, 많은 메시지를 던지고 있으며, 논쟁거리가 되는 '말 많은 영화'들로 채워져 있습니다. '영화를 통한 세상보기'를 시도하면서 영화의 주제나 의미를 통하여 현실적인 문제를 파악하고 기술하는 능력을 키울 수 있도록 하는데 중점을 두었습니다.

한 작품마다 화면 전개 순서에 따라 주제와 관련이 있는 줄거리, 대사, 음악, 의미부여, 원어까지 생생하게 묘사하고 있습니다. 독자는 서술하고 있는 포인트를 따라 영화를 감상한다면 아주 색다르고 깊이 있는 영화 감상을 하게 될 것입니다.

영화는 만국의 공통적인 취미 소재입니다. 영화를 화제로 대화를 나누면 인종 간. 세대 간. 가족 간의 벽을 뛰어넘는 유쾌한 시간을 가질 수 있습니다.

그대가 기성세대라면 신세대들과 영화 이야기를 나누어 보십시오. 그저 줄거리가 아니라 영화가 가지고 있는 함축된 의미를 함께 토론하다보면 세대 차이를 넘어 깊은 친화력이 생길 것입니다. 그대가 부모라면 자녀와 함께 영화를 보고 난 다음 감상 토론을 한다면 멋진 부모라고 여겨질 것입니다. 그대가 외국인을 만나 담소를 나눌 때 '말 많은 영화' 한 편을 소재로 삼는다면 그 대화는 정말 유쾌하게 진행될 것입니다.

이 책을 쓰면서 영화의 오프닝부터 엔딩까지 세밀하게 묘사한다는 것은 대단한 인내를 필요로 하였습니다. 아무쪼록 이 책이 '말 많은 영화'에 대한 올바른 감상과 이해를 통하여 사고력을 기르고 세상을 보는 눈이 더욱 밝아지는 데 조금이라도 도움이 되었으면 합니다.

저자 윤 문 원

■ 차 례

책을 쓰면서　　5

part 1　평범하지만 나에게는 특별한 삶

part 2　영화라서 더 감동적인 운명적 사랑

part 3　영화 속 역사 따라잡기

part 1

평범하지만
나에게는 특별한 삶

인생은 초콜릿 상자

포레스트 검프 | Forrest Gump | 1994 | 미국

 이 영화는 우연의 연속으로 이어지고 있다.
그런데도 사람들이 재미있게 생각하는 것은,
남들보다 우둔하지만 **최선을 다하고**, **노력한 만큼 얻는** 포레스트의 모습 때문이다.
그러나 현실은 대체로 극적인 우연도 없고, 노력한 만큼 반드시 보답이 있는 것도 아니다.
여러분이라면 어떤 삶의 태도를 선택하겠는가?

감독 **로버트 저메키스**

출연 **톰 행크스** _ 포레스트 검프
샐리 필드 _ 포레스트 검프 어머니
로빈 라이트 _ 제니
게리 시니즈 _ 댄 중위

하얀 깃털이 바람에 둥둥 떠다니는 모습이 비춰지면서 영화가 시작된다. 깃털이 공중에서 한참 동안 두둥실 떠다니다가 버스 정류장 의자에 앉아 있는 포레스트 검프(톰 행크스 분)의 신발 위에 살포시 내려앉는다. 그는 깃털을 주위 가방을 열고 책갈피에 정성스레 끼워 넣는다. 깃털이 바람따라 어디로 날아갈지 알 수 없는 것처럼 인생도 초자연의 힘에 따른다는 걸 암시하고 있다. 포레스트 검프는 자신이 앉아 있는 긴 의자에 사람이 앉자 초콜릿을 권하며 말을 건넨다.

"엄마가 인생은 초콜릿 상자와 같은 거라 하셨어요. 어떤 초콜릿을 먹게 될지 아무도 모르니까요. Life is like a box of chocolates, you never know what you are going to get. 엄만 신발을 보면 그가 어떤 사람인지 알 수 있대요. 또 어디를 가는지, 어디에 갔었는지를. 나도 그동안 신발 많이 닳아 없앴어요. You can tell a lot about a person by their shoes. Where they're going, where they've been. I've worn lots of shoes."

계속해서 영화는 그의 어린 시절부터 회상 형식으로 전개된다.

포레스트 검프는 아이큐가 75였다. 지능이 낮은데다가 다리에 보조 장치를 하고 비틀대면서 걸었다. 어머니(샐리 필드 분)는 조금 모자라는 그를 두고 늘 이렇게 말했다.

"남들이 너보다 잘난 척하게 하지 마라. 신이 사람을 똑같이 만드셨으면 모두에게 보조 장치를 달게 하였을 게다. 넌 남들과 똑같아. 하나도 다르지 않아. You're no different than anybody else is. 바보가 뭘까? 지

능지수가 모자라고 우둔한 사람을 말하는 걸까? 아니다. 영리하고 재주 많은 사람일지라도, 바보 같은 짓을 하면 그게 바로 바보다. Stupid is as stupid does."

엄마가 그를 초등학교에 입학시키려고 데려갔을 때 교장선생님은 몹시 난처한 얼굴로 특수학교를 권했다. 그러나 그는 어머니의 굳센 의지와 교육열로 일반학교에 다니게 되었다. 포레스트 검프가 처음으로 스쿨버스를 타던 날, 비틀거리는 그를 아이들이 외면하지만 제니(로빈 라이트 분)만은 친절하게 옆자리에 앉게 했다. 그 후 그녀는 상급학교에 진학하면서도 포레스트 검프의 유일한 친구가 되었다. 어느 날 제니와 다정히 걷고 있는 포레스트 검프에게 악동들이 돌을 던지며 싸움을 걸어왔다. 약한 포레스트 검프는 도망칠 수밖에 없었다. 뒤뚱대며 달아나는 그를 아이들이 자전거로 뒤쫓았다.

"포레스트, 뛰어! 빨리 달아나!" 이렇게 외치는 제니의 목소리를 따라 계속해서 달리는 그 순간 기적 같은 일이 일어났다. 다리의 보조 장치가 떨어져 나가고, 악동들의 자전거가 따를 수 없을 만큼 재빠르게 달리기 시작했다. 포레스트 검프는 그 후 달리기 실력으로 미식축구 선수로 대학에 입학하고, 전미 미식축구 최우수선수로 케네디 대통령과도 만났다.

제니는 어릴 때 엄마를 여의고 아버지에게 학대를 받아 새처럼 어디론가 훨훨 날아가는 것이 소원이라고 기도해왔다. 그녀는 대학 3학년 때 학생 신분으로 잡지사의 모델로 활동하다가 제적당했다. 이후 포크 송 가수를 하다가 히피 그룹에 끼여 여기저기를 떠돌아다니고 있었다.

대학 졸업 후 군에 입대한 포레스트 검프는 동료인 흑인 버바를 만나 절친하게 지냈다. 어느 날, 버바가 "새우잡이 선장이 되는 것이 나의 소원이야"라고 말했다. 포레스트 검프는 제대 후 새우잡이 배를 구입하여 버바와 같이 일하기로 굳게 약속하고 월남전에 파병되어 댄 중위(게리 시니즈 분)의 소대에 배속되었다.

어느 날 댄 중위의 소대는 정찰을 나갔다가 매복해 있던 베트콩의 집중 포화를 맞아 많은 사상자를 냈다. 빠른 다리를 이용하여 베트콩의 포화를 피해 안전지대로 피신한 포레스트 검프는 동료 버바를 구하기 위해 포탄이 퍼붓는 전장으로 뛰어 들어가 많은 동료들을 구출했다. 마지막으로 심한 중상을 입은 버바를 들쳐 업고 나오지만 그는 죽고 말았다.

버바를 구출하는 과정에서 엉덩이에 총상을 입은 것도 몰랐던 포레스트 검프는 병원으로 후송되었다. 그곳에서 그는 그동안 주소 불명으로 반송된 제니에게 보낸 편지들을 되돌려 받았다. 두 다리를 절단한 채 그의 옆 침대에 누워 있는 댄 중위는 포레스트를 향해 "전장에서 명예롭게 죽었어야 할 운명인 나를 왜 구출한 거야?"하면서 자학하였다. 포레스트 검프는 병원에 있는 동안 '탁구란 공에서 눈을 떼지 않는 것이다. The secret to ping-pong is no matter what happens, never, ever take your eye off the ball.' 라는 단순한 논리로 열심히 탁구를 배웠다.

병원에서 퇴원한 포레스트 검프는 베트남 전쟁에서의 공로로 수여받은 훈장을 목에 걸고 거리를 거닐다가 길게 줄지어 선 대열을 따르게 되었다. 이 대열은 월남전 반대 데모 행렬이었다. 군복을 입고 훈장을 목에 걸고 무슨 성격의 행렬인지도 모른 채 반전 데모 현장의 연단에 오르게 된 그는 저 멀리 떨어져 있는 제니를 보고 극적인 재회를 했다. 포레스트 검프는 반전 운동가들과 어울려 다니는 제니의 목에 자신이 받은 훈장을 걸어주고 헤어졌다.

이후 포레스트 검프는 탁구 국가 대표 선수가 되어 중국에 가서 이른바 '핑퐁 외교'를 펼치고 귀국했다. TV에 출연하여 존 레논과 대담을 나누는 등 유명 인사가 된 포레스트 검프는 닉슨 대통령의 환영을 받고 호텔에 머물던 중 창 밖의 건너편 호텔 방에 도둑이 든 줄 알고 신고한 것이 '워터게이트 사건'의 도화선이 되었다.

포레스트 검프가 군에서 제대하고 집에 돌아오자 탁구채 제조 회사에서 "광고에 출연만 해주면 2만 5천 달러를 주겠다"는 제안을 해왔다. 그는 이 돈을 밑천으로 월남전에서 죽은 동료 버바와의 약속을 지키기 위해 배를 구입했다. 배 이름을 '제니 호'라 짓고 군대 상관이었던 댄 중위와 함께 새우잡이에 나서서 큰돈을 벌었다.

포레스트는 새우잡이에 몰두하던 중 어머니가 위독하다는 소식을 들

고 고향집으로 달려갔다. 누워 있는 어머니가 활짝 웃으며 말했다.

"엄만 죽어가고 있단다. 여기 와서 앉아라. I'm dying. Come on in, sit down over here."

"왜 죽어가세요? Why are you dying, Mama?"

"때가 된 것 뿐이야. 절대 두려워하지 마라. 죽음도 인생의 일부란다. 우리 모두에게 주어진 운명이지. 네 엄마가 된 건 나도 모르는 운명이었어. 난 최선을 다했다. It's my time. It's just my time. Now, don't you be afraid, sweetheart. Death is just a part of life. Something we're all destined to do. I didn't know it, but I was destined to be your Mama. I did the best I could."

"엄만 훌륭하셨어요. You did good."

"넌 네 운명을 잘 개척했어. 신이 주신 능력으로 최선을 다해야 해.

Well, I happen to believe you make your own destiny. You have to do the best with what God gave you."

"제 운명은 뭐죠? What's my destiny, Mama?"

"그건 네가 알아내야 해. 인생이란 상자 안의 초콜릿 같은 거란다. 뭐가 걸릴지 모르지. 아무도 몰라. You're going to have to figure that out for yourself. Life is like a box of chocolates, you never know what you're going to get."

엄마가 죽자 그는 새우잡이 배로 다시 가지 않고 고향집을 지켰다. 댄 중위는 포레스트 검프가 새우잡이 하여 번 돈을 컴퓨터 회사인 애플(포레스트는 과일 회사로 알고 있었다)에 투자하여 엄청난 돈을 벌게 해주었다. 포레스트는 병원과 교회와 죽은 버바의 유가족에게 돈을 나눠주었다. 그리고 고향집의 잔디를 깎으며 제니 생각을 하면서 지냈다.

어느 날 제니가 집으로 찾아와 두 사람은 사랑을 나누고, 포레스트는 마냥 행복감에 젖는다. 하지만 며칠 뒤 제니는 새 운동화 한 켤레와 반전 운동할 당시 포레스트 검프가 목에 걸어주었던 훈장을 남겨두고 떠났다.

포레스트 검프는 제니가 남긴 신발을 신고 전국 방방곡곡을 마냥 달렸다. 어머니가 남긴 "전진을 위해서는 과거를 정리해야 한다. You got to put the past behind you before you can move on."는 말을 가슴에 품고서……. 이때 나오는 배경 음악이 잭슨 브라운의 〈허공에의 질주 Running On Empty〉다.

이렇게 3년이 넘게 달리는 동안 언론에서 포레스트 검프를 깊은 철학을 지닌 사람으로 보도하여 많은 사람들이 그의 달리기에 동행하지만 어느 날 달리는 것을 중단하고 고향집으로 돌아갔다.

화면은 처음의 장면과 다시 이어진다. 지금 포레스트 검프는 편지를 받고 제니를 만나기 위하여 버스를 기다리고 있는 중이다.

제니를 만난 포레스트 검프는 제니가 키우고 있는 한 꼬마 남자아이가 성이 자신과 같은 검프임을 안다. 제니가 "이 애는 당신의 아들이에요. 학교에서 1, 2등을 다투고 있어요."하면서 말문을 연다. 놀라움과 기쁨에 젖은 포레스트 검프는 제니와 함께 고향집으로 돌아와 결혼식을 올리고 행복한 생활을 한다.

그러던 중 아내 제니가 병으로 죽자 그는 고향집 앞에 그녀를 묻고 슬픔에 젖어 "엄마는 항상 말씀하셨지. 죽음도 인생의 일부라고, 그렇지만 나에게 그런 일이 일어나길 바라진 않았어" 하면서 울먹인다.

포레스트 검프가 아들을 등교시키기 위해 스쿨버스를 기다리고 있다. 바로 그가 유년 시절 처음 제니를 만나며 스쿨버스를 탔던 곳이다. 스쿨버스가 도착하자 아들이 올라탄다. 포레스트의 신발 위에 앉아 있던 깃털이 바람에 날려 하늘 위로 두둥실 올라가면서 영화는 끝난다.

〈포레스트 검프〉는 주인공이 운명에 순응하는 삶의 모습을 보여준다. 윈스턴 그룹Winston Groom이 1986년 출판한 동명 소설을 영화화한 것으로 제목은 주인공 남자의 이름이다. 영화는 그의 소년 시절 삶을 중심으로 한 인간의 이야기를 그리고 있다.

주인공은 타인에게 피해를 주거나, 누군가를 누르고 올라서려는 탐욕이라고는 눈곱만큼도 없는 캐릭터다. 영화는 지능이 낮지만 순수한 영혼을 지닌 주인공을 통해 미국 현대사를 조망하고, 인간의 순수가 얼마나 소중한가를 생각하게 만드는 작품으로 1995년 아카데미 작품상, 감독상, 남우주연상을 수상했다.

〈포레스트 검프〉에서 보여주는 삶의 태도는 주어진 여건 속에서 자기 방식의 삶의 가치와 행복을 발견하는 태도이다. 이처럼 '적극적 현실 적응형'의 삶의 태도는 현재에 만족하는 삶의 자세로 경쟁보다는 공존을 중요시하므로 개인의 행복을 증진하는 데 기여할 수 있다.

로버트 저메키스 Robert Zemeckis(1952~)

〈포레스트 검프〉로 아카데미 감독상을 수상했다. 스티븐 스필버그 사단의 우등생으로, S.F 영화인 〈백 투 더 퓨처〉, 〈콘택트〉 등을 연출했듯이 특기인 컴퓨터 그래픽 합성 기술로 주인공 포레스트가 케네디를 비롯한 미국 대통령, 엘비스 프레스리를 만나는 재미있는 장면을 연출했다. 또한 〈포레스트 검프〉에서는 지난 40년간 빌보드 차트에 올랐던 42곡의 미국 대중 음악이 역사와 사건을 때로는 미화하고, 때로는 변명하면서 영화의 재미를 더한다.

톰 행크스 Tom Hanks(1956~) 포레스트 검프 역으로 우둔하면서도 순수한 이미지의 연기를 완벽하게 펼쳐 〈필라델피아〉에 이어 2년 연속 아카데미 남우주연상을 수상한 최고의 연기파 배우다.

샐리 필드 Sally Field(1946~) 포레스트 검프 어머니 역을 맡은 연기파 배우. 1980년 〈노마 레이〉, 1985년 〈마음의 고향〉으로 아카데미 여우주연상을 수상했다.

로빈 라이트 Robin Wright(1966~) 제니역을 맡았으며 현재 성격파 배우 숀펜의 아내다.

게리 시니즈 Gary Sinise(1955~) 댄 중위 역으로 아카데미 남우조연상을 수상했다.

동심의 세계

천국의 아이들 | The Children Of Heaven | 1997 | 이란

 〈천국의 아이들〉은 아이들의 순수한 모습에 초점을 맞추면서
빈부 격차가 심한 당시의 **이란 사회상**을 비춰주고 있다.
영화의 마지막 장면, 연못 속의 금붕어들이 알리의 아픈 발 주위로 몰려드는 장면은
무엇을 의미하는 것일까?

감독 **마지드 마지디**

출연 **미르 파로크 하스미안** _ 알리
　　　바하레 사디키 _ 자라

　남루한 옷을 입은 노인이 낡은 아이 구두를 꿰매는 손놀림이 클로즈업된다. 이후 구두를 수선하여 들고 나온 알리(미르 파로크 하스미안 분)가 신발이 담긴 봉지를 과일 상자 위에 얹어놓고 재래식 식료품 가게에 들어간다. 감자를 고르고 있는 사이에 청소부가 신발 봉지를 청소 리어카에 싣고 가버린다. 이 구두는 여동생 자라(바하레 사디키 분)의 하나밖에 없는 구두다. 테헤란 남쪽의 가난한 가정에 살고 있는 초등학생 알리는 엄마의 심부름을 갔다가 여동생 자라의 분홍색 꽃구두를 잃어버린 것이다. 안에서 감자를 골라 외상으로 들고 나온 알리는 신발 봉지가 보이지 않자 찾다가 과일 상자를 엎고 만다. 주인에게 혼이 난 뒤 집으로 돌아온 알리는 여동생 앞에서 울먹이며 말한다.

　"솔직히 말할게. 야채가게에서 신발을 잃어버렸어."

　"정말이야?"

　"엄마한텐 비밀로 해줘."

　"그럼 내일 학교엔 뭘 신고 가?"

　알리는 다시 신발을 찾으러 식료품 가게로 뛰어가지만 신발이 있을 리 없다. 가게 주인 몰래 과일 상자를 뒤지다가 주인에게 들켜 도망친다.

　알리의 집은 찢어지게 가난하다. 아버지는 막일을 하며, 어머니는 허리가 아파 꼼짝 못하고 누워 있다. 부모님과 한 방에서 책상도 없이 공부하는 알리와 자라…… 둘은 공부하는 척하며 아버지와 어머니가 대화하는 사이 잃어버린 신발에 대해 공책에 글을 써가며 의사소통을 하고 있다. 먼저 동생 자라가 공책에 글씨를 쓴다.

"오빠, 나 어떡해? 구두가 그거 하나뿐인데 내일부터 학교에 뭘 신고 가?"

"슬리퍼 신고 학교가면 안 돼?"

"오빠가 잘못하고선 무슨 소리야? 아빠한테 다 이를 거야."

"그러면 너도 맞아. 집엔 돈이 없단 말이야."

"그럼 어쩌라고?"

"이렇게 하자. 내 운동화 같이 신자. 난 오후반이니까 교대로 신으면 돼."

동생 자라가 오빠 알리의 대답이 적힌 노트를 보면서 자신의 몽당연필을 만지작거리자 알리는 자기가 쓰고 있던 긴 연필을 건네며 "이거 가져"라고 살짝 말한다. 자라는 긍정적인 화답의 표시로 연필을 집어든다.

자라가 학교에 등교한다. 오전반이다. 오빠의 다 떨어진 헐렁한 신발을 신고 학교로 가는 자라. 다른 아이들은 대부분 구두를 신고 있다. 오후반인 알리가 학교에 등교할 시간이다. 슬리퍼를 신고 동네 어귀에서 신발을 바꿔 신기 위하여 동생 자라를 기다리고 있다. 등교 시간 때문에 초조해하는 알리. 오전반 수업이 끝나자마자 자라는 숨 가쁘게 뛰어서 오빠가 기다리고 있는 곳으로 온다. 급히 신발을 바꿔 신고 학교로 뛰어가는 알리. 하지만 지각이다. 매를 들고 서 있는 훈육선생님의 눈을 피해 가까스로 교실로 들어간다.

수업을 마친 알리는 수돗가에서 물로 허기를 채운다. 수돗가에서 그릇을 씻고 있던 자라는 오빠 알리와 함께 냄새나는 운동화 한 짝씩을 비눗물을 묻혀 정성스레 빨면서 손 위에 비눗방울을 만들어 불어본다. 다 빨

운동화를 담 위에 널어 말린다. 너무나도 천진난만한 모습이다.

　오전반인 자라가 신발을 신고 학교에 등교하여 시험을 치고 있다. 감독하는 선생님에게 연신 "몇 시예요?" 하고 물어보는 자라는 시험 문제를 빨리 풀고 기다리고 있는 오빠를 위해 달음질친다. 개천을 따라 뛰다가 헐렁한 운동화 한 짝이 벗겨져 개천에 빠져 떠내려간다. 운동화를 따라 뛰어가는 자라. 급한 물살을 따를 수가 없다. 가슴을 졸이는 장면이다. 따라가다가 울음을 터뜨리는 자라. 개천을 청소하던 아저씨가 삽으로 건져 준다.

　알리를 만난 자라는 화가 나서 울먹이며 물기 젖은 운동화를 벗어준다. 알리가 학교로 힘껏 뛰어가지만 또 지각이다. 훈육선생님께 주의를 듣고 교실로 들어가자 담임선생님이 지난 번 시험 성적을 발표한다. 만점을 받은 알리. 수업을 마친 알리는 동생 자라에게 뛰어가서 가방을 열고 뭔가를 꺼낸다. 금색 볼펜이다.

"선생님이 상으로 주셨어. 너 가져. 선물이야 받아."

"정말 주는 거지. 아빠한테 안 일렀어."

이렇게 하여 알리는 동생 자라의 기분을 풀어준다.

오전반 학생들이 학교 운동장에서 조회를 하고 있다. 이번 주는 시험 기간이다. 줄에 서서 선생님의 주의 사항을 듣고 있던 자라는 우연히 건너편 다른 반 여학생이 자신의 잃어버린 꽃구두를 신고 있는 것을 발견한다. 1교시 시험을 마치고 쉬는 시간에 그 여학생을 찾는다. 시험을 마친 자라가 여학생의 뒤를 따라가보니 남루한 집으로 들어간다.

오후반인 알리는 또 지각이다. 훈육선생님께 또 적발된 알리는 교실로 들어가지 못하고 내쫓긴다. 운동장으로 걸어나가는 알리를 만난 담임선생님이 훈육선생님께 말해 교실에 들어가게 된다.

수업을 마치고 알리는 자라와 함께 잃어버린 꽃구두를 신고 있던 여학생의 집으로 찾아가서 멀리서 대문을 쳐다본다. 문이 열리자 그 여학생이 장님인 아버지를 부축해 나오고 있다. 그 소녀의 아버지가 장님이며, 자신들보다 더 가난한 집에서 산다는 사실을 알게 된 알리와 자라는 차마 아무런 말도 하지 못하고 구두를 돌려받는 것을 포기하고 돌아선다.

알리의 아버지는 일용 근로를 나간 곳에서 소독하는 통을 얻어 부자 동네 정원의 나무에 약을 치는 일감을 찾기로 한다. 주말에 아버지는 자전거에 아들 알리를 태우고 부업에 나선 것이다. 지금까지 보이던 가난한 동네에서 현대식 건물이 들어선 부자동네가 보인다.

지금까지 알리가 사는 동네의 가난한 모습에서 저택이 들어선 동네를

보여주는 이 장면은 이란 사회의 극심한 빈부 격차의 모습을 비추고 있다. 감독이 의도적으로 빈부 격차를 보여주기 위함이다.

이집 저집 초인종을 누르며 정원 관리를 권하지만 번번이 퇴짜를 맞는다. 그러다가 할아버지가 손자를 키우고 있는 부잣집의 정원 관리를 하게 된다. 아버지가 정원을 손질하는 사이 알리는 그 집의 손자와 즐겁게 놀아준다. 정원을 손질해주고 난 다음 할아버지로부터 생각보다 많은 일당을 받은 아버지는 낡은 자전거를 타고 오면서 즐거운 표정을 지으며 부푼 꿈에 젖어 알리에게 말한다.

"휴가 때는 매일 와야겠다. 공장보다 벌이가 나아. 여유가 생기면 필요한 걸 사자꾸나. 자전거, 다리미도 사고 엄마가 노래하는 커다란 냉장고도 사고 넓은 집이 생기면 또 뭘 살까? 넌 뭘 사고 싶니?"

"자라한테 구두 사주세요."

다음날 알리가 학교에 갔다.

운동장에서 선생님이 마이크로 마을에서 열리는 어린이 마라톤 대회에 출전할 선수를 모집하는 내용을 알리고 있다.

"모두들 주목! 알려줄 게 있다. 올해 처음으로 개최되는 전국 어린이 마라톤 대회가 우리 마을에서 열리게 됐다. 관심 있는 학생은 방과 후에 접수하고 테스트를 받아보도록!"

이 말을 듣고 알리는 자신의 낡은 운동화를 쳐다본다. 형편 때문에 신발을 사달라고 말을 못하는 알리와 자라는 이어달리기 식으로 신발을 바꿔 신으면서 학교로 번갈아 등교한다.

알리가 교실에서 운동장을 쳐다본다. 운동장에서는 마라톤에 참가한 학생들의 테스트가 한창이다. 알리는 테스트를 신청하지 않았다. 복도에 붙어 있는 마라톤 대회에 선발된 선수 명단의 벽보를 알리가 쳐다보고 있다. 확정된 참가 선수 명단 아래 입상할 경우에 주는 부상이 적혀 있다.

1등 : 2주 캠프, 츄리닝 한 벌.
2등 : 2주 캠프, 학용품.
3등 : 1주 캠프, 운동화.

'운동화'가 적힌 문구에 시선을 집중하며 아쉬운 표정을 짓는 알리. 그는 마라톤 참가 담당 선생님을 찾아가 "선생님, 전 정말 자신 있어요. 출전시켜주세요. 우승을 약속할게요. 이번 대회에 나가서 꼭 상을 받아야만 해요. 나가게 해주세요"라면서 울먹이며 호소한다. 결국 운동장에서 테스트를 받는 알리. 그는 매일 신발을 바꿔 신고 급히 학교에 등교하느라 달리기가 몸에 배 거뜬히 테스트를 통과한다. 기쁜 마음으로 집으로 뛰어온 알리는 자라에게 다가가 즐거운 표정으로 말한다.

"나 마라톤 대회에 나가. 어린이 마라톤 대회 상품이 있어. 3등 상품이 운동화야."

"3등이 아니면!"

"1, 2등엔 관심이 없어. 3등이 운동화야."

"남자 운동화잖아."

"여자 걸로 바꿔줄게. 네 발에 딱 맞는 걸로."

드디어 마라톤 대회가 열리는 날이다. 여러 학교에서 출전 선수들이 다 모였다. 말끔한 운동복과 반짝이는 운동화로 무장한 부잣집 어린이 육상 선수들은 부모의 격려를 받으며 기념사진을 찍는 등 밝은 표정이다. 그 사이에서 혼자 쓸쓸히 참가하여 낡은 셔츠와 바지, 다 떨어진 운동화를 신은 알리의 모습은 왜소하고 초라하다. 여기에서도 빈부 격차의 모습이 드러난다. 알리는 선생님이 건네주는 학교 마크가 새겨진 티셔츠로 갈아 입고 자신의 낡은 운동화 끈을 조여 맨다.

출발 신호가 울리고 번호표를 단 수많은 학생들이 달리기 시작한다. 중간쯤 달리던 알리가 뛰기를 계속하면서 선수들을 앞지르기 시작한다. 알리는 점점 지쳐가지만 운동화 때문에 벌어진 그동안의 사연을 떠올리면서 이를 악물고 계속 달린다.

선두 그룹에서 3~4명의 선수들과 각축을 벌이는 알리. 낡은 운동화를 신고 뛰다가 넘어지지만 다시 일어나 뛴다. 알리를 포함한 다섯 명의 선수들이 앞서거니 뒤서거니 하면서 결승선을 향하여 숨을 몰아쉬며 뛰고

있다. 결승 테이프를 끊은 다섯 명의 선수들이 지쳐서 쓰러진다. 알리를 일으켜 세우며 선생님이 말한다.

"만세! 알리, 네가 1등이야."

"3등 아니에요?"

"웬 3등? 1등이라니까. 우승한 거다. 우승!"

선생님의 어깨에 올라탄 알리는 시상대에 놓여진 3등 부상인 운동화에 눈길이 가 있다. 1등 시상을 받고 기념사진을 찍지만 전혀 기쁜 표정이 아니다. 오히려 울먹거린다. 다른 사람들은 기쁨의 눈물로 알고 있지만……

알리의 아버지가 시장에 들러 식료품과 함께 알리와 자라의 운동화를 사서 자전거에 싣고 있는 모습이 비춰진다.

풀이 죽은 모습으로 힘없이 수돗가에 있는 자라에게 다가온 알리. 서로 아무런 말이 없다. 자라는 오빠 알리가 여전히 신고 있는 낡은 운동화를 쳐다보기만 하고……. 수돗물로 목을 추긴 알리가 운동화를 벗는다. 밑창이 다 떨어진 운동화. 양말을 벗자 마라톤으로 상처가 나고 물집이 생긴 발이 드러난다.

수돗가에 조그마한 인공 연못이 있다. 연못 사이를 누비는 금붕어들. 연못은 그들의 안식처이고 금붕어는 자신들의 자화상이다. 이때 카메라 앵글이 연못 속 광경을 잡는다. 알리가 아픈 발을 연못에 담그자 금붕어들이 발 주위로 몰려든다. 금붕어들이 물집 잡힌 발등을 치료하듯이 감싸주는 아름다운 영상을 보여주면서 영화는 끝난다.

〈천국의 아이들〉은 신발을 잃어버린 이야기를 아기자기한 재미 속에 표현한 작품으로 순수한 동심의 세계와 남매의 따뜻한 정을 그렸다. 동생에게 새로 신발을 마련해주기 위해 오빠가 어린이 마라톤 대회에 참가하게 된다는 내용으로 1등도, 2등도 아닌 3등을 해야 상품으로 운동화를 받을 수 있는 재미있는 설정을 마련해놓고 있다. 대부분 드라마를 쓰려는 사람이나 영화를 만들려는 사람 모두 거창한 이야기를 꿈꾼다. 하지만 영화나 문학, 음악도 결국엔 삶이다. 더할 수 없이 어려운 일상 속에서 그 모든 이야기가 나온다.

〈천국의 아이들〉은 〈내 친구의 집은 어디인가〉, 〈하얀 풍선〉 같이 어린이를 주인공으로 내세운 이란 영화의 경향을 따르는 영화로 유년기의 순수를 통해 성년의 타락을 다시 생각하게 하는 작품이다. 〈천국의 아이들〉은 그 해맑은 눈동자에 시선을 맞추고 때론 웃음을 주었다가 때론 울게 했다가 뿌듯한 느낌을 주는 동화 같은 영화다.

우리가 잊고 있던 우리들 마음 깊은 곳의 생생한 이야기들이 살아 있는 작품으로 몬트리올영화제에서 그랑프리와 관객상을 석권했으며, 파지르국제영화제에서도 그랑프리를 수상하였다.

　이 영화의 감독 마지드 마지디는 어느 날, 한 친구의 방문을 받았다. 영화에만 몰두하면서 세상과 차단되어 있던 마지디 감독은 친구에게 재미있는 이야기를 들려달라고 부탁했고, 친구는 옆집에 사는 남매의 "신발이 떨어지자 부모에게 새 신발을 사달라고 하기가 미안해서 한 켤레를 가지고 나눠 신었다"는 이야기를 들려준다.

　이 말을 들은 마지디 감독은 신발 한 켤레는 그리 비싸지 않아 어른들의 입장에서는 하찮을 수 있지만 아이들의 세계에서는 그것이 얼마나 큰 물질인지를 설명했다. 그 이야기를 하는 동안 마지디 감독은 가난했던 자신의 어린 시절이 생각났다. 그리고 시나리오가 떠올랐다. 그것이 〈천국의 아이들〉의 시작이었다.

　이 영화의 가장 눈부신 매력은 알리 역을 맡은 미르 파로크 하스미안과 자라 역의 바하레 사디키의 순수한 연기다. 테헤란의 초등학교를 샅샅이 뒤져서 찾아낸 이 소년, 소녀는 실제로 영화 속 알리와 자라처럼 가난한 환경에서 자라고 있는 평범한 어린이들이다. 두 어린이는 장면마다 진실과 순수의 감동으로 가득 채우고 있다.

마지드 마지디 Majid Majidi(1959~)

이란 테헤란 출생의 감독으로 원래 배우 출신이다. 1992년 〈바둑〉으로 감독에 데뷔했으며, 이란 영화계를 이끌어가는 3세대 대표 감독이다. 1970년대 이란 영화의 뉴웨이브를 이끌었던 압바스 키아로스타미, 다리우스 메흐르쥐, 바람 바자이 등이 이란 영화의 1세대 감독이며 혁명 이후 배출된 모센 마흐말바프가 2세대 감독이다.

시련을 극복한 인생역정

칼라 퍼플 | The Color Purple | 1985 | 미국

 〈칼라 퍼플〉은 **온갖 시련을 겪은 한 여인 셸리의 삶**을 그리고 있다.
셸리는 어떤 과정을 통해 자아를 찾아가게 되는가?
셸리의 남편 앨버트는 셸리가 동생 네티에게서 오는 편지를
왜 받아보지 못하도록 했을까?

감독 **스티븐 스필버그**

출연 **우피 골드버그**_ 셸리
대니 글로버_ 앨버트
아코수아 버시아_ 네티
오프라 윈프리_ 소피아

코스모스의 짙은 분홍색보다 조금 더 짙은보라색의 피부를
지닌 흑인 자매가 밝은 햇살이 내리쬐는 뜰에서 동생과 함께 즐겁게 뛰어
놀고 마주 앉아 노래를 부르며 손뼉을 마주치는 게임을 하고 있다.

1909년 겨울, 셸리(우피 골드버그 분)가 출산의 고통을 겪으면서 딸을 낳
는다. 의붓아버지와의 사이에서 난 아이다. 의붓아버지는 아이를 낳자마
자 데려가면서 말한다.

"신 외엔 아무한테도 말하면 안 된다. 네 엄마가 알면 죽을지 몰라."

셸리는 엄마가 죽고 의붓아버지가 다른 어린 여자와 결혼식을 올리는
교회에서 지난날을 회상하며 마음속으로 기도한다.

"하느님 전 열네 살입니다. 하루는 아빠가 제게 와서 이러셨죠. '네 엄
마가 못하는 일을 네가 해야겠다.' 전 아빠 때문에 아이를 둘 낳았어요. 남
자아이는 애덤인데 제가 자는 사이에 데려갔고 여자아이는 낳자마자 아
빠가 데리고 갔죠. 그리고 엄마가 돌아가셨어요. 욕을 하며 소리를 지르면
서요. 크게 상심을 하셨거든요. 그가 제 아이를 죽인 것 같진 않아요. 목사
부부에게 팔았다는 얘기를 들었죠. 하나님, 아빠가 그레이라는 여자를 데
리고 왔습니다. 제 나이 또래인 여자인데, 아빠는 그녀와 결혼을 해요."

어느 날, 아내가 죽고 아이가 셋이나 딸린 앨버트(대니 글로버 분)가 의붓
아버지를 찾아와 네티(아코수아 버시아 분)를 아내로 줄 것을 요청하나 의붓
아버지는 네티는 너무 어리다며 대신 셸리를 데려가라고 한다. 셸리는 앨
버트에게 맞으면서 하녀처럼 가사노동에 시달린다. 셸리의 삶은 앨버트
의 전처소생 아이들과 앨버트의 난폭한 성격 때문에 노예보다 더 참혹했

다. 하지만 착한 성품으로 오히려 모든 사람들을 따뜻하게 감싸준다.

1909년 봄, 셀리는 식료품 가게에서 새뮤얼 목사 부인인 코린이 안고 있는 여자아이가 자신이 낳은 아이임을 알지만 한번 안아보고 아무런 말도 하지 못한다.

어느 날, 여동생 네티가 셀리의 집을 찾아와 "아빠를 피할 수가 없어. 같이 있으면 안 돼?"라고 말한다. 네티는 셀리네 집에 와서 살며 학교도 다니고 배운 걸 셀리에게도 가르쳐주며 행복하게 살아간다.

네티가 학교를 가다가 앨버트에게 숲 속으로 끌려가 성폭행에서 위기를 모면하지만 화가 난 앨버트는 네티를 집에서 쫓아낸다.

앨버트는 네티로부터 오는 편지를 셀리가 받지 못하도록 우편함에 손을 대지 못하게 협박한다.

1916년 여름. 셀리가 혼자 눈물지으며 네티를 생각하고 있다.

'네티는 편지를 쓰겠다고 하고선 한번도 쓰지 않았다. 죽음만이 우리를 갈라놓는다고 했는데…… 아마 죽었나 보다.'

앨버트의 전처소생 아들인 하포(윌러드 E. 퓨 분)가 애인인 소피아(오프라

윈프리 분)를 임신시켜 결혼한다. 소피아는 성격이 무척 강한 여성이다.

어느 날, 앨버트와 어릴 때부터 서로 연모하였으나 주위의 반대로 결혼하지 못했던 목사의 딸이자 떠돌이 가수 셕(마거릿 에이버리 분)이 공연을 왔다가 앓게 되자 앨버트의 집을 찾아온다. 셕의 아버지가 자신의 방탕한 생활을 용서하지 않아 집으로 갈 수 없다. 앨버트는 기쁨에 들떠 셕을 돌보느라고 부산하다. 셀리는 앨버트와 함께 잠자리도 하는 셕을 사랑으로 따뜻이 보살핀다. 이에 감동한 셕은 셀리에게 새로운 삶에 대한 눈을 뜨게 만들어준다.

1922년 여름. 셀리와 셕은 이제 마음을 서로 터놓는 사이가 되었으며 셀리는 셕을 통해 자신의 삶을 개척해가는 정신을 배운다. 셕이 멤피스로 떠나려고 하자 셀리도 자신을 박해하는 앨버트를 떠나 함께 가고 싶어 한다. 하지만 셕이 출발할 때 같이 가겠다는 말을 차마 하지 못한다.

한편 개성이 강한 소피아는 길에서 우연히 만난 시장 부인이 하녀로 들어오라고 하자 욕을 하다가 시장 부부와 싸움을 벌여 보안관에게 끌려가 처참한 수형 생활을 시작한다.

1930년 가을. 소피아는 8년 동안 감옥생활을 하고 풀려나 결국에는 시장 하녀로 들어가고 만다. 크리스마스에 소피아가 집으로 와서 잠시 동안 가족들을 만난다.

1936년 봄. 셕이 다시 앨버트의 집으로 찾아온다. 이제는 셕 혼자가 아니라 결혼하여 남편 그레이와 함께 온 것이다. 앨버트의 실망하는 눈빛이 역력하다. 우편함에 편지가 도착하자 자신의 편지를 기다리던 셕이 나가 가져온다. 앨버트와 셕의 남편은 함께 술을 마시며 즐겁게 대화를 나누고 있다. 셕이 셀리를 데리고 이층으로 올라가서 편지를 건넨다. 편지 겉봉에는 '셀리 해리스 존슨에게, 네티 해리스, 아프리카 타하타 애비 선교본부.'라고 쓰여 있다. 셀리는 기쁨의 눈물을 글썽이며 봉투를 열어본다.

　사랑하는 언니.
　언넌 내가 죽은 줄 알겠지만 난 살아 있어. 앨버트는 언니가 내 편지를 절대로 못 볼 거라고 했지. 수년 동안 언니에게 편지를 썼지만 답장이 없는 걸 보니 그의 말이 맞나 봐. 이젠 크리스마스와 부활절에만 편지를 써. 크리스마스나 부활절 카드들 가운데서 내 편지가 떨어지거나 앨버트가 우리를 불쌍히 여기길 바라면서 말이지. 할 말이 너무나 많은데 어떻게 시작해야 할지 모르겠어. 어쨌든 이 편지도 언니는 못 받아보겠지. 아마 앨버트만 우편함에 손을 대나 봐⋯⋯ 마을에서 언니가 만난 부인 이름은 코린이야. 남편은 새뮤얼이고 신심이 깊은 분들인데 나한테 잘 해주셨어. 그들의 유일한 슬픔은 아이가 없다는 거였대. 그런데 신이 올리비아와 애덤을 주셨다는 거야. 그래, 신이 주셨다는 아이들이 언니 아이들이야. 그리고 그 애들은 사랑으로 자라났어. 이제 그들을 보호하라고 날 보내셨지. 언니 대신에 그 애들에게 사랑을 가득 줄 수 있게 말이야. 이건 기적이야. 안 그래? 언니는 믿기 힘들 거야. 올리비아와 애덤은 나와 함께 한 가족으로 자라고 있어.

　　　　　　　　　　　　　　　　　　언니의 사랑하는 동생 네티.

셀리가 편지를 읽은 다음에 셕에게 말한다.

"내 아이들이 살아있대요! 들었어요? 올리비아와 애덤이 살아있대요"

셀리와 셕은 앨버트가 숨겨놓았을 편지를 찾기 시작한다. 깊숙이 숨겨 놓은 수백 통의 편지들……. 셀리는 기쁨의 눈물을 흘리면서 편지를 가슴에 안고 날짜 순서로 정리한다. 편지에는 언니에 대한 사랑과 아프리카의 생활, 아이들에 대한 소식들이 절절히 적혀 있다. 그리고 아이들을 데리고 미국 이민국에 일을 보기 위해서 갈 것이라는 내용의 편지도 있다.

셀리는 네티의 편지를 수십 년 동안이나 차단한 앨버트에 대한 증오가 분노로 바뀌었다.

"당신이 나와 네티를 갈라놓았지. 당신은 그 애가 날 사랑하는 유일한 사람이라는 걸 알었어. 네티와 내 아이들이 곧 돌아온대. 우리가 다시 모이게 되면, 당신을 걷어차 줄거야" 하며 셀리는 셕을 따라 떠나겠다고 한다. 셀리가 셕 부부와 함께 새로운 삶을 찾아 떠나면서 "난 가난하고 못생긴 흑인이야. 하지만 하나님, 저 여기 있어요. 여기 있다구요!"라고 외친다.

1937년 가을. 셀리가 집을 나가고 혼자 사는 데 지친 앨버트는 술에 찌들어 있다. 셕은 자신의 방탕한 생활을 미워했던 아버지에게 돌아가 눈물겨운 화해를 한다. 셀리의 의붓아버지가 죽고 셀리는 본래 어머니의 재산이었던 땅과 집 등 많은 재산을 유산으로 상속받는다.

이민국에서 앨버트 집으로 셀리에게 보내는 편지가 온다. 뒤늦게 자신의 잘못을 뉘우친 앨버트는 이민국으로 가서 네티와 아이들이 미국을 방문하는 수속을 밟는데 협조한다.

네티와 그의 아이들이 셀리의 집으로 찾아와 감동적인 만남의 순간을 가진다. 앨버트는 이 모습을 멀리서 회한에 젖어 보고 있다. 셀리와 네티가 밤늦은 시간 뜰에서 환한 달빛을 받으며 옛날에 했던 손뼉을 마주치며 노래 부르는 모습이 비춰지면서 영화는 끝난다.

《칼라 퍼플》은 1986년 내셔널 필름 보드에서 '이 해의 작품'으로 선정되었다. 이 영화는 퓰리처상을 수상한 앨리스 워커Alice Walker(1944~)가 1982년에 출간한 서간체로 쓴 동명의 소설이 원작이다. 워커는 1993년 노벨문학상 수상자인 토니 모리슨Toni Morrison(1931~)과 함께 미국 흑인 문학을 대표하는 여성작가로 1960년대부터 흑인 민권운동에 참여해 흑인 여성 페미니즘 운동인 '우머니즘Womanism'을 주장했다.

미국의 흑인은 1863년 링컨의 노예해방선언으로 표면적으로는 신분의 자유를 얻었지만 1900년대 초의 미국 사회는 여전히 인종 차별 문제가 심각했고, 흑인은 백인의 소유물로서 하찮은 존재로 여겼다.

견디기 힘든 학대와 고통 속에서도 타고난 착한 성품을 잃지 않고 이를 사랑으로 이겨낸 한 흑인 여인의 파란만장한 인생역정이 펼쳐진다. 그 속에는 끈끈히 흐르는 자매애sisterhood가 있으며 인종 차별, 여성의 인권, 근친상간에 대한 문제 제기를 하고 있다.

스티븐 스필버그 Steven Spielberg(1947~)

종래의 흥행에 치중한 감독이라는 평가에서 벗어나 흑인들의 의식세계를 날카롭게
파헤친 걸작 휴먼 드라마를 연출했다. 이 작품을 시금석으로 하여 1994년 〈쉰들러 리
스트〉, 1999년 〈라이언 일병 구하기〉로 아카데미 감독상을 수상했다.

우피 골드버그 Whoopi Goldberg(1955~) 역경을 이겨내는 셀리 역으로 데뷔하여
1986년 골든 글로브 여우주연상을 수상, 1991년 〈사랑과 영혼〉으로 아카데미 여우
조연상을 수상했다. 〈시스터 액트〉에서의 코믹하면서도 감칠맛 나는 연기가 관객
들에게 깊은 인상을 주었다.

대니 글로버 Danny Glover(1946~) 〈만델라〉 등에 출연하였다.

오프라 윈프리 Oprah Winfrey(1954~) 이 영화로 데뷔했으나, 영화배우보다는 〈오프
라 윈프리 쇼〉의 명 사회자로 유명하다.

퀸시 존스 Quincy Jones(1933~) 서정성 있는 곡들로 영화의 감동을 배가시켰다.

인생의 원천적인 향기

여인의 향기 | Scent Of A Woman | 1992 | 미국

 죽음의 유혹에 시달리는 **퇴역장교와**
학교생활 중에 일어난 우연한 사건으로 중대한 **삶의 전환점을 맞는 고등학생이**
서로 교감을 나누는 과정에서
우리에게 '인생이란 무엇인가'를 끊임없이 반문하게 하는 영화다.

감독　**마틴 브레스트**

출연　**알 파치노**＿프랭크 슬레드
　　　크리스 오도넬＿찰리 심스

엘리트 군인이었으나 안전사고로 시력을 잃고 중령으로 퇴역한 프랭크 슬레드(알 파치노 분). 그는 자신이 걸어온 군인의 길에 대한 자부심이 대단하다. 겉으로는 괴팍하지만 내면에는 따뜻한 마음을 가지고 있는 인물이다. 그는 결혼한 조카 집에 얹혀살고 있다. 프랭크를 제외한 조카 가족은 추수감사절 여행을 떠나기로 계획되어 있다.

찰리 심스(크리스 오도넬 분)는 명문 베어드 고등학교에 다니는 고학생으로 하버드 대학 진학을 목표로 하는 모범생이다.

찰리는 크리스마스 때 집에 갈 차비 300불을 마련하기 위하여 장님인 프랭크를 돌보는 아르바이트를 하게 된다. 하지만 식구들이 없는 사이 어떤 계획을 가지고 있는 프랭크. 자신에게 남은 건 외로움과 어두움뿐이라고 생각한 그는 자살 여행을 준비한다. 이러한 계획을 전혀 모른 채 프랭크와 뉴욕으로의 여행에 동참하는 찰리. 리무진을 타고 일류 호텔에서 한껏 기분을 낸 다음 절망을 마감하려는 프랭크는 찰리를 자살 여행 안내인 쯤으로 생각하고 있다.

한편 찰리는 커다란 고민거리를 안은 채 여행에 동참하고 있다. 찰리가 다니는 베어드 고등학교의 교장 트래스크는 강요와 권위만을 내세워 학생들에게 인기가 없다. 찰리는 학생들이 교장 승용차에 페인트 세례를 하기 위해 준비하는 모습을 친구 조지와 함께 도서관에서 공부를 하고 나오다 우연히 목격하게 된다. 학생들 앞에서 페인트를 뒤집어쓰고 승용차를 더럽힌 교장은 목격자인 찰리와 조지에게 "범인을 밀고하라"고 강요한다. 교장은 찰리가 가난한 고학생인 점을 이용하여 "밀고하면 하버드대

학에 장학생으로 추천하고, 밀고하지 않으면 퇴학시키겠으니 잘 생각해
봐" 하고 더욱 윽박질렀다. 여행을 다니면서도 갈등에 휩싸인 찰리는 자
신의 고민을 프랭크에게 털어놓지만 마땅한 방법은 없다.

　찰리와 같이 호텔 탱고 바에 간 프랭크는 여인을 유혹하는 방법을 알려
주겠다고 말한다. 그곳에서 혼자 남자 친구를 기다리고 있는 미모의 여인
(가브리엘 앤위 분)에게 다가가 함께 춤을 추자고 권유하지만 여인은 춤추
기를 두려워한다. 그러자 프랭크가 여인에게 말한다.

　"탱고는 실수할 게 없어요. 인생과는 달리 단순하죠. 만일 실수를 해도
스텝이 엉기고 그게 바로 탱고죠. No mistakes in the tango, not like life.
It's simple. If you make mistake, get all tangled up, just tango on."

　앞을 못 보는 프랭크가 여인을 리드하며 〈*Por Una Cabeza*〉의 경쾌한
탱고 리듬에 맞춰 춤을 추기 시작한다. 이 탱고 리듬은 20세기 초 아르헨
티나의 전설적인 가수겸 작곡가 카를로스 가르델Carlos Gardel(1887~1935)
의 작품이다. 영화 〈트루 라이즈〉에서 아놀드 슈왈제네거가 탱고를 추는
장면에도, 〈박봉곤 가출사건〉에서 안성기가 춤을 추는 장면에도 바로 이
음악이 나온다.

　초면의 미모의 여인과 멋지게 춤을 춘 프랭크. 여인은 애인이 나타나자
함께 나가고, 잠시 후 프랭크도 찰리와 같이 밖으로 나와 렌트카 영업소
에 들려 최고급 페라리 승용차를 빌린다. 찰리의 유도로 차를 몰고 한껏
기분을 낸 프랭크는 호텔로 돌아와 찰리에게 담배 심부름을 시킨다.

　심부름을 가던 찰리는 왠지 이상한 느낌이 들어 다시 호텔로 돌아온다.

그때 프랭크는 군복으로 옷을 갈아입고 권총을 들고 자살하려 하고 있다. 총을 뺏으려는 찰리와 저항하는 프랭크가 함께 넘어진 채로 대화한다.

"난 평생 모든 사람과 모든 것에 맞서 왔어. 그래야만 내가 위대할 것 같았으니까."

"중령님만 눈이 멀었어요? 눈먼 사람은 많아요. 생명이 귀한 줄 아셔야죠."

"무슨 생명? 난 생명이 없어! 난 어둠 속에 있단 말이야! 내 말 알겠어?"

"그럼 방아쇠를 당겨요. 가엾은 장님 아저씨."

"내가 살 이유를 하나만 대봐."

"두 개를 대죠. 누구보다도 탱고를 잘 췄고, 페라리를 잘 몰았어요. 총을 주세요. 중령님."

"(혼자 노래로) 어디론가 가고 싶은 그런 마음 없으셨나요? 그러나 아직 머물고 싶다는 그런 마음이시겠지요."(총을 내려놓는다)

프랭크와 찰리는 서로에 대한 이해와 애틋한 감정을 공유하면서 같이 귀향한다. 프랭크는 찰리에게 아르바이트 비용을 지불하고 학교 앞에 내려주고 헤어진다.

이제 찰리에게는 전교생 앞에서의 상벌위원회 특별 회의가 기다리고 있다. 같은 목격자인 조지는 학교에 많은 기부금을 내는 아버지와 동행하고 있다. 이때 검은 선글라스를 낀 프랭크가 나타나 부축을 받으며 찰리 옆에 앉는다. 먼저 조지를 심문한다. 트래스크 교장이 "콘택트를 끼지 않아 잘 보지 못했다"는 조지의 증언을 받아들인다. 이제는 찰리에게 "범인을 밝혀라"고 윽박지른다. 친구들에 대한 신의와 순탄한 미래의 갈림길에서 찰리는 신의를 지키기로 하고 "범인을 알지만 밝힐 수 없어요."라고 하자 "퇴학을 시키겠다"고 협박한다. 이때 프랭크가 벌떡 일어나 장대한 연설을 시작한다.

"당신은 인생의 모토가 뭐요? 당신은 이곳을 밀고자 소굴로 만들고 있소. 만일 학생들을 남자답게 만들고 싶다면 다시 생각하시오. 내가 보기엔 당신은 이 학교의 정신을 죽이고 있소. 교훈이 될 것이라곤 내 옆에 있는 찰리뿐이에요. 이 아이의 영혼은 정말로 순수하고 타협을 모릅니다. 내게도 당신 같은 시절이, 볼 수 있었던 시절이 있었소. 이 젊은 학생을 퇴학시키는 것은 그의 영혼을 죽이는 것이오. 왜냐고요? 더 이상 베어드의 학생이 아니니까. 이 애를 해치는 당신은 베어드의 얼간이오. 난 여기 올때 이 학교가 지도자의 요람이라는 말을 들었소. 당신들이 어떤 지도자를 만드는지 생각해 보시오. 오늘 찰리의 침묵이 옳은지 틀린지 난 모르겠소. 그는 자기 장래를 위해서 누구도 팔지 않았소. 그리고 여러분! 그건 바로 순결과 용기입니다. 그것은 바로 지도자가 갖추어야 할 덕목입니다.

난 지금도 인생의 갈림길에 서 있소. 여기 있는 찰리도 인생의 갈림길에 서 있소. 그가 지금 선택한 길은 바른 길입니다. 그가 계속 걸어가게 하시오. 여러 위원님들 손에 그의 장래가 달렸습니다. 날 믿고 파괴하지 마시오. 보호하고 포용하시오. 언젠가는 그걸 자랑으로 여길 것이오.”

프랭크의 연설은 상벌위원들과 전교생들에게 커다란 감명을 주게 되고, 찰리에게 승리를 안겨준다. 프랭크와 찰리는 서로의 존재를 실감하며 끈끈한 정이 형성된다. 드디어 프랭크는 조카 집의 손자들과 말문을 열면서 삶의 활기를 되찾고, 뒤에서 이 모습을 지켜보는 찰리는 축복의 미소를 짓는다.

〈여인의 향기〉는 제목만 보고는 혹자는 연인과의 사랑 타령을 연상하겠지만 그렇게 가벼운 영화가 아니다. 이 영화는 장님이 되었지만 향기로 여인을 구별할 수 있는 고독한 퇴역장교의 이야기다. 그러므로 ‘여인의 향기’는 장님들이 세상을 보는 방법, 그들의 신체장애를 극복하는 은어인 셈이다.

군대에서 불의의 사고로 빛의 세계를 상실하여 장님이 된 한 인간이 절망감 때문에 자살하려 하지만 순수한 젊음과 우정을 통하여 삶의 의욕을 되찾는다는 교훈적인 이야기를 담고 있다. 죽음의 유혹에 시달리는 퇴역장교와 학교생활 중에 일어난 우연한 사건으로 중대한 삶의 전환점을 맞는 고등학생이 서로 교감을 나누는 과정에서 우리에게 ‘인생이란 무엇인가'를 끊임없이 반문하게 하는 영화다.

지오바니 아르피노Giovanni Arpino의 원작을 1963년에 이탈리아에서 영화화하였으며, 이어 1974년에 프랑스에서 영화로 만들었고, 이것을 다시 미국 영화로 리메이크한 작품이다.

〈여인의 향기〉는 1993년 아카데미 남우주연상과 골든 글로브 작품상, 남우주연상, 각본상을 수상하였다.

헬렌 켈러Helen Adams Keller(1880~1968)의 수필에 《사흘만 볼 수 있다면》이 있다.

"누구든 젊었을 때 며칠간만이라도 시력이나 청력을 잃어버리는 경험을 하는 것은 큰 축복이라고 생각합니다."로 시작하는 이 글에서 헬렌 켈러는 '단 사흘만이라도 볼 수 있다면' 이라는 가정 하에 계획표를 짠다. "꼭 사흘 동안이라도 볼 수 있다면 무엇이 제일 보고 싶은지 생각해 봅니다. 첫날은 친절과 우정으로 내 삶을 가치 있게 해준 사람들의 얼굴을 보고 싶습니다. 그리고 남이 읽어 주는 것을 듣기만 했던, 내게 삶의 가장 깊숙한 수로를 전해준 책들을 보고 싶습니다, 오후에는 오랫동안 숲 속을 거닐며 자연의 아름다움에 취해 보겠습니다. 찬란한 노을을 볼 수 있다면, 그 날 밤 아마 나는 잠을 자지 못할 겁니다. 둘째 날은 새벽에 일어나 밤이 낮으로 변하는 기적의 시간을 지켜보겠습니다. 그리고 이날 나는…" 이렇게 이어지는 헬렌 켈러의 사흘간의 '환한 세상 계획표' 는 그 갈증과 열망이 너무나 절절하다.

마틴 브레스트 Martin Brest(1951~)

프랭크와 찰리가 빚어내는 순수한 대화의 연출을 통하여 전달하고자 하는 **영화적**
주제를 잘 살리고 있다.

알 파치노 Al Pacino(1940~) 프랭크 역을 맡아 삶에 대한 특유의 고집과 시각 장애자
의 특징을 완벽하게 연기하여 1993년 아카데미와 골든 글로브 남우주연상을 수상
하였다. 〈형사 서피코〉로 1974년 골든 글로브 남우주연상을 수상하였다. 할리우
드의 대표적인 배우인 그는 영화계에 대한 공로로 2001년 골든 글로브 시상식장
에서 세실 B. 데밀상을 수상했다.

크리스 오도넬 Chris O' Donnell(1970~) 깨끗한 미소와 성실한 이미지의 연기를 펼치
고 있다.

사계절에 담은 인생 이야기

봄 여름 가을 겨울 그리고 봄 | Spring, Summer, Fall, Winter And Spring | 2003 | 한국

 계절에 따라 천진한 동자승이 소년기, 청년기, 중년기를 거치고
마침내 자신을 가르치던 노스님의 나이가 된다.
영화는 그의 등에 매달린 돌덩이 같은 고뇌와 더불어 인생이 흘러가는
모습을 호수 위 사찰의 아름다운 사계四季 위에 그리고 있다.

감독 **김기덕**

출연 **오영수** _ 노승
김종호 _ 동자승
서재경 _ 소년(동자승)
김영민 _ 청년(동자승)
김기덕 _ 중년(동자승)
하여진 _ 소녀

깊은 산 속 주산지 호수 위에 단아하게 떠 있는 사찰에 노승(오영수 분)과 동자승(김종호 분)이 기거하고 있다. 지척에 있는 뭍까지는 조그마한 나룻배 한 척이 유일한 교통수단이다.

봄−업 : 장난에 빠진 아이, 살생의 업을 시작하다.

만물이 생성하는 봄. 노승과 동자승이 뗏목을 타고 호수를 가로질러 뭍의 산으로 올라간다. 동자승이 산을 오르내리며 약초를 캐기 시작한다. 약초를 캐다 뱀을 발견하고 손으로 잡아 멀리 던져버린다. 개울에서 잡은 물고기와 개구리와 뱀을 실로 꽁꽁 묶고 뒤에 돌멩이를 매달아놓고 깔깔대며 즐거워한다. 하지만 돌을 매단 물고기와 개구리와 뱀은 괴롭게 몸부림친다. 그 모습을 지켜보던 노승은 잠든 동자승의 등에 돌을 묶어둔다. 잠에서 깬 동자승이 울먹이며 힘들다고 하소연하자, 노승은 잘못을 되돌려놓지 못하면 평생의 업이 될 것이라 이른다.

"물고기와 개구리와 뱀은 지금 어떻게 되었겠느냐?"

"잘못했습니다."

"가서 찾아서 모두 풀어주고 오너라. 너도 그럼 풀어주마. 물고기와 개구리와 뱀 중 어느 하나라도 죽었으면 너는 그 돌을 평생 동안 마음에 지니고 살 것이다."

이렇게 동자승이 재미 삼아 다른 생명에 가했던 폭력이 다른 형태로 나타나면서 어떤 고뇌에 휩싸이게 되는지, 그리고 그 고통의 자장磁場으로부터 벗어나기 위해 어떤 몸부림을 치게 되는지 정적인 화면 속에 주제의 질감을 수채화처럼 이어간다.

여름─욕망 : 사랑에 눈뜬 소년, 집착을 알게 되다.

작열하는 태양이 따사로운 여름, 어느새 동자승이 17세 소년(서재경 분)으로 성장하여 소년승이 되었을 때 사찰에 동갑내기의 병약한 소녀(하여진 분)가 요양하러 들어온다. 소녀를 데리고 온 어머니(김정영 분)가 노승에게 묻는다.

"나을 수 있을까요?"

"제가 생각하기에는 마음의 병 같습니다. 마음이 편안해지면 몸도 편안해지겠지요."

소녀의 어머니가 떠나고 나자 소년승의 마음은 소녀를 향한 뜨거운 사랑이 차오르기 시작한다. 소녀를 데리고 나룻배에 태워 뭍에 있는 산의 개울에 가서 물고기를 잡고 놀면서 서로에게 관심을 나타낸다.

다음날 소년승은 소녀를 호수에 던져 물놀이를 하면서 더욱 친숙한 관계가 된다. 두 사람은 뭍에 있는 산의 바위에서 사랑을 나누고 나서 사찰로 함께 돌아온다. 소년승은 사찰에서 밤에 자다가 소녀가 자는 이불로 파고든다.

다음날 일어나 소년승이 소녀에게 묻는다.

"이제 안 아파?"

"하나도 안 아파. 신기해."

"안 보면 미칠 것 같아. 왜 이러지?"

소년승과 소녀는 밤에 나룻배에서 같이 안고 자고 있다. 이 모습을 아침에 일어나 지켜본 노승이 나룻배 밑의 구멍을 열어 물이 들어오게 한다. 배에 물이 차자 두 사람은 놀라서 깬다.

"잘못했습니다."

"저절로 그렇게 된 것이니라."

노승은 소녀에게 묻는다.

"이제 아프지 않느냐?"

"네."

"그게 약이었구나. 이제 다 나았으니 떠나거라."

그러자 소년승이 애원하듯이 말한다.

"안됩니다. 스님!"

"욕망은 집착을 낳고 집착은 살의를 품게 한다."

노승은 직접 소녀를 나룻배에 태워 떠나보낸다. 소년승은 소녀를 향한 욕망을 견딜 수 없어 세속의 정을 잘라내지 못하고 사찰을 떠난다.

가을-분노 : 절망에 빠진 청년, 고통으로 몸을 떨다.

어느덧 낙엽이 지는 가을, 노승이 뭍으로 나가서 사온 물건을 싼 신문을 펼치자 범인의 사진과 함께 '30대 아내 살해 후 도주'라는 기사를 보게 된다. 바로 십여 년 전에 사찰을 떠난 소년승이 이제 청년(김영민 분)이 되어 살인범이 된 것이었다. 청년은 배신한 아내를 죽인 살인범이 되어 사찰로 도피해 들어온다. 살인범이라는 사실을 이미 알고 있는 노승이 말을 건넨다.

"많이 컸구나. 그래 그동안 잘 살았냐? 재미있는 얘기 좀 들어보자."

아무 대답을 하지 않자 다시 말한다.

"속세가 많이 괴로웠나 보구나."

"절 좀 그냥 내버려두세요. 괴롭습니다."

"뭐가 그리 괴로워?"

"난 사랑을 한 죄밖에 없습니다. 내가 원한 건 그 여자뿐이었습니다."

"그런데?"

"걘 다른 사람을 만났습니다. 나 말고요."

"그랬구나."

"그게 말이 됩니까? 나만 사랑한다고 해놓고……."

"속세가 그런 줄 몰랐더냐? 가진 것을 놓아야 할 때가 있느니라. 내가 좋은 걸 남도 좋은지 왜 몰라?"

청년은 가을의 단풍만큼이나 붉게 타오르는 분노와 고통을 이기지 못하고 눈과 입에 폐閉라고 쓴 종이에 물을 묻혀 눈과 코와 입에 붙이고 자살을 기도한다. 노승은 그를 매달아놓고 모질게 매질한다. 노승은 고양이 꼬리에 먹을 묻혀 사찰의 마룻바닥에 반야심경을 써놓고 청년에게 칼로 한자씩 새기며 마음을 다스리게 한다.

"남을 쉽게 죽인다고 해서 자기 자신도 쉽게 죽일 수는 없다. 칼로 이 글자들을 다 파거라. 한 자씩 파면서 분노를 마음에서 지워라."

사찰로 형사들이 찾아와 청년은 죄 값을 치르기 위해 잡혀간다. 노승은 나룻배에다 장작을 놓고 입과 코와 눈과 귀에다 폐閉라고 종이를 붙이고 촛불에다 불을 붙여 스스로 다비식을 치루고 숨진다.

겨울-비움空 : 성찰하는 중년, 내면의 평화를 구하다.

영화가 마무리되고 주제가 극명하게 드러나는 겨울 단락에서 김기덕 감독이 직접 출연하여 지난 인생을 성찰하는 구도자적 모습을 표현하고 있다.

호수마저 꽁꽁 얼어버린 겨울. 형기를 마치고 중년이 되어 폐허가 된 산사로 남자(김기덕 분)가 돌아왔다. 노승의 사리를 수습해 얼음 불상을 만들고, 겨울 산사에서 심신을 수련하며 내면의 평화를 구하는 나날을 보낸다.

추운 겨울날 사찰을 찾아온 이름 모를 여인이 어린 아이만을 남겨둔 채 얼은 호숫가를 건너가다가 물에 빠져 숨진다. 결국 중년의 남자는 아기를 키우면서 비로소 가슴을 짓누르던 압박으로부터 서서히 벗어나게 된다. 남자는 몸에다 절구를 매달고 산을 오르며 고행에 나선다. 이때 명창 김영임의 〈정선아리랑〉이 흘러나온다. 마음을 애끓게 하며 전율을 느끼게 하는 노랫가락이다.

그리고 봄-다시 새로운 인생의 사계가 시작되다.

이제 노승이 된 남자는 어느새 자라 동자승이 된 여인이 두고 간 아이와 함께 사찰에서 평화로운 봄날을 보내고 있다.

동자승은 옛날에 그 봄의 아이처럼 물고기와 개구리와 뱀의 입 속에 돌멩이를 집어넣는 장난을 치며 깔깔대며 웃음을 터트리고 있다. 영화는 이 장면을 보여주면서 반복되는 인생의 사계를 상징하고 있다.

〈봄 여름 가을 겨울 그리고 봄〉은 김기덕 감독이 수묵화처럼 인간의 삶의 희로애락을 사계절에 비유하여 인생의 사계를 그려내고 있는 작품이다. 기가 육체를 만들고 육체가 단풍처럼 변하고 썩어 이슬로 땅에 스며드는 사람이, 사계절의 반복과 같다고 보고 있는 것이며 육체적 성장에 따라 사물에 관한 사유思惟 체계도 점점 성숙하게 됨을 나타낸다. 이야기는 '인과응보' 또는 '업보業報'를 나타내기 위한 구조로 비교적 단순하다. 사계절에 빗댄 수도승의 인생은 죄 없는 생명체에 돌을 매달아 괴롭힌 '인'이 욕망과 집착이 부른 분노와 살인으로 치닫는 '과'로 응보하는 과정으로서 그 이야기를 드러내는 이미지 주조 능력은 압도적이다.

사계절을 배경으로 변해가는 사찰 주변의 자연 환경을 담아낸 화면들도 빼어나다. 이 작품의 공간적 배경은 '호수 위에 떠 있는 절'로서, 고립과 도피의 공간이자 자유와 해탈의 공간이라는 양면적인 의미를 지니고 있다. 계절에 따라 천진한 동자승이 소년기, 청년기, 중년기를 거치고 마침내 자신을 가르치던 노스님의 나이가 된다. 영화는 그의 등에 매달린 돌덩이 같은 고뇌와 더불어 인생이 흘러가는 모습을 호수 위 사찰의 아름다운 사계

四季 위에 그리고 있다.

이 영화는 스위스 로카르노영화제에서 청년비평가상을 받았으며 2004년 러시아의 아카데미상으로 불릴 정도로 권위를 인정받는 황금양¥상에서 최우수 외국어영화상을 수상했다. 또한 국내에서 2003년 청룡 영화상 작품상과 2004년 대종상 영화제 작품상을 수상하였다.

호수 위에 떠 있는 사찰은 경북 청송군 주왕산 국립공원의 산중에 자리잡은 연못 주산지 위에 지어졌다. 약 68평의 바지선을 만들고 그 위에 목조 건물을 세운 것으로 국립공원 내 최초의 영화 세트이기도 하다.

물살과 바람을 타고 호수 위를 미끄러지듯 흐르는 사찰은 주위의 비경과 맞물려 환상적이고도 묘한 분위기를 연출하며, 물속에 반쯤 몸을 담근 150년 된 왕버들과 능수버들이 운치를 더한다. 주변 자연과 어우러져 마치 선 세계에 들어선 듯 신비함을 자아낸다. 그러나 이 세트는 자연 보존을 위해 철거해 결국, 주산지의 비경을 이루던 물 위 암자의 모습은 영화에서만 만날 수 있게 되었다.

김기덕(1960~)

김기덕 감독의 영화를 관통해온 화두는 인간 내면에 있는, 또는 불합리한 사회 구조에 의해 강요된 폭력성과 잔인함이었다. 폭력성을 폭력적인 방식으로 풀어낸 그의 방식이 원하든 원치 않던 그를 논쟁의 핵심에 서 있게 만들어왔다.

그는 오래 달군 칼끝으로 냉혹한 사회에 대한 좌절의 상처와 분노의 표출을 상처를 후벼 파는 듯 그려왔다. 이처럼 사건과 인물을 고통의 극한까지 몰고 가곤 하던 이전 작품들에 비하면 훨씬 품이 넓어지고 시선도 부드러워졌다.

제목처럼 다섯 가지 제목으로 나누어진 이야기는 둥그런 곡선을 밟으며 조용히 순환되고, 탁 트인 화면은 눈에 낀 오염물질을 씻어낼 듯 아름다운 풍경들을 흘려보낸다. 세계를 보는 감독의 눈이 훨씬 편안하게 이완된 것은 분명해 보인다.

〈사마리아〉로 2004년 베를린영화제 감독상과 〈빈집〉으로 2004년 베니스영화제 감독상을 수상하였다.

삶에 대한 진지한 성찰

흐르는 강물처럼 | A River Runs Through It | 1992 | 미국

 〈흐르는 강물처럼〉은 대자연을 배경으로 삶에 대한 진지한 성찰을 이끌어내고 있다. 울창한 나무들이 우거진 몬태나 주 숲과 블랙풋 강을 배경으로 플라이 낚시를 즐기는 가족의 이야기를 가슴 뭉클하게 그리고 있다.

감독 **로버트 레드포드**

출연 **크레이그 쉐퍼** _ 노먼
브래드 피트 _ 폴
톰 스커릿 _ 리버런드 맥클레인

영화는 형 노먼의 회상을 통한 시각으로 그리고 있다.

1900년대 초, 장로교 목사 리버런드 맥클레인(톰 스커릿 분)은 아들 노먼(크레이그 쉐퍼 분)과 폴(브래드 피트 분), 부인(브렌다 블레신 분)과 함께 몬태나 주 강가의 교회에서 살면서 낚시를 종교와 같은 정도로 소중하게 생각하고 즐겼다. 송어를 낚는 플라이 낚시를 즐기는 아버지의 영향으로 두 아들도 어려서부터 낚시를 하면서 형제애를 쌓아갔다. 신중하고 지적인 노먼과 동적이고 자유분방한 폴은 어린 시절부터 형제애가 깊으면서도 경쟁적인 관계였다.

노먼은 집에서 멀리 떨어진 대학에 들어가 문학을 공부하고 폴은 고향에서 낚시 전문 신문기자로 활동하며 낚시를 인생의 최고 목표처럼 여기면서 살아갔다. 대학을 졸업하고 여러 곳에 이력서를 낸 후 집으로 돌아온 노먼은 폴과 6년 만에 블랙풋 강에서 낚시를 했다. 형 앞에서 보이는 폴의 낚시 솜씨는 예술의 경지까지 도달해 있었다. 노먼은 댄스파티에서 제시(에밀리 로이드 분)를 만나 사랑에 빠진다. 또한 동생 폴과 자신이 다른 길을 가고 있음을 깨달았다.

고향 몬태나 주 미줄리 마을은 한가로운 정경이었다. 잔디 위에서 달리기 시합을 하는 여성들, 수박 빨리 먹기 시합을 하는 어린이들, 크리켓 게임을 하는 노인들, 강가에서 악기 연주를 하는 주민들. 평화스럽고 여유로운 삶의 모습이었다. 제시와의 사랑이 무르익을 즈음, 노먼은 시카고 대학으로부터 문학교수로 채용되었다는 통보를 받았다. 온 가족들이 기뻐하는 가운데 아버지와 두 형제들은 함께 강가로 가서 낚시를 했다. 폴은 송어와의 끈질긴 대결로 대어를 낚아 올렸다. 그 순간 노먼은 '완벽한 예술 작품이란 바로 이런 거구나' 하고 깨닫는다. 강가가 아닌 대지 위에 떠 있듯이, 모든 자연법칙으로부터 해방된 느낌을 받았다. 하지만 그 후 '인생은 예술 작품이 아니란 것을…. 그리고 그 순간은 계속될 수 없다'는 것을 확실하게 깨달았다.

온가족의 기쁨도 잠시, 형 노먼이 시카고로 떠나기 전, 인종차별이 심한 동네에서 인디언 여인을 이끌고 술집을 드나드는 등 자유분방한 생활을 하며 포커에 빠져있던 폴이 어느 날 길에서 리볼버 권총에 맞아 사망한다. 가족들은 사랑하는 사람을 잃은 상실감에 빠진다. 노먼이 보기에 아버지는 시간이 지나도 폴에 대해 묻지 않으려고 혼신의 힘을 다해 참으시는 것 같았다. 그런 모습을 보고 노먼이 말했다.

"제가 알고 있는 건 폴이 훌륭한 낚시꾼이었다는 겁니다. 그건 아버지께서 더 잘 아시잖아요."

그러자 아버지가 말했다.

"그 애 솜씨는 아름다웠지…."

이것이 폴의 죽음에 대한 아버지와 노먼의 마지막 대화였다. 하지만 폴은 여전히 아버지의 마음속에 존재했다. 아버지가 돌아가시기 직전의 마지막 설교를 노먼은 기억하고 있다.

"우리는 누구나 일생의 한 번쯤은 사랑하는 사람이 불행에 처한 걸 보고 이렇게 기도합니다. '기꺼이 돕겠습니다. 주님!' 그러나 정작 도움이 필요할 때 우리는 가장 가까운 사람조차 돕지 못하는 게 사실입니다. 무

엇을 도와야 할지도 모르고 때로는 그들이 원하지도 않는 도움을 줍니다. 가족들 간에도 마찬가지일 수 있습니다. 하지만 우리는 여전히 사랑합니다. 완전해 이해할 수는 없어도 완전히 사랑할 수는 있습니다. We can love completely without complete understanding.

70대에 접어든 노먼이 동생 폴과 플라이 낚시를 하고, 강에 돌을 던지고 강 언덕에 함께 누워 하늘을 쳐다보던 어린시절을 회상한다.

사랑하는 사람들을 모두 잃고 혼자 낚시를 하는 노먼. 그는 가족과 인생 그리고 낚시에 대한 회상을 하나로 묶어 달관한 듯 인생의 상념에 젖는다. 그리고 변함없이 흐르는 강을 바라보면서 넋을 잃는다. 숲이 울창한 산에 걸려있는 구름을 배경으로, 고향 강가에서 낚시하는 노먼의 모습이 비치면서 영화는 끝난다.

〈흐르는 강물처럼〉은 대자연을 배경으로 삶에 대한 진지한 성찰을 이끌어내고 있다. 울창한 나무들이 우거진 몬태나 주 숲과 블랙풋 강을 배경으로 플라이 낚시를 즐기는 가족의 이야기를 가슴 뭉클하게 그리고 있다.

원작은 시카고대학교에서 영문학 교수로 재직한 노먼 매클린Norman Maclean(1902~1990)이 쓴 자전적 소설이다. 이 소설이 출간되었을 때 많은 비평가들은 헨리 D. 소로우Henry David Thoreau(1817~1862)의 《월든Walden》에 견줄 수 있는 매우 뛰어난 작품이라 극찬했다. 그때 노먼 매클린은 이미 칠십 줄에 들어서 있었고, 이 작품은 놀랍게도 그의 처녀작이었다. 사람들은 73세의 나이에 이토록 젊고 힘 있는 감성을 표현한 것에 대해 놀라움을 표했다.

〈흐르는 강물처럼〉은 1993년 아카데미 촬영상을 수상하였다.

이 영화에서 또 다른 볼거리는 플라이 낚시의 짜릿한 액션과 전율을 보여주는 그림 같은 영상, 물속이 다 비칠 정도로 맑고 조용히 흘러가는 시냇물, 반짝이는 물고기 비늘, 릴낚시 바늘 등이다.

그리고 산다는 것과 가족의 의미에 대해 질문을 던지고 있다. 삶은 흐르는 강물처럼 멈추지 않는다. 이 순간 시간은 끝없이 흘러가고 있다.

로버트 레드포드 Robert Redford(1937 ~)

감독은 억지스러운 에피소드를 끼워 놓으며 갈등을 증폭시키기 보다는 회상의 **접근법**으로 마치 옛날이야기를 하는 듯 편안한 마음으로 영화를 감상하게 한다. 종반부의 폴의 죽음 장면마저도 직접 보여주는 것을 피하고 내레이션으로 마무리할 정도로 감정적인 고양을 자제하고 '절제의 미'를 강조하고 있다.

세기의 명배우 출신인 그는 〈보통 사람들〉로 1981년 아카데미 작품상과 감독상, 골든 글로브 감독상을 수상하였다. 특히 세계 독립영화제의 산실인 '선댄스 영화제'를 만들어 수많은 영화학도들에게 세계 영화 시장의 관문을 열어주고 있다. '선댄스'는 그가 〈내일을 향해 쏴라〉에서 맡았던 주인공 이름에서 따온 것이다.

크레이그 쉐퍼 Craig Sheffer(1960 ~) 형 노먼 역을 맡아 열연했다.

브래드 피트 Brad Pitt(1963 ~) 연약한 내면과 강렬한 야성미가 혼재된 카리스마 넘치는 연기를 펼쳤다.

마크 아이샴 Mark Isham 1900년대 초라는 시대적 배경에 맞는 스윙재즈 등 총 31곡을 OST 앨범에 담았다.

직업을 위한 사투

자전거 도둑 | The Bicycle Thief | 1948 | 이탈리아

왜 리치처럼 선한 사람이 범죄자가 되었는가?
한 개인의 **도덕성의 결핍** 때문인가, 아니면
사회의 구조적인 모순 때문인가?

감독 **비토리오 데 시카**

출연 **람베르토 마조라니** _ 안토니오 리치
엔조 스타이올라 _ 브루노
리아델라 카렐 _ 마리아

　제2차 세계대전 직후 이탈리아 수도 로마 거리, 흑백 영상이 드리워지면서 오프닝 자막과 함께 길거리에 사람들이 몰려다니는 모습이 비춰진다. 일자리를 구하려는 사람들이다. 나이가 지긋한 직업소개소 직원이 나와 "안토니오 리치"를 부른다.

"리치, 일자리야."

"무슨 일이죠?"

"카드를 가지고 고용사무실로 가보게."

"이제야 가난 탈출이군!"

"리치, 자전거를 잊지 말게. 필요할 거야. 거기 써 있잖아?"

"자전거요? 있긴 있었죠. 지금은 없지만 며칠 안에 구할 수 있어요."

"그렇다면 자넬 채용할 수 없을 걸."

"왜요?"

"처음 며칠은 걸어 다니면 되잖아요?"

"무슨 말이야? 자전거가 없으면 다른 사람한테 넘겨."

여기저기서 자전거를 소유하고 있다고 난리다.

"리치, 어떡할 건가?"

"아침에 가져올 게요."

"명심해! 자전거가 없으면 일자리는 취소야."

"2년을 더 기다려야 할 텐데 자전거를 찾을 거예요."

안토니오 리치는 부인 마리아에게 간다.

"무슨 일이죠?"

"정말 비참한 기분이야. 일자리가 있었는데 자전거 때문에 할 수 없게 생겼어."

"뭐라고요! 안 돼요, 기다려요."

리치는 자전거를 가지고 있었으나 저당을 잡힌 상황이다. 아내 마리아는 남편이 직업을 얻기 위해서는 자전거가 필요하다는 사실을 알고 집에서 사용 중인 침대 시트를 전당포에 잡히고 저당 잡혀 있었던 자전거를 찾는다. 자전거를 찾아오는 그들의 시선에는 미래에 대한 기대가 담겨 있다. 하지만……

리치는 고용사무소에 들러 출근 허락을 받고 아내 마리아와 함께 기분 좋게 집으로 돌아온다. 집에서 아들 브루노는 전당포에서 찾은 자전거를 꼼꼼하고 정성스레 닦고 있다. 리치가 아들 브루노를 자전거 앞에 태우고 첫 출근에 나선다. 리치는 브루노를 아르바이트하는 장소에 내려다주고 오후 7시에 데리러오기로 약속한다.

리치가 하는 일은 길거리 벽에 포스터를 붙이는 일이다. 자전거를 타고 사다리를 메고 벽보를 붙일 곳을 이리저리 옮겨 다니는 리치. 자전거를 세워놓고 사다리를 타고 벽보를 붙이고 있는 동안에 한 젊은 청년이 쏜살같이 자전거를 훔쳐 타고 도망친다. 리치가 급히 사다리에서 내려와 지나가는 차를 타고 뒤쫓아가 보지만 잡지 못한다. 경찰서에 신고해보지만 아무 소용이 없다. 리치가 브루노가 기다리고 있는 곳으로 30분 늦게 힘없이 걸어가자 브루노가 묻는다.

"고장 났어요?"

"그래, 고장 났어."

리치는 아들 브루노를 집으로 먼저 보내고 친구를 찾아간다.

"자전거를 도둑맞았어."

"정말? 어디서?"

"오늘 처음 일을 시작했는데……"

"그럴 수가……."

"날 좀 도와줘야겠네. 꼭 자전거를 찾아야 하네."

"비토리오 광장부터 살펴보세. 훔친 물건은 거기서 거래하지. 집에 두진 않아. 내일 보세."

아내인 마리아가 놀란 표정으로 찾아와 말한다.

"사실이에요?"

"집에 안 가려고 했는데……. 여기서 울지 말아요."

"울지 않아요. 하지만 그런 소식을 듣고서 뭘 했어요? 찾아봤어요?"

그러자 친구가 나서서 "울지 말아요. 마리아! 애처럼 울기는……. 찾아낼 거예요. 안장을 바꾸겠지만 시장에 나타나기만 하면 우리가 꼭 찾을 거예요. 그렇지 안토니오? 오늘밤은 견디기 힘들겠지만 내일은 찾을 수 있어요" 하고 위로한다.

다음날은 일요일이다. 리치는 친구들과 아들 브루노와 비토리아 광장으로 자전거를 찾아 나선다. 이들은 주룩주룩 비를 맞으며 자전거 가게를 샅샅이 뒤지지만 허탕이다. 리치는 브루노와 광장의 벽에 힘없이 서 있다가 자전거를 훔친 도둑을 발견하고 뒤쫓아 가지만 놓치고 만다. 브루노에게 화풀이를 한 리치가 미안한 표정을 지으며 "힘들지? 앉거라. 지금으로선 더 이상 할 일이 없구나. 집으로 가야겠다" 하고 말한다.

다리 난간에 기대어 앉은 아버지 리치가 아들 브루노에게 "배고프지?"라고 말을 건다. 아들 브루노가 고개를 끄떡이자 리치는 지갑을 꺼내어 돈을 만져보고는 "피자 먹을래?" 하고 제안한다. 브루노가 밝은 표정을 지으며 고개를 끄떡이자 "가자 고생이 많구나. 까짓 거……. 전부 잊어버리고……" 하면서 함께 고급 레스토랑에 들러 호기롭게 음식과 와인을 주문한다. 리치가 "오늘만큼은 신경 쓰지 말자. 맛있게 먹고 가는 거야. 다 수가 있겠지. 죽는 거 빼고 말이야. 먹어. 아무 걱정 말고. 좋으니?" 하고 묻자 브루노가 빙그레 웃는다.

리치는 브루노와 함께 자전거를 어떻게 찾을 수 있을지 점을 치러 가보지만 애매한 말밖에 듣지 못한다. 점을 치고 나오다가 자전거를 훔친 청년을 발견하고 잡아서 경관을 불러온다. 그러나 도둑은 간질병 환자이고 증거물인 안토니오의 자전거는 없다. 결국 증거가 없어 창피만 당하고 힘

없이 돌아서고 만다.

　리치는 낙심하여 집으로 걸어오다가 길거리 주택가에 세워놓은 자전거를 발견하고 망설이는 표정을 지으며 아들 브루노에게 "전차를 타고먼저 집으로 가라"고 말한다. 브루노가 전차가 있는 곳으로 향하지만 미처 타지 못하고 만다. 그 순간, 리치는 자신의 생존 수단인 자전거가 지나가는 모습을 바라보다가 그도 자전거를 훔친다. 리치는 주택가에 세워놓은 자전거를 타고 도망친다. 뒤따라 사람들이 "도둑이야!"를 외치면서 달려가자 그 자리에서 붙잡히고 만다. 사람들이 "어디서 함부로 자전거를 훔쳐!" 하면서 리치의 머리를 때린다.

　아버지 리치가 온갖 멸시와 모욕을 받는 광경을 목격한 아들 브루노가그 틈에 끼어들어 "아버지, 아버지!"를 외치지만 군중들은 "이런 불한당같으니……"라면서 리치의 뺨을 때린다. 아버지 리치는 아들 브루노 앞에서 창피를 당하고 경찰서로 끌려가고 있다. 아들 브루노가 울먹이며 길바닥에 떨어진 아버지 리치의 모자를 주워 뒤따라간다. 이때 브루노의 모습을 보고 자전거 주인이 리치의 팔을 끌고 가는 청년에게 말한다.

"잠깐……. 풀어주게."

"왜요?"

"문제 삼고 싶지 않네. 잘 가게. 자식 교육 잘 시킨 줄 알아요."

"이 정도로 끝나다니 당신 정말 운 좋은 줄 알아."

해 지는 로마 거리를 안토니오 부자가 좌절감을 가슴에 안고 눈물을 글썽이며 터벅터벅 걸어가는 장면과 함께 영화는 끝난다.

〈자전거 도둑〉은 아버지와 아들과의 따뜻한 정을 그리고 있다. 생계를 위해 직업을 얻기 위한 마지막 수단이었던 자전거를 도둑맞은 노동자가 결국 자전거 도둑이 된다는 전후 로마의 이야기는 참으로 역설적인 비극이 아닐 수 없다.

제2차 세계대전 후의 비참한 로마의 이야기를 중심으로 하면서 전후 이탈리아의 헐벗은 주민들의 생활과 사회 전반을 적나라하게 파헤치고 있다. 현실 속에서 가장 평범하게 살아가려는 사람이 도둑이 되어가는 모습을 추적하는 과정 속에서 그 어느 것도 선악이라 규정할 수 없음을 보여주며, 선과 악은 그 사회 속에서 규정된다는 것을 말하고 있다.

전쟁이 끝난 후 이탈리아의 궁핍한 현실을 그대로 카메라에 옮겼고, 아버지와 아들의 관계를 통한 보편적 주제가 호소력과 힘을 발휘하고 있다. 단순한 줄거리, 기교 없는 흑백 화면 속에 이탈리아 민중의 꿈과 절망이 녹아 있는 감동적이고 진솔한 아름다운 인간 드라마다.

〈자전거 도둑〉은 1948년 아카데미 외국어영화상, 1949년 뉴욕영화제 비평가상, 로카르노영화제 대상을 수상하였다.

〈자전거 도둑〉은 이탈리아 네오리얼리즘Neorealism의 역사를 한눈에 볼 수 있는 영화로, 이 사조가 안고 있는 모든 영화적 특징을 단적으로 표현해냈다. 네오리얼리즘은 제2차 세계대전이 끝날 무렵 이탈리아의 경제적 궁핍과 사회적 불안으로부터 생겨났다.

로베르토 로셀리니, 비토리오 데 시카, 루치노 비스콘티 등이 네오리얼리즘 영화의 대표적인 감독들이다.

무솔리니 몰락 직전, 당시 다큐멘터리 작가였던 로베르토 로셀리니는 해군의 선전 영화 〈하얀 배〉(1941)를 만들면서 진실을 폭로했기 때문에 상영을 금지당하고, 루치노 비스콘티도 사실적인 묘사 때문에 〈강박 관념〉(1942)이 상영 금지당했다.

이것들이 네오리얼리즘의 선구적인 작품들이다. 로셀리니는 전쟁 말기부터 로마의 저항을 기록으로 남길 생각으로 〈무방비 도시〉(1945)의 제작을 시작했는데, 이것이 전후 공개되어 네오리얼리즘의 도화선이 된다. 그들은 매끈하게 만들어진 스튜디오 영화와 해피엔딩을 거부했다. 네오리얼리즘은 사회의식, 평범한 노동자들의 소박한 이야기, 로케이션 촬영을 그 특징으로 한다.

네오리얼리즘 감독들은 비전문 배우를 자주 썼고, 시각적 진실성과 주제 의식을 위해 거리와 현실 공간 속으로 카메라를 들이댔다. 1945년부터 1952년까지의 네오리얼리즘의 전성기에 만들어진 탁월한 작품들로 〈무방비 도시〉(1945), 〈전화의 저편〉(1946), 〈흔들리는 대지〉(1948), 〈자전거 도둑〉(1948) 등이 있다.

캐릭터를 자연스러운 배경 속에 배치하고, 일상생활 속의 스토리를 구축하려는 네오리얼리즘 감독들의 노력 때문에 그들의 영화는 '찾아낸 이야기' 또는 '인생유전 영화'라고 불려졌다. 네오리얼리즘 영화는 서사적 사건과 액션의 흐름이 우발적이며 자연스럽다. 감독은 단지 한 캐릭터의 뒤를 따를 뿐이며, 스토리를 만들어냈다기보다 찾아냈다는 인상을 남긴다.

〈자전거 도둑〉은 스튜디오 촬영이 없다. 모두가 로마의 거리, 아파트, 사무실 등 거의 촬영소 밖의 실제 장소에서 촬영하여 현실에 가까운 가장 사실적인 작품이다.

프랑스의 영화평론가였던 앙드레 바쟁Andre Bazin(1918~1958)은 말했다.

"이는 순수 영화의 첫 작품 가운데 하나라고 할 수 있다. 배우도 없고, 이야기도 없고, 연출도 없다. 이것은 영화가 이제 더 이상 완벽한 미학적 환상 속에 존재하지 않음을 말한다."

비토리오 데 시카 Vittorio De Sica(1902~1974)

〈무기여 잘 있거라〉에 출연해 아카데미 남우조연상 후보에까지 올랐던 배우였다. 제2차 세계대전 중 감독으로 전향하여 전후의 도시 부랑아들의 생활을 〈구두닦이〉(1946)로 만들고, 계속해서 〈자전거 도둑〉(1948) 등의 걸작을 만들어낸다.

그는 〈자전거 도둑〉을 만들 때, 미국의 한 제작자가 유명 배우 캐리 그랜트를 안토니오역에 기용하면 돈을 대겠다고 한 제안을 거부했다. 돈과 스타 둘 모두를 거부하고 좌절한 아버지 역에 비전문배우인 한 금속 노동자 람베르토 마조라니를 기용했다. 그의 아들 브루노 역 역시 로마의 신문배달 소년인 엔조 스타이올라에게 맡게 하여 화제를 모았다.

람베르토는 공장 노동자였으나 실업자였고, 영화가 끝난 후에도 일자리를 찾기 위해서 오랜 시간 동안 직업소개소를 전전했었다. 엔조 역시 당시의 여느 소년들처럼 학교가 아닌 거리에서 푼돈을 버는 아이였다. 그리고 아내 역에는 기자 리아델라 카렐을 기용하는 등 모두 비전문배우를 썼다.

비토리오 데 시카 감독은 네오리얼리즘의 탄생에 대해 "전쟁 말기 체계화된 영화 산업의 부재와 재정적 곤란이 감독들로 하여금 허구와 고안된 주제에 의존하지 않고 일상의 현실을 묘사하는 영화를 만들려고 했다"고 말했다.

자식을 가슴에 묻은 아버지

아들의 방 | The Son's Room | 2001 | 이탈리아, 프랑스

 이 영화는 아들의 죽음에 대한 시련의 극복 과정을 그리고 있다.
이 영화와 비교해서 김현승의 《눈물》이라는 시를 읽어보자.
더러는/옥토沃土에 떨어지는 작은 생명이고저…/
흠도 티도/금가지 않은 나의 전체는 오직 이뿐!/
더욱 값진 것으로/드리라 하올 제/나의 가장 나아종 지니인 것도 오직 이뿐/
아름다운 나무의 꽃이 시듦을 보시고/열매를 맺게 하신 당신은/
나의 웃음을 만드신 후에/새로이 나의 눈물을 지어 주시다.

감독 난니 모레티

출연 난니 모레티 _ 조반니
     쥬세페 산펠리체 _ 안드레
     야스민 트린카 _ 이레네
     로라 모란테 _ 파올라

영화의 시작과 함께 조반니(난니 모레티 분)가 가쁜 숨을 들이쉬며 조깅을 하는 모습이 비춰진다. 이탈리아 북부의 작은 항구 마을의 부둣가를 돌아 시내를 가로질러 달리던 그는 목이 타는지 카페에서 무언가를 마신다. 지나가는 집시들의 노래를 들으며 흥에 겨워하는 그의 표정은, 잠깐 스쳐가는 그의 평온한 정신세계를 보여준다.

집으로 돌아와 전화를 받는 조반니. 아들 안드레(쥬세페 산펠리체 분)의 학교로부터 호출이다. 학교에서 아들이 실험실에서 친구와 함께 화석을 훔쳤다고 말한다. 아들은 부인하지만 일주일간의 정학 처분을 통고 받는다.

조반니와 그의 아름답고 지적인 아내 파올라(로라 모란테 분)는 아들 안드레, 딸 이레네(야스민 트린카 분)와 함께 단란한 가정을 꾸리고 산다. 온화하고 침착한 정신과 의사인 조반니는 집과 같은 건물에 있는 자신의 개인 병원에서 강박증 환자에서부터 성도착증 환자, 대인기피증 환자까지 다양한 사람들의 고통을 참을성 있게 들어주면서 "인생은 뜻대로 되지 않습니다. 모두들 다만 최선을 다할 뿐입니다. 조급하게 살기보다는 느긋하게 기다리는 삶을 배운다면 세상을 좀 더 편안하게 살 수 있게 되죠. 어떻게 생각하세요?" 하고 조언을 아끼지 않는다.

출판업에 종사하는 파올라는 남편과 사춘기에 접어든 아이들을 사랑으로 돌본다. 내성적인 안드레와 농구선수인 이레네 남매는 서로를 신뢰하며 평온한 일상을 보낸다.

어느 날, 가족들이 모두 안드레의 테니스 시합 장소로 간다. 차안에서

흘러나오는 음악에 맞춰 모두 흥겹게 노래를 따라 부른다.

"내 눈은 가득 차네. 투명한 시냇물로. 난 그 물을 마시지. 나는 찾으리. 너보다 뜨거운 태양 가득한 골짜기를. 난 더 이상 네 곁에 없어. 저 위의 구름을 보네. 내가 떠날 때 미소를 지어다오. 쉽진 않을지라도. 산다는 건 조금씩 죽는 거니까. 안녕. 내 사랑. 안녕. 구름은 벌써 저만치 가네."

조반니는 아들과 함께 서점에 가기도 하고, 같이 산책을 하기도 하고, 운동장에서 서로 장난을 치기도 한다. 행복한 모습이다.

다음날 안드레는 어머니 파올라에게 "엄마, 화석을 가져간 건 저와 루치아노예요. 사실 그건 그냥 장난이었어요. 화석을 아끼는 선생님 표정이 어떨까 궁금했거든요. 훔친다는 것은 어리석은 짓이죠. 갖다놓으려 했는데 부서져버려 어쩔 수 없었죠. 어제 산책하며 아버지께 말하려는데 분위기가 너무 좋아 기회를 놓쳤어요. 장난이었어요. 정말이에요" 하고 학교에서 화석을 훔친 사실을 고백한다. 말을 듣고 난 파올라는 빙그레

웃으며 아들 안드레를 껴안는다.

그러던 어느 일요일 아침. 가족들이 모두 식탁에 모여 식사를 하면서 대화를 나눈다. 아버지 조반니가 아들 안드레에게 제안한다.

"우리 오늘 둘이서 조깅이나 할까?"

"친구들과 약속이 있어요."

"친구들과……"

"달리기나 하자. 땀 날 때까지 뛰는 거야. 어때? 좋지?"

"좋아요."

"항구까지 갔다가 오는 거야. 그리고 다시 왕복하고 다음엔 큰길을 완주하는 거야."

흐뭇한 표정을 짓는 조반니. 이때 전화벨이 울린다. 환자로부터 왕진을 급히 요청하는 전화다. 조반니는 아들 안드레의 머리를 쓰다듬으며 "환자가 안 좋아 보러가야겠어. 조깅은 다음에 하기로 하자" 하고 말한다.

조반니는 아들과의 조깅 약속을 뒤로하고 환자를 보러간다. 같은 날, 오후 집으로 돌아온 그에게 날아든 비보는 아들 안드레의 사고 소식이다. 아버지와의 조깅 계획이 취소되자 친구들과 바다로 스쿠버다이빙을 하러 간 안드레는 사고로 영원히 돌아올 수 없는 먼 길을 떠나고 만 것이다. 아버지 조반니는 아들 안드레와의 조깅 약속을 지키지 못해 아들이 사망했다는 죄책감에 시달린다. 아들 죽음의 빌미가 되었던, 아들과의 약속을 깨게 만든 환자와의 면담을 왜 거부하지 않았을까 후회하는 아버지의 모습은 인간적인 아픔으로 다가온다.

"멍청하게 환자에게 달려가지 않고 안드레와 같이 있었다면……. 만일 같이 조깅을 하고 아이스크림을 먹고 극장에 갔다면……. 어떻게든 시간을 돌려놓고 싶어……."

시간을 다시 일요일 아침으로 돌리고 싶어 하며 자신 앞에 놓인 현실을 인정하길 거부하는 조반니. 침착하고 평온하기만 하던 그의 얼굴이 슬픔과 고통으로 무너지기 시작한다. 오열하는 아내와 딸을 위로하며 슬픔을 감추기 위해 절제하지만 가슴은 더욱 저리다.

아들의 죽음 이후, 화기애애한 가정은 순식간에 침통함에 휩싸이면서 균형을 잃고 만다. 아들이 죽은 후, 슬픔을 감당하지 못해 혼자서 시끄러운 유원지를 멍하니 거닐고 있는 초췌한 모습의 아버지 조반니. 아내도 안정감을 잃고 어디서든 아들의 흔적을 찾기 위해 집착한다. 농구선수였던 딸도 점점 난폭해지더니 결국 경기장에서 퇴장을 당한다. 가족들이 함께 옷을 사러 나간 순간에도, 지치도록 조깅을 하는 순간에도, 밥을 먹고 차를 마시는 순간에도 이들은 좀처럼 전과 같이 평온한 일상을 되찾을 수 없다.

조반니는 아내 파올라에게 "어떤 환자의 말도 들리지가 않아. 대신 어떤 환자에겐 너무 동화되지. 마치 내가 그들인 것처럼. 이젠 환자를 도와줄 수가 없어. 전처럼 객관적이 될 수가 없어" 하고 이제 환자들의 고통을 돌볼 여유조차 없음을 고백한다. 더없이 침착하고 온화한 정신과 의사인 아버지는 점점 자신의 환자들보다 더 강박적인 모습을 보이게 된다. 아들과 조깅을 하는 자신의 모습을 상상하며 환자의 얘기를 듣다가 오열하기도 한다. 특히 아들의 사고가 있던 날, 자신을 불러냈던 환자에겐 적대감까지 드러낸다.

성당에서 안드레를 위한 추모 미사가 열린다.

"인생을 정하는 건 우리가 아닙니다. 그러나 남아 있는 자들, 부모님, 가족들은 왜냐고 묻겠죠. 대답은 하나입니다. 주님이 정하셨습니다. 이유는 알려주시지 않으셨지만 우리는 믿음으로 이해하고 받아들여야 합니다. 성경 말씀에 도적이 언제 올 줄 알았다면 당하지 않았으리라 했습니다. 언제 주님이 우리를 부르실지 모릅니다."

집으로 돌아와서도 아들의 죽음에 대한 회한이 더욱 사무치면서 머릿속으로 아들과 조깅하는 모습을 상상한다.

'우리 둘이서 달려볼까? 처음엔 항구까지 갔다오는 거야. 그 다음엔 더 큰길을 완주해보자. 그러나 난 약속을 지키지 못했어. 그리곤 너를 볼 수 없게 됐지. 산다는 건 죽는 과정이라지만 그렇게 급할 필요가 있었니? 야속한 녀석, 너무 보고 싶구나. 기적이라는 게 있다면…… 그래서 너의 웃는 모습을 다시 볼 수 있다면…… 시간을 돌리지 못하는 아빠를 용서하렴. 안녕, 나의 사랑하는 아들.'

파올라가 안드레의 여자 친구가 보낸 편지를 본다. 집에서는 그동안 안드레에게 여자 친구가 있었다는 사실을 모르고 있었다. 안드레가 죽은 줄도 모르고 보낸 편지……

안드레. 너처럼 아름다운 편지를 쓰고 싶어. 도서관에 가서 유명한 사람들의 연애편지를 읽었어. 좀 인용하려 했지만 너를 향한 마음을 표시하는 문구는 어디에도 없었어. 그래서 나의 말로 전하는 게 최선이라고 생각했어. 우리가 만났던 그날을 잊지 못해. 널 만난 건 단 하루였지만 너의 특별함을 알기에 충분해…….

다시금 안드레의 생각에 아들 방에 들어와 옷장 속에 가지런히 걸려 있는 아들의 옷을 만지며 흐느끼는 파올라. 그녀는 아들의 여자 친구였던 아리안나에게 전화를 걸어 아들의 죽음을 알리고, 아들의 흔적을 느끼기 위해 간절하게 한번 만나고 싶다는 요청을 한다.

조반니는 아들 안드레와 함께 뛰어놀던 운동장을 거닐면서 생각에 잠긴다. 집으로 돌아와 아내 파올라에게 "어떤 환자의 말도 들리지 않아. 대신 어떤 환자에겐 너무 깊이 개입돼. 마치 내가 그들인 것처럼. 이젠 나도 환자들을 돕지 못해" 하고 말한다.

조반니는 아들 안드레와 함께 갔던 CD가게에 들러 아들이 평소 좋아했던 종류의 음악 CD를 추천받아 사서 틀어본다. 아버지가 죽은 아들에게 선물하는 음악이다. 니콜라 피오바니가 작곡하고 '브라이언 에노'가 부르는 〈By This River〉는 잔잔하면서도 애틋한 감정을 압축한 가사와 선율이다.

며칠 후, 조반니가 집에 혼자 있는데 안드레의 여자 친구였던 아리안나가 불쑥 찾아온다. 아들의 방을 보고 싶다고 하면서……. 아들이 생전에 자신의 방에서 찍은 사진을 그녀에게 준 것이었다. 그녀는 안드레와의 만

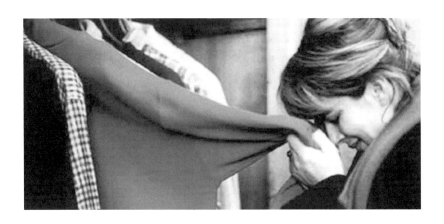

남을 과거의 추억으로 바라보면서 담담하게 방을 보고 싶다고 말한다. 잠시 후 딸 이레네와 함께 쇼핑을 갔다가 돌아온 파올라는 아리안나를 포옹하면서 운다. 그들은 아리안나에게 외식을 함께 하고 자고 가기를 권하지만 바깥에서 여행을 같이 갈 남자 친구가 기다리고 있다고 말한다. 여행길에 잠깐 들른 그녀의 태도에서 아들의 죽음이 거역할 수 없는 현실임을 깨닫는다.

조반니와 파올라, 그리고 딸인 이레네는 아리안나와 그녀의 남자 친구 스테파노를 국경까지 밤새워 바래다주고 나서 아침을 맞이한다. 이제 어두운 상처에서 벗어나 아들의 죽음을 엄연한 현실로 받아들이고, 아들이 죽은 바로 그 바닷가에서 엷은 미소를 짓는 가족들의 모습이 비춰진다. 다시금 "우리는 강가에 서 있네……. 한데 우리가 여기 왜 있는지 기억이 나질 않네……."로 시작하는 음악 〈By This River〉가 흐르면서 서서히 영화는 끝난다.

〈아들의 방〉은 2001년 칸영화제 작품상인 황금종려상 수상작이다. 이는 1978년 이후 칸 영화제에서 작품상을 수상한 최초의 이탈리아 영화다. 그밖에 이탈리아의 오스카에 해당하는 다비드영화제에서 작품상, 여우주연상, 음악상을 수상했다.

〈아들의 방〉은 누군가의 죽음을 놓고 고통으로부터 벗어나는 것이 아닌 그 죽음을 현실로 인식하는 과정을 그리고 있다. 죽음을 다룬 대부분의 영화와 달리 마지막 순간, 죽음에 이르기까지의 긴장과 슬픔에 치중하지 않는다. 극적인 죽음을 맞기까지의 과정보다는 아들이 죽고 난 후 남아 있는 사람들의 감정과 시간을 나열한다는 점에서 독특하고 현실적이다. 절실히 표현하고자 했던 것은 사랑하는 사람의 죽음이 가져오는 고통, 그리고 이 죽음에 대해 가족 구성원들이 어떻게 다르게 반응하는가의 문제이다. 영화는 아들의 죽음 이전과 이후를 적절하게 오가면서 살아남은 자들의 변화된 일상과 그들을 무겁게 내리누르는 감정의 다양한 국면들을 세밀하게 포착해 내고 있다.

난니 모레티 Nanni Moretti(1953~)

이탈리아 감독으로 아들의 죽음을 맞아 강박적으로 자책감에 시달리는 아버지 조반니 역을 동시에 훌륭하게 소화해냈다. 그는 로베르토 베니니와 함께 이탈리아를 대표하는 감독 겸 배우다.

10대 시절을 혁명의 기운 속에 보내면서 좌파적 성향을 갖게 된 모레티는 1973년, 〈에체 봄보〉로 정식으로 영화계에 데뷔했다. 모레티는 이탈리아의 우디 앨런이라고 불리며 신랄한 정치 풍자와 재기 넘치는 유머 감각을 무기로 삼아 다큐멘터리와 픽션, 정치와 영화 사이의 경계를 유쾌하게 오가며 사회에 문제의식을 끊임없이 제기해왔다. 영화 제작사 사케르 필름 Sacher Film을 설립해 시나리오에서부터 제작, 연출, 배우까지 '원 맨' 제작 시스템을 고수해오고 있으며, 〈나의 즐거운 일기〉로 1994년 칸영화제 감독상, 1986년 〈미사는 끝났다〉로 베를린영화제 은곰상을 수상했다.

니콜라 피오바니 Nicola Piovani(1946~) 감각적이면서도 절제된 음악은 무엇보다 영화 전체의 분위기를 잘 반영한다. 가슴 깊은 곳을 적셔오는 음악은 '아들의 죽음'을 맞이한 가족들의 상황을 자연스레 보여준다. 특히 브라이언 에노 Brian Eno가 부르는 〈By This River〉는 영화의 느낌을 한마디로 압축한 느낌이다.

명품의 허상

악마는 프라다를 입는다 | The Devil Wears Prada, 2006 | 미국

 〈악마는 프라다를 입는다〉는 **명품을 광고하는 패션 잡지가 주요 무대이다.**
당신은 물건을 살 때 어느 정도 광고에 의지하는가?

감독 **데이빗 프랭클**

출연 **앤 해서웨이** _ 앤드리아 삭스
메릴 스트립 _ 머랜다 프리슬리

명문대인 노스웨스턴 대학을 졸업한 소도시 출신의 앤드리아 삭스(앤 해서웨이 분)는 저널리스트의 꿈을 안고 뉴욕으로 간다. 재학 시 대학신문 편집장도 하고 상도 받았던 그녀는 자신감에 차 뉴욕의 여러 언론사에 이력서를 넣지만 연락이 온 곳은 세계 최고의 패션 잡지 '런웨이 Runway' 뿐이다. 그녀는 면접을 보고 기자가 아닌 '런웨이' 편집장 머랜다 프리슬리(메릴 스트립 분)의 말단 비서로 채용이 된다.

앤드리아는 직장 생활의 꿈에 부풀지만 현실은 너무 힘들다는 것을 깨닫는다. 머랜다는 세계 패션쇼의 스케줄을 바꿀 수 있을 만큼의 거물이지만 까다로운 완벽주의자로 악마와 같은 존재다. 밤낮없이 핸드폰을 걸어 괴팍한 명령을 내리고 그 명령이 수행되지 않으면 능력이 없는 사람으로 낙인을 찍어버린다.

앤드리아의 옷차림새는 패션 잡지의 분위기를 상징하듯 패셔너블한 직원들 사이에서 독보적으로 눈에 띌 만큼 촌스럽다. 그녀는 패션을 그저 속물들의 사치라고 여기며, 겉으로 보이는 아름다움은 허영이며 내적인 아름다움의 깊이를 중요하게 생각하고 있다.

직장 생활을 하면서도 할인점에서 산 파란색 스웨터와 통굽 구두를 신는 패션 감각이 바뀌지 않는다. '런웨이' 쇼룸에는 최고의 브랜드들로 이뤄진 의상, 액세서리, 화장품 샘플이 널려있고 마음만 먹으면 스타일을 업그레이드 시켜줄 최고의 아티스트들이 자리잡고 있는 데도 말이다.

어느 날 앤드리아는 패션쇼 리허설을 준비하던 머랜다로부터 자신이 입고 있는 패션에 대하여 멸시 당하는 질책을 듣는다.

"자신이 입고 있는 싸구려 스웨터의 컬러가 2002년 전 세계를 사로잡은 세루리언 블루로 수백만 달러의 수익과 일자리를 창출한 경이로운 컬러라는 것 정도도 모르잖아 그런 무지한 네가 사실은 패션계 사람들이 고른 색깔의 스웨터를 입고 있다는 것이 좀 웃기지 않니?"

앤드리아는 충격을 먹고 직장 동료인 패션 기획자 나이젤(스탠리 투치 분)의 도움으로 패셔너블하게 변신하기 시작한다.

검은 트위드(양모로 성글게 짜 감촉이 매우 거친 직물) 샤넬 재킷에 크리스티나 티의 미니스커트를 입고, 허벅지까지 올라오는 샤넬 부츠를 신는다. 재킷 안에는 가슴선이 보일 정도로 깊게 파인 상의를 받쳐 입었으며, 여러 겹으로 감은 금 목걸이는 가늘고 긴 그녀의 목선을 더욱 강조해 주고 있다. 이런 멋진 차림을 위해 앤드리아는 사이즈 '2' (한국사이즈 44에 해당)의 '말라깽이'로 다이어트에 성공한다. 잡지사에 촬영용으로 협찬된 명품 의상들의 사이즈가 '2' 이기 때문이다.

마돈나의 경쾌한 〈Vogue〉 음악과 함께 앤드리아가 명품 패션스타일로 변신하는 모습이 비춰진다.

상상할 수도 없는 상사의 요구와 동료 여직원들의 시기에도 불구하고 패션계에서 살아남는 법을 터득하기 시작한 앤드리아는 점차 머랜다의 마음을 사는데 성공하고 세련된 패션스타일로 무장한 매력적인 커리어 우먼으로 거듭난다. 온몸을 명품으로 도배한 앤드리아. 워커홀릭과 화려한 패션계에 빠져 예전의 순수한 모습을 찾을 수 없는 앤드리아가 어색해진 애인 네이트(에이드리언 그레니어 분)는 그녀에게 결별을 통고한다.

앤드리아는 머랜다를 수행해 파리 패션쇼에 참가한다. 파리에서 화려한 여러 행사에 참여하면서 감춰진 허위의식을 간파하고 자신의 현재 모습에 회의를 느끼면서 '런웨이'를 떠나기로 결심한다. 패션쇼 행사에 참가하는 머랜다를 뒤로 하고 수행을 하지 않는다. 머랜다로부터 걸려온 전화를 받지 않고 분수대에 휴대폰을 던져버린다.

뉴욕으로 돌아온 앤드리아는 네이트를 만나 화해한다.

"네 말이 옳았다는 걸 이야기하고 싶어. 대체 뭘 얻으려고 그렇게 했는지 모르겠어."

앤드리아는 다시 면접을 보고 자신이 애초에 원했던 저널리스트가 되기 위한 직장에 취직이 된다. 합격된 회사로부터 '런웨이' 재직 시절의 경력을 조회했는데 머랜다의 적극적인 추천이 있었음을 전해 듣는다.

길을 지나가다가 건너편에서 차를 타는 머랜다와 마주친다. 멀리 떨어져서 인사를 나누고 머랜다는 차에 올라타면서 미소를 머금는다. 화려한 패션의 도시 뉴욕 거리를 바쁜 걸음걸이로 재촉하는 사람들의 모습이 비춰지면서 영화는 끝난다.

이 영화는 패션계의 막강한 권력자이자 미국 '보그'지 편집장인 안나 윈투어Anna Wintour(1949~)의 비서로 일한 로렌 와이스버거Lauren Weisberger(1977~)의 동명의 소설을 영화화한 것이다. 대학을 갓 졸업하고 패션 잡지사에 취업한 사회 초년생의 고군분투기를 중심으로 패션 세계를 유쾌하게 풍자하고 있는 코믹 드라마다.

영화 제목의 프라다는 디자이너 프라다Miuccia Prada(1949~)의 명품 브랜드이다. 그녀는 나일론 소재의 실용적인 토트백tote bag을 만들어 새로운 패션 트렌드를 형성한 이탈리아의 패션 디자이너다. 평범하고 고급스러운 미니멀리즘minimalism(단순함과 간결함을 추구하는 예술과 문화적인 흐름)의 경향과 독특한 소재로 품격 있고 지적인 분위기의 디자인이 특징이다.

이 영화는 세계 유명 패션 명품의 컬렉션이라 해도 과언이 아니다. 샤넬, 베르사체, 디오르, 켈빈 클라인, 발렌티노, 헤르메스, 돌체, 지미 추 등 수많은 명품 옷과 액세서리들이 등장하면서 마치 패션쇼를 보는 듯하다.

명품 소비심리에는 교환가치나 사용가치인 실용성이 아니라 명품 브랜드가 상징하는 이미지를 통해 자신을 과시하려는 심리가 있다. 명품 신드롬은 명품을 구입하여 사회적인 차별성을 가지려는 계층과 이를 부추겨 이익을 극대화하려는 브랜드 권력이 합작하여 만들어낸 결과다.

데이빗 프랭클David Frankel(1959~)

감독은 감각적이고 화려한 코미디로 연출했다.

메릴 스트립 Meryl Streep(1949~) 머랜다 역의 카리스마 넘치는 연기로 2007년 골든
글로버 여우주연상을 수상했다.
〈어댑테이션〉으로 2003년 골든 글로버 여우조연상, 〈디 아워스〉로 2003년 베를린
영화제 여우주연상, 〈소피의 선택〉으로 1983년 아카데미 여우주연상, 〈크레이머
대 크레이머〉로 1980년 아카데미 여우조연상을 수상한 최고의 연기파 배우다.

앤 해서웨이 Anne Hathaway(1982~) 사회에 첫발을 디딘 신입사원으로 온갖 고생을
하며 사회의 쓴맛을 겪는 앤드리아 삭스 역을 열연했으며 아카데미 작품상을 수
상한 〈브로크백 마운틴〉에서 제이크 질렌할의 상대역으로 인상 깊은 연기를 보
였다.

생모와 계모의 화해

스텝맘 | Stepmom | 1998 | 미국

 〈스텝맘〉은 이혼과 재혼이 낳은 자식 부양과 모성애에 대해 진지한 자세로 접근한 작품이다.
아이들을 낳은 엄마와 앞으로 키워야 할 엄마의 다른 입장이지만
모성이라는 공감대 위에 공통분모를 찾아 서로의 갈등을 풀어가면서
화해의 과정을 잔잔하게 그리고 있다.

감독 **크리스 콜럼버스**

출연 **줄리아 로버츠** _ 이사벨
　　　수잔 서랜든 _ 재키
　　　애드 해리스 _ 루크

미국 뉴욕, 라디오에서 흘러나오는 음악과 함께 새엄마가 될 이사벨(줄리아 로버츠 분)이 침대에서 자고 있다가 벌떡 일어나 "벤" 하고 부르며 헐레벌떡 아이들을 깨워 옷을 입히는 장면으로 영화는 시작된다. 오늘은 아이들의 친엄마인 재키(수잔 서랜든 분)가 아이들을 학교에 데려다 주고 돌보는 차례다.

재키는 3년 전에 이혼한 전 남편 루크(애드 해리스 분)와의 사이에 이제 막 사춘기에 접어든 조숙한 딸인 12살의 애나(지나 말론 분)와 7살의 장난꾸러기 아들 벤(리암 아이켄 분)이 있다. 아이들은 요일을 정해 아버지와 엄마 집에서 번갈아 지낸다. 루크는 1년 전에 새로운 여자 이사벨을 만나 결혼을 전제로 동거 중이다.

현명하고 자상한 어머니이자 살림꾼인 재키는 다니던 출판사를 그만두고 아이들에게 전념해 온 전업주부다. 승마와 전원생활을 즐기고 아이들 옷을 손수 만들어 주며 이사벨에게 자신의 아이들을 맡기는 것이 못마땅하고 불안하다.

이사벨은 젊고 유능한 광고사진작가로 자신만만하고 세련된 커리어우먼이다. 아이들처럼 패스트푸드나 과자를 즐겨 먹으며 빨래나 요리는 서툴다. 이혼남인 루크와 깊이 사귀면서 그의 아이들을 돌보는 일이 여간 어렵지 않지만 사랑을 주고 가족이 되기 위해 노력한다. 감수성이 예민한 애나는 이사벨에 대한 적개심을 감추지 않고 반항한다.

아이들에 대하여 깊은 애정을 가지고 있는 루크가 야외에 놀러 나와 대화를 나눈다.

"왜 이사벨과 살아?"

"우린 서로 사랑해. 인생을 같이 나누고 싶어서야."

"엄마랑 살았잖아."

"엄마와는 잘 맞지 않았어. 끊임없이 싸움을 할 수 없잖아."

"난 누나랑 날마다 싸워. 나도 집을 나가야 되는 거야?"

"너흰 형제잖아."

"부부사이는 달라?"

"다르고 말구! 어른이 되면 인간관계가 훨씬 복잡해져. 잡념도 감정도 더 많아져. 어떤 감정은 변덕을 부린단다."

"엄마와 애정이 식은 거야?"

"맞아. 그런 거 같아. 하지만 아직도 엄마를 사랑해. 종류가 다른 사랑일 뿐이야. 엄마와는 좋은 친구야. 영원히!"

"우리한테서도 애정이 식어?"

"아니! 그건 불가능해."

이사벨이 아이들에게 강아지를 선물하자 벤은 좋아하는 표정을 짓지만 애나는 "개 알레르기가 있어 싫어요"하고 마음과 다른 말을 던진다. 이사벨이 "개 이름을 짓자"고 하자 애나는 "이사벨로 해요"라고 하여 당혹스럽게 만든다. 그래도 이사벨은 벤의 잠자리에서 책도 읽어주고 애나의 학교생활도 돌보아 주며 좋은 새엄마가 되려고 노력하지만 애나는 여전히 거리를 두고 다가오지 않는다.

재키의 집으로 아이들을 데려다 주는 날에 이사벨이 몇 분 늦게 도착하자 재키가 "당신은 어머니 될 자격이 없어요" 하고 투정을 부리자 이사벨은 "문제는 당신의 딸이에요. 버릇없는 망나니예요!" 하고 다툰다.

센트럴 파크의 광고 야외 촬영 현장에서 이사벨이 사진 촬영을 하고 있고 애나와 벤이 옆에서 놀면서 기다리고 있다. 그런데 벤이 보이지 않는다. 이사벨이 깜짝 놀라 숨을 헐떡이며 애나와 함께 찾아 나서지만 혼자 놀던 벤은 길을 잃어 경찰서에 와 있다. 재키가 달려와 전 남편인 루크가 보는 앞에서 "법원의 명령을 받아 아이들 곁에 얼씬도 못하도록 만들겠다"고 말하고 아이들을 데리고 나가 버린다. 허탈해 하는 이사벨.

전 남편 루크가 재키를 찾아와 "제발 법원에 아이들 양육 문제만은 제기하지 말아 줘" 하고 사정하자 "이번이 마지막 기회야"라고 말한다.

광고 현장에서 일하고 있는 이사벨에게 전화가 걸려오자 일하다 말고 헐레벌떡 학교 수업을 마친 애나와 벤에게 달려간다. 그런데 오늘은 아이들 하교를 재키가 시키는 날이다. 잠시 후 늦게 도착한 재키가 이사벨을 거들떠보지도 않고 아이들을 데리고 간다.

병원에서 암 진단을 받은 재키에게 의사가 "암 세포가 림프에까지 퍼져 화학요법 치료를 해야 하는데 남편과 애들 하고 꼭 서둘러 상의하세요" 하고 말한다. 전 남편인 루크와 만난 재키가 암에 걸린 사실을 말하려고 멈칫거리는 사이에 루크가 먼저 재혼 이야기를 꺼낸다.

"이사벨에게 청혼할 거야. 그녀를 싫어하는 거 잘 알아. 하지만 내겐 특별한 여자야."

"나한테 왜 얘기해?"

"애들이 있잖아. 애들이 힘들어 할 거 같아서야. 나랑 같이 설득해 주었으면 해."

"애들을 위해? 당신을 위해? 당신은 편리할 때만 '우리' 타령이야. 우린 끝났어."

"당신이 할 애긴?"

"됐어, 당신 애기만으로 대화 끝냈으면 싶어."

루크가 집으로 돌아와 침대에 같이 누워 있는 이사벨을 깨워 반지와 실묶음을 선물하면서 청혼한다.

"재키와 대학 때 만나 지내다가 결혼을 했어. 결혼이 논리적으로 풀릴 줄로 알았지만 아닌 경우도 많았었어. 두 사람이 진정 사랑하고 서로에게 헌신하려면 결혼을 위해… 둘은 처음의 그 의지와 결심대로 살아야 한다고 생각해. 살다가 힘들 때도 처음의 의지가 실처럼 가늘어져도 말이야. 난 그 실을 한번 끊었어. 이번엔 안 그럴 거야."

재키는 암에 걸린 사실을 숨긴 채 루크와 함께 아이들을 만나 "아빠의 재혼을 받아들이고 이사벨의 좋은 면을 보도록 노력해"라고 말하며 설득과 충고를 한다.

이사벨은 애나의 학교 미술 숙제도 도와주면서 서로 마음의 문을 열어 나간다. 이사벨이 아이들을 차에 태워 신나는 음악을 틀고 함께 노래 부르며 재키의 집에 도착하자 재키가 공연을 함께 보러 가자고 애나에게 제의한다. 애나는 즐거워하지만 이사벨은 허전한 표정을 짓는다.

공연 관람은 이미 이사벨이 재키에게 애나와 함께 갈 것이라고 말했었던 내용이다. 재키와 이사벨 사이에는 아직도 아이들을 사이에 두고 팽팽한 긴장감과 보이지 않는 벽이 있다.

아무도 몰래 화학요법 암 치료를 받고 있는 재키가 집으로 돌아와 침대에 홀로 누워 있는데 아들 벤으로부터 전화가 걸려오자 눈물을 글썽이며 아들과 통화한다.

애나가 출전한 학교 운동 경기에 루크와 재키, 이사벨, 벤이 함께 참석하고 있다. 벤이 혼자 놀다 가벼운 부상을 입어 병원으로 실려 간다. 치료를 받고 난 뒤 "엄마는 내가 아프다고 하면 노래를 불러 주었다"고 하면서 이사벨에게 "노래를 불러 달라"고 한다. 이사벨이 노래를 불러주자 벤이 흐뭇한 표정으로 듣고 있다. 이 모습을 재키가 병실에 들어오다 지켜보고는 안도와 허전함이 교차하는 표정을 지으며 돌아서 나간다.

친구 생일 파티에 참석하고 있는 벤을 데리러 갈 차례인 재키가 이사벨에게 전화를 걸어 "전에 근무하던 '랜덤하우스' 편집장과 재입사 면담이 있으니 벤을 나 대신에 데리러 가 줘요"하고 부탁한다. 이사벨이 신나게 차를 몰고 벤을 데리러 가다가 열어 놓은 차창으로 적어 놓은 주소 메모지가 바람에 날아 가버린다. 부랴부랴 '랜덤하우스'로 전화를 걸어 재키를 찾아보지만 "그런 약속 자체가 없었다"는 대답만 듣는다. 재키는 실은 그 시간에 암 치료를 위해 병원에 가 있다.

뒤늦게 벤을 데리러가서 재키와 이사벨이 함께 만난다. 이사벨은 재키가 자리를 잠깐 비운 사이 그녀의 소지품에서 뉴욕 발 로스앤젤레스 행 비행기 표를 발견하고 다그쳐 묻는다.

"애들과 함께 로스앤젤레스로 갈려고 하는 것 아니에요? 루크에게 아이들은 인생의 전부예요!"

그러자 재키는 사실대로 말한다.

"로스앤젤레스에 있는 암 전문 의사를 만나러 가려는 것이에요."

이사벨이 놀라면서 재키가 암에 걸린 사실을 알게 되고 전 남편 루크도 재키를 만나 위로한다. 암에 걸려 죽음을 앞둔 친엄마 재키는 아이들과 함께 지내며 스스로 삶을 정리해 나가기로 마음을 먹는다. 아이들에게 암에 걸린 사실을 알리자 애나는 울면서 방으로 들어가 버린다. 죽음을 감추고 즐거운 모습을 보이려는 재키는 한쪽 방에서 벤과 함께 신나는 음악을 틀어놓고 같이 춤을 추면서 가수 흉내를 낸다. 잠시 후 애나도 합세한다. 가슴 뭉클한 장면이다.

이사벨은 재키가 아이들과 함께 하고 있는 장면을 카메라에 열심히 담는다. 재키는 이사벨에게 애나와 벤을 낳을 때의 일을 들려준다.

병원을 찾은 재키에게 의사가 "최선을 다했으나 효과가 없다. 절망적이다"라고 하자 "남은 시간을 가족과 함께 보내겠다"고 말한다. 아이들이 자는 모습을 지켜본 재키는 이사벨과 마음의 문을 활짝 열어놓고 눈물을 글썽이며 대화를 나눈다. 먼저 이사벨이 말을 꺼낸다.

"아이들의 마음속에 자리한 당신은 너무나 완벽해요. 그런 당신과 나를 비교하는 게 싫어요. 당신처럼 잘해낼 자신이 저는 없어요."

"난들 부러운 게 없겠어요? 당신은 현대적이고 세련되고⋯⋯"

"당신은 애들이 입은 상처와 추억을 다 알고 있잖아요. 애들 인생의 모

든 순간순간마다 당신이 존재해요. 훗날 애나가 '엄마가 곁에 있다면…' 할까봐 두려워요."

"내가 두려운 건 그런 생각을 안 할까 봐 예요. 하지만 분명한 건 그 앤 선택할 필요가 없어요. 우리를 다 가슴에 품고 사랑할 수 있으니까요. 그리고 나와 당신으로 인해 더 훌륭한 인생을 살 거예요. 난 아이들에게 과거로 남지만 당신은 미래가 되어줘요. I can their past, and you can have their future."

이제 재키는 아들 벤에게 크리스마스 선물을 주면서 죽음을 정리하는 대화를 나눈다.

"엄마 죽는 거야? 다신 못 보겠지?"

"모습을 볼 순 없겠지만 애벌레가 나비 되는거 알지? 엄마도 어딘가를 날아다닐 거라 생각하렴. 보이지 않는다 해서 존재하지 않는 건 아냐."

"어디에 있을 건데?"

"(아들의 가슴을 가리키며)너의 가슴속에."

"가슴속의 엄마랑 얘기도 할 수 있지?"

"언제나… 언제나… 목소린 안 들려도 네 가슴속에서 뭘 말하는지 느낄 수 있어."

"그거로 만족 못하면?"

"알아… 그게 전부는 아니니까. 우린 모든 걸 원하는데 말이야. 그렇지만, 한 가지 늘 간직하는 것 중의 최고는 뭔지 아니? 우리의 꿈이란다. 꿈에서 우린 늘 만날 수 있어. 얘기도 할 수 있고 산책도 할 수 있단다. 사계절 비오나 해가 비치나 널 데리고 날아갈 수 있단다."

재키는 딸 애나가 태어날 때의 사진과 가족사진 등이 천에 새겨진 퀼트를 만들어 애나에게 선물한다.

"엄마, 두려워?"

"조금. 진짜 두려운 건 너의 장래이지만 네가 잘할 거라 믿기에 겁나지 않아."

"헤어지기 싫어. 보고 싶을 거야."

"괜찮아. 그리울 땐 마음껏 그리워 해. 엄마가 그리우면 어디든 엄마를 데려 가렴!네가 힘들 땐 네 곁에 있어 주고 사랑에 빠지면 와서 축하해 줄 게. 걱정 마!영원을 서로 나누는 거란다. 네가 엄마의 인생을 너무나 멋지 게 만들었단다. 엄마의 인생을 꼭 간직 하렴!"

전 가족이 함께 생활하며 재키의 얼마 남지 않은 삶을 위로한다. 이사 벨은 재키와 가족들의 모습을 캠코더에 열심히 담고 가족사진을 찍어준 다. 그러자 재키는 이사벨에게 "이번엔 온 가족이 찍어요, 이사벨"하고 말한다. 이사벨은 미소를 지으며 카메라를 자동에 맞추어 놓고 함께 찍는 다. 경쾌한 음악과 함께 재키와 이사벨이 나란히 앉아 있는 흑백사진이 클로즈 업 되면서 영화는 끝난다.

'새엄마' 라는 뜻인 〈스텝맘〉은 이혼과 재혼이 낳은 자식 부양과 모성 애에 대해 진지한 자세로 접근한 작품이다. 아이들을 낳은 엄마와 앞으로 키워야 할 엄마의 다른 입장이지만 모성이라는 공감대 위에 공통분모를 찾아 서로의 갈등을 풀어가면서 화해의 과정을 잔잔하게 그리고 있다.

아이들을 놓고 벌어지는 친엄마와 새엄마 사이의 관계와 가족의 의미 를 다시금 생각해 보게 한다. '새엄마' 라 하면 으레 전처소생의 아이들을 학대하는 것이 연상되지만 젊은 커리어우먼을 내세워 서툴지만 좋은 엄마가 되기 위해 노력하는 모습을 보여준다. '친엄마'도 새엄마에 대한 질투심은 숨기지 않으나 아이들에 대한 깊은 모성으로 현명하게 대처하고 있다.

가정은 세상 어느 곳에서도 찾아볼 수 없는 따뜻함과 편안함을 제공하는 곳이다. 특히 자식에 대한 부모의 사랑은 헌신적이다. 하지만 이혼이 늘면서, 정상적인 가족이 해체되고 있다.

이혼한 부모 사이를 오가는 두 아이. 이러한 환경에서 일어나는 가족 간의 예민한 갈등은 영화에서 뿐만 아니라 이혼과 재혼이 증가하면서 우리 주위에서 흔히 볼 수 있는 일이다. 이혼은 우리 사회에서 점점 확산되어가고 있다. 따라서 이혼을 개인의 사생활 차원에서만 바라볼 것이 아니라 사회적인 이슈로 관심을 쏟아야 할 과제다.

크리스 콜럼버스 Chris Columbus(1958~)

가족 영화의 귀재라는 별명에 걸맞게 정서와 내면에 집중한 연출로 가족 구성원 개개인의 솔직한 심정을 섬세하게 묘사하고 있다. 1994년 골든 글로브 작품상을 수상한 〈미세스 다웃 파이어〉를 감독하였다.

수잔 서랜든 Susan Sarandon(1946~) 당당하고 차분한 연기로 강하고 현명한 친엄마의 인물을 훌륭하게 빚어냈다. 〈데드맨 워킹〉으로 1996년 아카데미 여우주연상을 수상한 연기파 배우이다.

줄리아 로버츠 Julia Roberts(1967~) 커리어우먼, 새엄마로서의 모습과 따뜻한 사랑을 배워 가는 과정을 인상 깊게 해냈다. 〈에린 브로코비치〉로 2001년 아카데미와 골든 글로브 여우주연상, 〈귀여운 여인〉으로 1991년 골든 글로브 여우주연상, 〈철목련〉으로 1990년 골든 글로브 여우조연상을 수상하였다.

권투로 맺어진 휴머니즘

밀리언 달러 베이비 | Million Dollar Baby | 2004 | 미국

 영화에서 프랭키는 매기의 목에 있던 인공호흡기를 떼어내고 안락사시킨다.
안락사는 죽을 수 있는 권리를 인정하는 데서 출발한다.
이러한 생각은 인간의 생명이 신의 예정과 섭리 속에 있다고 보는 관점과
충돌을 일으킨다.

감독 **클린트 이스트우드**

출연 **클린트 이스트우드**_ 프랭키
힐러리 스웽크_ 매기
모건 프리먼_ 스크랩

관중의 환호와 함께 사각의 링 위에서 치열한 권투 시합이 벌어지고 있다. 프랭키(클린트 이스트우드 분)는 경기장에서 자신의 체육관 소속 출전 선수의 매니저를 보고 있다. 시합을 승리로 끝내고 경기장을 빠져나오고 있는 그에게 여자 복서 지망생인 매기(힐러리 스웽크 분)가 다가와 트레이너를 맡아줄 것을 부탁하지만 단호히 거절한다.

복싱 트레이너 프랭키는 늙었지만 실력 있는 전문가로 정평이 나 있다. 그는 은퇴 복서인 유일한 친구 스크랩(모건 프리먼 분)과 함께 낡은 체육관을 운영하면서 서로 티격태격하며 선수들을 양성하고 있다.

영화는 스크랩 역인 모건 프리먼의 중후한 목소리의 내레이션으로 전개되어진다.

"권투란 일종의 존경과 같은 것이다. 스스로 그걸 끌어내기도 하고 상대로부터 그걸 가져오기도 한다. 프랭키는 권투를 변칙적인 활동이라고 말하길 좋아한다. 그 말은 권투에서는 뒤로 물러날 줄도 알아야 한다는 것이다. 가끔은 펀치를 먹이기 가장 좋은 방법은 뒤로 물러나는 것이다. 하지만 뒤로 너무 많이 물러나면 제대로 싸울 수가 없는 것이다."

프랭키는 멀리 떨어져서 살고 있는 사이가 좋지 않은 딸을 위해 집에서 혼자 기도한다. 영화에서는 왜 딸과의 사이가 좋지 않은지 딸이 어떤 사람인지는 보여주지 않고 있다. 프랭키는 불어 공부를 하고 있고 예이츠의 시를 즐겨 읽는다.

매기는 프랭키의 체육관으로 찾아와 샌드백을 치면서 연습을 하고 있다. 프랭키가 다가서자 트레이너를 맡아달라고 사정하지만 거절당한다.

"시간 낭비야, 난 여자는 트레이닝 안 한다고 말했잖아."

매기에 대한 스크랩의 내레이션이 이어진다.

"그녀는 미주리 남서부에서 왔다. 그곳은 황량한 언덕만이 있으며 어딜 둘러봐도 삼나무와 참나무가 많은 곳이다. 그녀는 자라면서 자신이 가난하다는 사실을 알고 있었다. 그녀는 1,800마일을 달려 여기에 왔다."

권투가 유일한 희망인 매기는 밤늦은 시간까지 혼자서 열심히 샌드백을 치고 있다. 이 모습을 지켜본 스크랩은 연민의 정을 느끼며 권투의 기초를 몇 가지 지도해 준다.

스크랩의 내레이션이 이어진다.

"권투에 있어 마법이 있다면 엄청난 인내력을 가지고 시합을 하는 것이다. If there is in magic in boxing, it's the magic of fighting battles beyond endurance. 상처가 벌어지는 걸 참고, 신장이 파열되어도 참으면서 말이다. 그건 누구도 아닌 자신의 꿈을 위해 모든 것을 건 위험한 마술이다."

여전히 묵묵히 샌드백과 스피드백을 치고 있는 매기에게 프랭키가 말한다.

"충고하나 해도 될까? 자네의 문제는 너무 나이가 많다는 거야. 선수로 키우는데 4년 정도 걸리는데… 몇 살이지?"

"31살이에요."

"자넨 31살에 발레리나를 시작할 수 있다고 생각하지 않겠지?"

"이미 3년 동안 해왔는걸요."

매기는 여전히 혼자서 열심히 연습을 하고 있다. 결국 복싱에 대한 열정으로 프랭키를 감동시킨 매기는 그에게서 가르침을 받게 된다. "항상 자신을 보호하라!"라는 프랭키의 가르침 속에 훈련은 계속되고 천부적인 자질을 갖춘 매기는 정식 시합에 출전한다.

매기는 첫 시합을 KO로 승리를 장식한다. 매기는 계속되는 4회전 시합에서 연속적으로 상대 선수를 1회전에 KO시킨다. 같은 체급에서 매기와의 시합을 상대 선수들이 꺼리자 매기는 체급을 올려 시합에 나선다.

매기는 체급을 올린 첫 시합에서 코뼈가 부러져 시합 중단의 위기에 몰리지만 프랭키의 응급조치로 2라운드에서 상대 선수를 KO시킨다. 12번의 KO승을 거두며 승승장구하는 매기는 마침내 영국 챔피언인 빌리와 시합하기로 한다. 열심히 연습에 임하고 있는 매기에게 스크랩이 함께 밖으로 나가자고 말한다. 이 날은 매기의 33번째 생일이다. 스크랩은 조그마한 케이크를 놓고 매기의 생일을 축하해주면서 격려한다.

"33살은 나이 많은 게 아냐. 난 39살에도 싸웠으니까 23년간 권투를 했지. 내가 프랭키를 만났을 때가 37살 때였지. 그 친구는 부상을 치료하는 일을 하고 있었어. 그 친구는 내 마지막 경기에도 같이 있어줬어. 내 매니저는 어디에선가 술에 취해 있었고 오직 프랭키와 나만 있었어. 난 심하게 얻어 터졌지. 시합 중에 눈이 찢어졌지. 피가 내 눈으로 쏟아지더군. 프랭키는 경기를 중단하자고 했지. 난 그저 무시하기만 했지. 난 15라운드까지 갔고 판정으로 졌어. 다음날 아침, 난 한쪽 눈을 잃었어. 23년 간 그 친구는 이 일에 대해 한 번도 말한 적이 없었지. 난 매번 그 친구가 날 쳐다보는 얼굴에서 이걸 발견하지. 그 시합을 중지시켜야 했다고 생각하는 걸 말이야."

프랭키는 딸에게 편지를 보내지만 언제나 반환 도장이 찍혀 돌아온다. 딸과의 불화로 반송되는 편지만을 받아보아야 하는 프랭키와 그녀를 이용하려고만 하는 가족들을 가진 매기 사이에는 아버지와 딸의 감정이 서서히 스며든다.

프랭키는 매기에게 빌리와의 시합에 입고 나갈 가운을 선물한다. 가운 뒤에 불어로 'Mokulsha'가 아로새겨져 있다. 이는 프랭키가 매기에게 지어준 닉네임이다. 매기가 뜻을 물어보지만 프랭키는 대답을 하지 않는다.

빌리와의 시합이 시작된다. 서로 펀치를 주고받으며 막상막하의 시합이다. 1회전이 끝나고 2회전이 된다. 매기는 공이 울리자마자 강펀치를 날리며 빌리를 KO시킨다. 매기는 이후 세계 각지를 돌아다니며 연전연승을 거두고 관중들은 열광한다.

매기는 그 동안 번 돈으로 집을 사서 고향에 있는 어머니에게 선물한다. 하지만 고향의 가족들은 기쁜 표정보다는 돈으로 주지 않은 것에 대해 원망한다. 고향에 프랭키와 함께 다녀오면서 다른 차에 타고 있는 개를 보고 매기가 말한다.

"우리 아빠는 액슬이라는 독일산 셰퍼드를 키웠어요. 액슬은 뒷다리가 안 좋았죠. 아빠는 액슬이 제대로 서지 못해 마음에 안 들어 했어요. 어느 날 아침, 아빠가 일어나서 액슬을 데리고 숲으로 갔어요. 밤에 아빠가 혼자서만 돌아왔을 때 난 아빠 트럭에서 삽을 발견했죠. 아빠랑 액슬이랑 같이 있는 게 정말 그리워요. 전 프랭키 말고는 아무도 없어요."

프랭키와 매기는 어느새 서로에게 오랫동안 잊고 지냈던 가족의 정을 느끼며 아버지와 딸 같은 관계로 발전해 간다.

매기는 WBA 웰터급 세계 챔피언인 블루베어와의 타이틀 매치에 나선다. 링에 오르기 전에 프랭키가 매기에게 말한다.

"경기에 이기면 가운에 새겨져 있는 글자의 뜻을 가르쳐주마."

공이 울리고 1회전이 시작된다. 매기는 잽을 날리며 시합을 잘 이끌고 있다. 챔피언인 블루베어는 팔꿈치로 가격하는 등 반칙을 일삼아 1점 감점을 당한다. 1라운드가 끝나고 코너로 돌아온 매기의 찢어져 피가 흐르는 눈 위를 프랭키가 처치한다. 심판은 블루베어에게 다가가 한 번 더 반칙을 하면 실격을 시키겠다고 경고한다. 2라운드가 시작되자마자 매기의 강펀치를 맞은 블루베어는 다운되고 카운트 나인에서 일어나 좌우 스트레이트 펀치를 날리며 반격한다. 2라운드가 끝나고 코너로 돌아온 매기의 한쪽 눈이 부상으로 완전히 감겨있다. 3회전이 시작되자마자 매기의 강펀치에 그로기 상태가 된 블루베어는 심판이 매기에게 중립 코너로 돌아가라고 하여 등을 돌리는 순간 매기의 안면에 강편치를 날린다. 매기는 넘어지면서 의자 모서리에 목을 부딪쳐 정신을 잃고 병원으로 긴급히 호송된다.

매기는 척수가 완전히 부서져서 목에 구멍을 뚫고 인공호흡기에 의지하여 숨을 쉬는 불치의 상태다. 프랭키는 매기를 정성껏 간호하면서 치료를 위하여 백방으로 알아보지만 결국 재활센터로 이송한다. 매기의 가족들이 병원으로 찾아오지만 매기의 재산에만 혈안이 되자 매기는 가족들에게 냉담하게 대해 떠나게 만들어 버린다.

매기는 다리에 욕창이 생겨 발을 잘라야 할 상황이다. 매기가 프랭키에게 묻는다.

"가운에 쓰여 있던 'Mokulsha'가 무슨 뜻인지 알고 싶어요."

"이기지 못했으니까 말해 줄 수 없지."

"부탁하나 들어줄래요?"

"물론, 원하는 것 뭐든지."

"아빠가 액슬한테 했던 걸 해 주세요. 이렇게 있을 수는 없어요."

"난 못해. 그런 건 부탁하지 말아줘."

깊은 밤 매기는 혀를 깨물고 자살을 기도하지만 발견되어 봉합 수술을 받고 패드가 물려진다. 프랭키는 자신이 다니는 성당의 신부에게 찾아가 말한다.

"그녀를 살려 두는 것이 그녀를 죽이는 것입니다. 그것 자체도 죄를 짓는 것입니다."

"안돼요. 그것은 당신이 하나님으로부터 그녀를 떼어놓는 거예요."

프랭키가 밤늦은 시간에 매기의 병실을 찾아가서 말한다.

"좋아 난 이 호흡기를 멈출 거고 넌 이제 잠들게 될 거야. 그리고 내가 주사를 놓으면 넌 영원히 잠들게 될 거야. 'Mokulsha' 이 뜻은 ' 내 사랑, 내 핏줄' 이야"

이 말을 들은 매기는 입가에 엷은 미소를 띠면서 눈물을 흘린다. 프랭키는 매기의 목에 꽂혀있던 인공호흡기를 떼어내고 주사를 놓는다.

프랭키가 평소 읽었던 예이츠의 시를 연상하게 하는 스크랩의 내레이션이 이어지면서 영화는 끝난다.

"그는 그녀가 또 다시 고통 받기를 원치 않았다. 프랭키는 전혀 돌아올 기미가 없었다. 프랭키는 메모를 남기지 않았기에 어디에 있는 줄은 아무도 몰랐다. 그가 작은 평화를 찾을 수 있는 그런 장소를 찾았기를 바란다. 어디든 그는 있을 것이다."

〈밀리언 달러 베이비〉는 베테랑 권투 컷맨인 F.X 톨의 단편집《불타는 로프Rope Burn》를 기초로 한 것이다. 톨은 수년 동안 '컷맨Cutman' (팀의 일원으로 권투 선수의 상처를 꿰매 그가 계속 경기를 할 수 있도록 도와주는 사람)으로 활동하며, 링 위의 생생한 이야기를 담은 단편집을 냈는데, 클린트 이스트우드는 40페이지에 불과한 이 단편을 우연히 읽고 감명을 받아 영화화하였다. '밀리언 달러 베이비' 는 '허름한 가게에서 우연찮게 발견한 보석 같은 물건 '이라는 뜻이다.

〈밀리언 달러 베이비〉는 권투를 인연으로 만난 세 사람을 통해 사랑보다 진한 우정, 또 가족애보다 뜨거운 인간애를 성찰한 작품으로 감정의 심연을 탐색해 뭉클한 감동을 길어 올린다. 단순한 복싱 영화가 아니라 아버지와 딸, 희망과 꿈에 관한 영화다. 그 안을 채우는 주요한 내용은 딸에게 외면 받는 아버지와 가족에게 이용당하는 딸이 서로를 대안가족으로 받아들이는 과정이다.

〈밀리언 달러 베이비〉는 2005년 아카데미에서 작품상, 감독상을 비롯하여 여우주연상과 남우조연상을 수상하였다.

영화에서 프랭키는 매기의 목에 있던 인공호흡기를 떼어내고 안락사 시킨다. 안락사는 죽을 수 있는 권리를 인정하는 데서 출발한다. 안락사는 말기암 환자 등 의학적으로 회생이 불가능한 경우에 그들의 고통을 덜어주기 위해서 시행된다고 한다. 이러한 생각은 인간의 생명이 신의 예정과 섭리 속에 있다고 보는 관점과는 충돌을 일으킨다. 환자의 고통을 덜어준다는 현실적인 면과 생명 존엄이라는 두 입장에서 생각해 보아야 한다. 안락사의 허용 여부는 과학적인 연구에 의해 좋고 나쁨을 따질 수 있는 문제가 아니다. 안락사는 기본적으로 존엄한 죽음을 원하는 인간의 존엄성과 관련한 문제이다. 따라서 아무런 희망 없이 고통스럽게 생명을 연장하는 것이 옳은 행위인지, 혹은 인간답게 죽을 권리를 주는 것이 옳은 행위인지 판단해야 할 문제인 것이다.

III

클린트 이스트우드 Clint Eastwood(1930~)

25번째 연출 작품으로 남자 주인공인 프랭키 역과 제작, 음악까지 맡았다. 이 영화로 2005년 아카데미 감독상을 수상하였으며 1993년에도 〈용서받지 못한 자〉로 아카데미 작품상과 감독상을 동시에 품에 안았었다. 〈버드〉로 1989년 골든 글로브 감독상을 수상하였다.

힐러리 스웽크 Hilary Ann Swank(1974~) 매기 역을 맡아 완벽한 연기로 2005년 아카데미 여우주연상을 수상하였으며 2000년에도 〈소년은 울지 않는다〉로 아카데미 여우주연상을 수상하였다.

모건 프리먼 Morgan Freeman(1937~) 중후한 성격파 배우다. 이 영화 〈밀리언 달러 베이비〉로 2005년 아카데미 남우조연상을 수상하였다.

하나는 싫고 둘이 좋아

레 인 맨 | Rain Man | 1988 | 미국

 형 레이먼드의 존재는 동생 찰리에게 있어서 단순히 300만 달러를 뺏기 위한 대상에서
소중한 존재로 탈바꿈한다. 레이먼드가 요양원으로 돌아가는 것이 나은가,
동생 찰리와 같이 사는 게 나은가?
감독은 연출에서 왜 레이먼드를 요양소로 보낸 걸까?

감독　베리 레빈슨

출연　**더스틴 호프만** _ 레이먼드
　　　톰 크루즈 _ 찰리

경쾌한 음악과 함께 빨간색 람보르기니 자동차가 공중에 매
달린 채 배에서 내려오고 있다. 이 장면을 지켜보고 있는 찰리(톰 크루즈 분)
는 아버지와의 불화로 가출하여 서부 지역인 로스앤젤레스에서 자동차 중
개상을 하고 있다.

찰리는 여자 친구 수잔나(발레리아 골리노 분)와 함께 팜 스프링으로 여행
을 가던 중 카폰으로 아버지의 죽음을 전해 듣지만 전혀 슬퍼하는 기색이
없다. 오히려 "휴가 계획을 망쳤어"라고 불평한다.

형 레이먼드(더스틴 호프만 분)는 자폐증 환자이지만 소박하기 그지없는
사람이다. 반면에 동생 찰리 베빗은 약아빠진 속물주의자다.

동부 지역인 오하이오 주 신시내티의 고향에서 장례식 후 유언을 전해
주는 변호사로부터 1949년형 뷰익 마스터 대형 승용차와 아버지가 가꾸던
장미 정원만이 그에게 상속되었음을 통고 받는다.

사연이 있는 자동차……. 찰리가 16살 때 이 차를 아버지 몰래 타고 나갔
다가 아버지의 신고로 경찰에 잡혔으나 보석금을 내주지 않아 2일간 유치
장에서 지낸 원인이 된 바로 그 차다. 이 사건 이후 찰리는 집을 나가서 아
버지가 사망할 때까지 한 번도 집을 찾지 않았다. 아버지는 찰리가 나간 이
후 한 번도 이 차를 사용치 않고 고이 간직하고 있다가 그에게 유산으로 물
려준 것이다.

자동차와 장미만이 상속물의 전부는 아니었다. 3백만 달러라는 거액이
신탁에 맡겨져 누군가에게 상속되었으며 결국 모르고 있었던 형이 거액
의 상속자임을 알게 된다. 하지만 형은 정신병 환자를 수용하는 요양원에

있다.

　고향의 월브룩 정신요양원에 있는 형 레이먼드를 찾아가는 동생 찰리. 형은 자폐증 환자로 동생 앞에 나타난다. 어린애처럼 어정어정 걷는 걸음 걸이, 고개는 옆으로 기울었고, 공허하고 초점이 없는 시선으로 한 곳만 응시하고 있다. 무채색의 옷, 바지는 짧아 양말이 드러나 보인다. 알아들을 수 없는 소리를 끊임없이 중얼거리고 묻는 말을 따라 하기도 한다.

　찰리는 레이먼드의 유산을 가로채려는 속셈으로 자신이 돌보겠다고 요양원에서 데리고 나와 자신의 생활 근거지인 로스앤젤레스로 향한다.

　동부 지역 신시내티의 정신요양원에서 서부 지역의 로스앤젤레스로 향하는 두 사람. 고소공포증이 있는 형이 비행기도 고속도로도 타지 않겠다고 하여 국도로 차를 운전하게 되면서 그들의 여정은 길어진다. 비행기로 3시간 걸리는 데 반하여 자동차로 3일이 소요된다.

　자폐증 환자인 형은 가는 곳마다 문제를 일으키고 어떤 일에 집착하는 생활 패턴과 기묘한 행동에 동생은 괴롭다. 형은 천재적인 두뇌를 가졌으면서도 자폐증 때문에 타인과의 의사소통을 할 수 없고 같은 시간에 꼭 보던 TV 프로그램을 봐야 한다. 동생은 처음에는 짜증을 내고 화를 냈지만 형의 순수함과 진실성에 끌리면서 형만의 세계를 이해하게 된다.

　찰리의 애인 수잔나는 찰리에게 형을 인간적으로 대해 줄 것을 호소하고 틈틈이 레이먼드가 자폐증을 극복하도록 키스 상대가 되어 주는 등 세심한 배려를 한다.

　더구나 동생 찰리에게 있어서 어렸을 적 자기에게 자장가를 불러주던

사람이 바로 형이라는 기억이 되살아남으로써 진한 형제애를 느낀다.

"난 언제나 나에게 자장가를 불러주던 마음 착한 형을 기억해. 그의 이름이 뭔지는 모르겠지만, 아마도 '레인 맨'인가 그럴 거야…"

기억 속의 레인 맨은 어린 동생 찰리를 돌봐주던 자상한 형 레이먼드였다. 그러나 자폐 증세를 보이던 레이먼드는 실수로 찰리를 목욕시키려다 뜨거운 물에 데게 할 뻔했다. 마침 어머니 장례식 날이라 신경이 날카롭던 아버지의 노여움으로 정신요양원에 보내진 것이었다.

형은 자폐증이지만 비상한 암기력과 암산 능력을 가지고 있다. 하루 저녁에 전화번호부를 반쯤은 외울 수 있고 카지노에서 카드를 단숨에 익힐 수 있다. 찰리는 이와 같은 형의 능력을 이용하여 라스베이거스 도박장에서 거액의 돈을 딴다.

그날 밤 최고급 호텔 객실에서 동생은 형에게 춤을 가르친다. 형을 아기 다루듯 조심스레 리드하는 동생 찰리와 생전 처음 배워보는 춤을 어색하게 따라하는 형 레이먼드. 두 사람이 같은 회색 정장을 입고 서로를 껴안고 천천히 스텝을 밟는 장면은 진한 형제애를 느끼게 한다. 형 레이먼드는 춤을 배우며 잠겼던 마음의 문을 조금씩 열고 동생 찰리도 가출한 후 느꼈던 외로움을 조금씩 잊어간다. 화려한 호텔 고층 객실에서 동생의 형에 대한 사랑이 수려한 영상으로 펼쳐진다.

두 사람은 로스앤젤레스 찰리의 집에 도착한다. 레이먼드는 찰리의 집에 화재를 일으킬 뻔 한다. 하지만 찰리는 레이먼드의 순수함을 보면서 돈 때문이 아니라 진한 형제애로써 형을 계속 보살펴야겠다는 결심을 한다.

형의 주치의가 찾아와 찰리에게 "레이먼드는 정신요양원에서 생활해야 하는 환자예요. 25만 달러를 받고 형을 요양원으로 보내시오"하고 말하자 "돈은 필요 없으니 형과 함께 살겠어요"라고 대답한다.

레이먼드에게 선택권을 주기로 하고 찰리가 보는 앞에서 주치의와 변호사가 레이먼드에게 묻자 타이밍을 벗어나는 묘한 응답을 한다. "요양원에서 동생과 함께 살고 싶다"면서 명확한 대답을 하지 못하고 헤맨다. 결국 변호사와 정신과 의사들이 모여 의논한 끝에 형은 다시 요양소로 가게 된다. 요양소로 가는 기차역에서 레이먼드를 찰리가 배웅하고 있다. 형은 동생이 같이 살고 싶다는 뜻으로 가르쳐 준 "하나는 싫고, 둘이 좋아. One For Bad, Two For Good."을 중얼거리며 기차에 오른다. 짧은 이 한마디는 주체할 수 없는 감동을 선사한다.

찰리는 안타까운 마음으로 기차가 떠날 때까지 레이먼드를 바라보지만, 자폐증 환자인 그의 관심사는 눈앞의 TV로 바뀌어져 버렸다. 레이먼드는 창가에 앉아 기차가 떠날 때까지 TV만 보고 있다. 하지만 진정한 형제애가 무엇인지 깨달은 동생 찰리의 눈은 형 레이먼드를 바라보고 있다.

동생 찰리의 눈에 형에 대한 한없는 애정의 눈물이 고이면서 영화는 끝난다.

〈레인 맨〉은 로드 무비 형태를 취하고 있는 휴먼 드라마다. 전혀 다른 성격과 환경 속에서 살아 온 형과 아우가 길을 따라 여행하면서 형제와 가족의 의미를 되새기며 마음을 터놓는 과정을 그리고 있다. 자폐증 장애인 형과 정상인 동생의 형제애 회복에 대한 이야기다.

자폐증으로 폐쇄된 요양소 생활을 하던 형이 여행을 통해 세상으로 나와 순수한 눈으로 열려진 세계를 새롭게 바라보게 된다. 동생은 형을 집으로 데려와 자폐증으로 아무 것도 모르는 형에게 남겨진 상속 재산을 가로채려 한다. 그러나 시간이 흐름에 따라 형을 이해하고 동화되어 가면서 자기 자신을 발견한다.

형 레이먼드의 존재는 동생 찰리에게 있어서 단순히 300만 달러를 뺏기 위한 대상에서 소중한 존재로 탈바꿈한다. 찰리는 황금만능 이기주의자에서 가족 사랑에 눈을 뜨고 형을 진심으로 사랑하는 사람으로 변하게 된다. 찰리가 형 레이먼드에 대한 생각이 서서히 바뀌는 계기와 심리 상태의 변화를 영화는 잘 보여주고 있다.

또 정신요양원에 있는 레이먼드에게 300만 달러의 유산을 남기고 찰리에게는 자동차와 장미 정원을 유산으로 남긴 아버지의 유언은 많은 생각을 하게 한다.

〈레인 맨〉은 1989년 아카데미 작품상, 감독상, 남우주연상 각본상 및 골든 글로브 작품상, 남우주연상을 수상하였으며 베를린영화제 작품상인 황금곰상을 수상하였다.

주인공으로 등장하는 형은 자폐증에 걸린 장애인으로 자신의 내부만 있고 외부가 없는 인간형이다. 반면에 동생 찰리는 이기적이고 욕심 많은 전형적인 도시인으로 자신의 외부만 있고 내부가 없는 인간형이다.

요즘 우리 주변에서 부모의 재산 상속 문제로 형제간의 다툼이 법정으로 비화되기도 하고 심지어 원수처럼 지내는 경우를 본다. 또 TV에서는 정신병 환자를 환경이 열악한 요양원에 보내놓고 가족들이 전혀 돌보지 않는 사연이 종종 방영되기도 한다. 이러한 세태에서 진정한 가족 사랑과 형제애가 무엇인지 다시금 생각하게 하는 영화다.

인간성을 상실한 사람이 인간에 대한 깊은 이해와 잃어버린 본능을 되찾아 가는 순수에의 길은 그 누구라도 함께 생각하고 느껴야 할 것들이 아닐지……

베리 레빈슨Barry Levinson(1942~)

물신주의가 넘쳐나는 세상에 레이먼드와 찰리로 대변되는 두 가지 형태의 인간을 섬세하게 묘사하면서 우리들에게 메시지를 던지고 있다. 〈웩 더 독〉으로 1998년 베를린영화제 심사위원 대상, 〈벅시〉로 1992년 골든 글로브 작품상을 수상하였다.

더스틴 호프만 Dustin Hoffman(1937~) 레이먼드 역의 자폐증 환자로 명연기를 펼쳐 1989년 아카데미와 골든 글로브 남우주연상을 수상하였다. 〈투씨〉로 1989년 골든 글로브 남우주연상, 〈크레이머 대 크레이머〉로 1980년 아카데미 남우주연상을 받은 최고의 연기파 배우다.

톰 크루즈 Tom Cruise(1962~) 찰리 역을 맡아 거칠고 이기적인 현대인의 한 단면을 잘 보여주고 있다. 〈매그놀리아〉로 2000년 골든 글로브 남우조연상, 〈제리 맥과이어〉로 1997년 골든 글로브 남우주연상, 〈7월 4일생〉으로 1989년 골든 글로브 남우주연상을 수상하였다.

part 2

영화라서 더 감동적인
운명적 사랑

물은 사랑을 죽이지 못한다

타이타닉 | Titanic | 1997 | 미국

 〈타이타닉〉의 비극은 횡단 기록을 수립하기 위하여 항해 절차를 무시한 것에서 비롯되었다. 무리하다는 사전 경고에도 불구하고 일을 추진하다가 배가 침몰하게 되는데… **죽음을 앞둔 여러 인간들의 모습을 보면서 어떠한 느낌을 가졌는가?**

감독 **제임스 캐머런**

출연 **레오나르도 디카프리오**_잭 도슨
케이트 윈슬렛_로즈 드빗 버케이터
글로리아 스튜어트_로즈
빌리 제인_칼 헉슬리
조너선 하이디_이스메이
버나드 힐_스미스

주제음악이 흐르고, 타이타닉의 처녀 출항을 환송하는 모습이 느린 화면으로 채워진다. 이어서 1912년 4월 15일, 새벽 2시 30분 침몰하여 북대서양 심해에 누워 있는 타이타닉의 잔해가 보여진다.

타이타닉이 침몰한 지 84년이 지난 1996년, 탐사 팀이 첨단 장비를 동원하여 침몰한 타이타닉 안에 있을지도 모르는 보물을 찾기 위해 탐사를 벌이고 있다. 그러던 중 1등실 작은 금고에서 보물이 들어 있을 것으로 추정되는 궤짝을 건져 올린다. 기대에 부풀어 열어보지만 한 여인의 누드화만을 발견하고 실망한다. 하지만 그림 속 여인의 목에는 탐사 팀이 애타게 찾고 있는 '대양의 심장' 이라는 어마어마하게 큰 다이아몬드 목걸이가 걸려 있고, 그림 밑에는 1912년 4월 14일 JD라고 쓰여 있다.

TV에서 이 기사를 본 100살이 넘은 할머니 로즈(글로리아 스튜어트 분)가 그림 속의 여인이 바로 자신이라고 전화를 하여, 손녀와 함께 헬기를 타고 바다에 떠 있는 탐사선으로 안내된다. 흰 백발의 할머니가 된 로즈는 누드화를 보고 젊은 시절의 회상에 젖는다. 영화는 할머니 로즈가 그림 속 보석 목걸이에 관심을 가진 탐사 팀에게 이야기를 회상하는 형식으로 전개된다.

1912년 4월 10일, 타이타닉은 영국의 사우스앰튼Southampton 항을 출발 미국 뉴욕을 향해 대서양 횡단에 나섰다. 17세 소녀 로즈 드빗 버케이터(케이트 윈슬렛 분)는 어머니 루스 드빗 버케이터(프랜시스 피셔 분)의 강요로 귀족 집안의 망나니 칼 헉슬리(빌리 제인 분)와 결혼을 앞두고 타이타닉의 초호화 1등실에 승선한다. 로즈는 경제적으로 몰락해버린 가문을 살리기 위해 정략결혼을 해야 하는 상황이었다.

한편 배가 출발하기 바로 전 도박으로 3등실 자리표를 구한 잭 도슨(레오나르도 디카프리오 분)도 친구와 함께 승선했다. 그는 청년 화가로서 부푼 꿈을 가지고 미지의 땅 미국으로 향하고 있었다. 이틀 후, 갑판에서 스케치를 하던 잭은 산책을 나온 로즈를 보자 첫눈에 반했다.

그날 밤 정략결혼에 절망하여 바다에 몸을 던져 자살하려는 로즈를 잭이 극적으로 구출하면서 두 사람의 인연은 시작되었다. 이 일로 로즈의 약혼자 칼은 잭에게 "1등실 저녁 식사에 초대하겠다"고 제의하고, 이날 밤 결혼 선물인 '대양의 심장'이라 불리는 56캐럿의 다이아몬드가 박힌 목걸이를 약혼자인 로즈의 목에 미리 걸어주었다. 다음날, 배의 갑판 위에서 잭이 로즈를 만나 "약혼자 칼을 사랑해요?" 하고 물었다. 로즈는 화가 난 표정을 지었지만 잭이 들고 있는 화첩을 보면서 관심을 보이기 시작했다.

한편 선장실에서는 타이타닉의 선박 회사인 '화이트 스타 라인'의 경영이사이자 운영 감독관인 이스메이(조너선 하이디 분)가 위험스런 빙산의 출현이 예상된다는 경고를 무시한 채 "대서양 횡단 기록을 세웁시다. 전속력으로 항해하여 새로운 기록으로 신문의 일면을 장식합시다"라면서 호기

스런 제안을 했다.

이날 저녁 1등실의 저녁 식사 파티에 초대받은 잭은 가식적인 규율과 예절을 요구하는 어색한 식사를 마치고 나오면서 로즈의 손에 '순간을 소중히, 시계 앞에 있겠소'라고 적은 메모를 전했다. 잭은 로즈를 만나 그녀를 3등실의 파티 장소로 데려가서 자유스런 분위기에서 마음껏 먹고 마시면서 탭댄스를 추었다.

칼은 1등실로 돌아온 로즈에게 화를 내고, 로즈의 어머니 루스는 "다시는 잭을 만나지 말라"고 충고했다. 잭은 로즈를 만나기 위해 1등실을 찾아가 보지만 문 앞에서 제지당하고 마침 갑판을 거니는 로즈를 데리고 비어 있는 선실로 들어가 "당신은 덫에 걸렸어요. 하루 빨리 거기서 탈출하지 않으면 아무리 강한 당신이라도 거기서 죽고 말 거요"하고 속삭였다. 그러자 로즈는 "이건 내 문제예요. 이제 그만 가야 해요"하고 대답했다. 잭이 실망한 모습으로 뱃머리에 기대자 로즈가 다시 "마음을 바꿨어요"라면서 다가왔다. 이때 주제곡 〈My Heart Will Go On〉이 애잔하게 흐른다.

잭이 로즈의 팔을 이끌며 사랑스런 말을 던졌다. "손을 줘요. 눈을 감고 어서 올라서요. 난간을 잡고…… 눈을 그대로 난간 위로. 더 좀 더, 눈을 감고……". 뱃머리에서 잭과 로즈가 양팔을 벌리고 있었다. 포스터에도 나오는 명장면이다.

키스하는 잭과 로즈. 타이타닉은 전속력으로 계속 항진 중이었다. 잭과 로즈는 1등실의 빈방에 들어갔다. 그림을 그려 달라고 하면서 로즈가 옷을 다 벗고 '대양의 심장' 목걸이만을 건 채 소파에 비스듬히 눕자 잭이 그 모습을 그렸다. 로즈는 자신의 누드화를 금고 속에 보관했다.

로즈의 약혼자인 칼은 금고에서 로즈의 누드화와 함께 '이 정도면 내 전부를 가진 셈이죠. -로즈' 라고 쓰인 메모를 보고 화가 나서 시종인 러브조이(데이비드 워너 분)에게 로즈를 찾으라고 지시했다. 러브조이가 1등실에 있는 두 사람을 발견하자 두 사람은 도망쳤다. 마침내 그들은 둘만의 공간으로 들어가 뜨거운 포옹을 하고 깊은 사랑을 나누었다. 로즈는 "항구에 닿으면 당신과 함께 갈 거예요"라고 잭에게 속삭였다. 칼은 두 사람의 사랑을 질투해 잭에게 보석 목걸이를 훔쳤다고 누명을 씌워 타이타닉의 규율 사관을 불렀다. 잭은 수갑에 채워져 감금되었다.

한편 승객 1,500여 명과 승무원 700여 명이 승선하고 있는 가운데 배는 계속 전속력으로 달리고 있었다. 망루에서 빙산 출현을 감시하고 있는 선원들이 전방의 빙산을 발견했다. 급히 키를 돌려 후진하고 화력을 줄여보지만 옆으로 빙산을 들이받은 타이타닉은 배에 물이 들어오자 방수문을 차단하였다. 승객과 승무원들은 방수문만 차단하면 괜찮을 줄 알고 있지만 배를 설계한 앤드류(빅토르 가버 분)는 "2시간 정도 후에 배가 침몰할 것이다"라고 예상했다.

선장 스미스(버나드 힐 분)는 이스메이에게 "소원대로 신문의 1면을 장식하겠군요"라고 비아냥대고, 선원들에게 '긴급구조 요청' 무전을 타전하고, "구명보트를 내리라"고 지시했다. 타이타닉이 점점 침몰하면서 구명 폭죽을 계속 쏘아댔지만 "구명선인 카파시아는 4시간 뒤에나 도착할 수 있다"는 연락이 왔다.

갑판 위에서는 타이타닉의 바이올린 연주자들이 승객들의 마음을 안정시키기 위하여 음악을 계속 연주하고 있었다. 이때 연주되는 〈침몰 *The Sinking*〉과 〈바다 찬송가 *Hymn To The Sea*〉는 깊은 여운을 남겨주고 있다.

이런 상황에서도 질투심에 사로잡힌 칼은 로즈를 만나 뺨을 후려쳤다. 이때 러브조이가 들어와 배의 침몰 상황을 알리자 일행들은 구명보트를 타기 위해 갑판 위로 나갔다. 구명보트는 승선인원의 반밖에 안 되어 여자와 어린애들부터 먼저 태웠다. 로즈의 어머니 루스는 구명보트를 탔으나 로즈는 타는 것을 거부하고 잭을 찾아 나섰다. 로즈는 수갑에 묶여 있는 잭을 발견하고 도끼로 수갑을 끊고, 두 사람은 물 속을 헤쳐 선상에 올라왔다. 약혼자 칼이 자신의 코트를 벗어 로즈에게 입혀주었다. 그 코트 주머니에는 '대양의 심장' 목걸이가 들어 있었다.

구명보트에는 여자인 로즈만 탈 수 있었고, 칼은 나중에 보트를 타기 위하여 승무원에게 돈을 준 상태였다. 구명보트를 타고 내려가는 로즈와 갑판 위의 잭이 안타까운 눈빛으로 서로를 쳐다보고 있었다. 이때 로즈는 구명보트를 타고 내려가다 타이타닉 밑부분 선실로 다시 뛰어 올라와 잭과 뜨거운 포옹을 하고⋯⋯. 이 모습을 지켜보던 칼은 시종 러브조이의 허리에 차고 있던 권총을 빼내어 발사하기 시작한다. 도망치는 두 사람. 권총의 실탄을 다 발사한 칼은 "어디 잘사는가 보자"면서 헛웃음을 짓지만, 뒤늦게 로즈에게 입혀준 자신의 코트 주머니에 보석 목걸이가 들어 있다는 사실을 생각한다.

　마지막 남은 구명보트에 승객들이 서로 타려고 아우성이었다. 칼에게 돈을 받았던 승무원은 칼의 얼굴에 돈을 뿌려버렸다. 할 수 없이 칼은 배 위에 있는 어린애를 안고 딸이라고 속이며 구명보트를 탔고, 전속력으로 항해하자고 했던 이스메이도 탔다.

　질서 유지를 위해 승객들에게 총을 쏘았던 승무원은 총으로 자살했다. 배를 설계한 앤드류는 튼튼한 배를 만들지 못한 죄책감으로 죽음을 맞이할 준비를 했다. 스미스 선장은 선장실에서 키를 잡고 묵묵히 죽음을 맞이했다. 침대 위에서 손을 꼭 잡은 채 죽음을 맞이한 노부부. 어느 백작은 구명보트를 거부하고 "마지막까지 신사답게 죽고 싶다"면서 의자에 꼿꼿이 앉아 브랜디를 마시며 죽음을 맞이했다.

　바이올린 연주자들은 배가 침몰하는 마지막 순간까지 〈내 주를 가까이 하게 함은Nearer, My God, To Thee〉을 연주했다. 바이올린 주자는 "오늘 연주는 평생 못 잊을 거요"라고 동료 연주자들에게 비감悲感 어린 말을 던졌다.

　타이타닉의 뒷부분이 완전히 물에 잠기면서 승객과 승무원들은 구명

조끼를 입은 채 물에 뛰어들고, 배에 남아 있는 사람들은 앞으로 몰리면서 아수라장을 이루었다. 이제 배는 앞부분이 들린 채 두 동강이 나 버리고 수많은 승객과 승무원들은 차가운 바다에 빠졌다.

 잭과 로즈는 배의 앞부분에 매달려 있는데 타이타닉은 서서히 가라앉았다. 마침내 두 사람은 바다로 떨어졌다. 로즈는 구명조끼를 입고 있었지만 잭은 구명조끼조차 없었다. 잭과 로즈는 수영을 해 배에서 튕겨져 나온 가구문짝을 잡았다. 로즈는 가구문짝 위에 엎드려 있었고, 잭은 물속에서 문짝과 로즈의 손을 잡고 있었다. 추위에 턱을 심하게 떨며 눈을 마주보고 대화를 나누는 두 사람.

 "사랑해요, 잭."

 "포기하지 마요. 우리에게 작별은 없어. 내 말 알겠죠?"

 "너무 추워요."

 "로즈! 당신은 살아야 해요. 살아서 애들도 낳고 훌륭히 키워야죠. 그리곤 나이 들어 편안히 죽어야 해요. 약속해요!"

바다에 빠진 사람들은 구명조끼를 입은 채 저체온증으로 대부분 얼어 죽었다. 잠시 후 로즈가 구명보트가 다가오는 모습을 보고 "잭! 잭!" 하면서 흔들어보지만 아무런 대답이 없었다. 이미 추위에 얼어 죽어 있는 잭을 향해 "당신 말대로 약속을 지킬게요" 하면서 잡고 있던 손을 놓았다. 잭은 물밑으로 서서히 수장되고 로즈는 구명보트에 의해 구조되었다.

84년 후의 늙고 주름진 로즈가 탐사선 위에서 이야기를 계속하고 있다.

"1,500명이 물에 떠 있었어. '타이타닉'이 가라앉은 뒤에 보트는 전부 20 대였는데 한대만 돌아왔어. 단 한대. 1,500명 가운데 생존자는 나까지 포함해 여섯이었어. 그리고 보트에는 700여 명이 있었어. 그들은 보트 위에서 구명을 기다리는 수밖에 없었지. 결코 면죄받을 수 없는 기억을 지닌 채 죽음과 삶을 기다리고…… 구명보트에 있던 생존자들은 구조선 카파시아가 구조했어. 배 위에서 칼을 보았지만 외면해버렸어. 그때 본 게 마지막이었지. 물론 그는 그 후 다른 사람과 결혼하고 막대한 유산을 상속받았지. 하지만 1929년에 증권 폭락의 타격으로 총으로 자살했지. 난 그 뒤 결혼한 남편이나 누구에게도 잭의 이야기를 한 적이 없어. 여자의 마음이란 깊은 바다 속 같은 거야. A woman's heart is a deep ocean of secrets. 이제 여러분들은 잭을 알았어. 날 구하고 내 영혼의 자유까지 구한 사람을……. 그런데도 사진 한 장 없으니…… 그 사람은 내 기억 속에서만 존재하는 거지. He exists now only in my memory."

밤에 할머니 로즈가 잠옷과 맨발인 채로 탐사선 갑판 위를 걷는다. 마치

기도하는 것처럼 손으로 가슴을 꽉 부여잡고 발로 뱃전 위에 한 발짝 올라선다. 손에 뭔가를 쥐고 있다. 그것은 바로 그 옛날 '대양의 심장'이라는 56캐럿 다이아몬드 목걸이다. 할머니 로즈는 파란 다이아몬드를 쳐다본 다음 그 목걸이를 난간 너머 바다로 던져버리고는 그것이 가라앉는 걸 본다. 검은 바다 한복판에서, 다이아몬드는 반짝이며 빙글빙글 돌면서, 영원히 바다 속으로 가라앉아버린다.

집으로 돌아와 할머니 로즈가 꿈을 꾼다. 타이타닉의 1등실에서 많은 사람이 보는 가운데 젊은 시절의 잭과 로즈가 포옹하며 키스를 나누는 장면과 함께 주제가 〈My Heart Will Go On〉이 흐르면서 영화는 끝난다.

타이타닉은 처녀항해 4일 반나절 후, 차가운 북대서양에 두 동강 난 채 침몰했다. 꿈의 여객선이라 불리며 절대 침몰하지 않을 것이라고 장담하던 타이타닉은 빙산 출현 가능성의 경고를 무시한 채 무모한 항해를 함으로써 끔찍한 악몽 속에서 끝이 났다. 타이타닉의 잔해가 발견된 것은 1985년이다. 수십 년의 수색 작업으로 3,773미터 해저에 누워 있는 거대한 여객선의 침몰에 대한 궁금증이 해소되었으며, 사람들은 비극적인 타이타닉 침몰 사건에 관심을 갖게 되었다.

이 영화는 '타이타닉'의 비극적인 처녀항해의 실제 상황과 그 속에서 피어난 두 남녀의 애틋한 사랑 이야기를 그리고 있는 대작이다. 나흘 동안 배 위에서 펼쳐진 이야기에는 사랑과 좌절, 극한 상황에서의 인간의 모습들,

숭고한 희생정신과 함께 당시 엄격했던 계급사회의 벽을 보여준다. 실제 타이타닉의 기록을 살펴보면 인생의 마지막 순간을 앞두고서도 믿을 수 없을 만큼 침착한 모습을 보여준 사람들이 있다.

스미스 선장은 영화에서 묘사된 것처럼 선장실에서 유유히 배와 함께 가라앉은 것이 아니라 바다에 뛰어들어 생존자들을 구명보트로 인도하고, 자신은 보트에 올라타지 않았다고 한다. 철강사업으로 억만장자가 된 구겐하임은 턱시도를 갈아입고 "나는 가장 어울리는 예복을 입고 신사답게 갈 것이다"라고 선언하고 마지막까지 시가와 브랜디를 즐겼다고 한다. 유명한 자선가이자 뉴욕의 메이시 백화점을 소유한 스트라우스 부인은 구명보트에 탈 권유를 두 번이나 뿌리치고 남편과 마지막 순간을 같이 했다. 그녀의 묘지 돌담에는 '물은 사랑을 채울 수 없지만, 사랑을 죽이지는 못한다'는 문구가 새겨져 있다. 바이올리니스트 하틀리가 이끄는 8인조 밴드는 마지막까지 묵묵히 음악을 연주했다.

반면에 타이타닉의 홍보 효과를 위해 전속력으로 달리게 한 이스메이는 배에 승객을 가득 놔둔 채, 마지막 구명보트로 탈출했다. 그는 언론과 사회에서 심한 비판을 받고 고립되었다. 1913년에는 아버지로부터 상속받은 '화이트 스타 라인'의 회장직을 내놓고 아일랜드 서부에서 요양하다 1937년에 심장마비로 사망했다.

제임스 캐머런 James Cameron(1954~)

블록버스터의 귀재인 감독은 영화의 사실성을 살리려고 1995년 타이타닉의 잔해를 직접 보기 위해 바다 속으로 들어갔다. 과학적인 고증과 고도의 테크놀로지로 정교함과 역동적인 연출을 하기 위해서였다. 그는 침몰한 선박의 곳곳을 섬세하게 묘사했으며, 죽음을 앞둔 인간들의 갖가지 모습들을 보여주고 있다. 〈타이타닉〉은 1998년 골든 글로브와 아카데미 작품상, 감독상, 주제가상 등 14개 부문 중 11개 부문을 수상했다.

레오나르도 디카프리오 Leonardo DiCaprio(1974~) 〈타이타닉〉으로 세계적인 스타로 우뚝 서게 되었다.

케이트 윈슬렛 Kate Winslet(1975~) 로즈 역으로 당차고 야무진 연기를 펼쳐 호평을 받았다.

제임스 호너 James Horner(1953~) 여러 차례 그래미상과 〈타이타닉〉의 음악을 담당하여 1998년 아카데미 음악상, 주제가상을 수상한 영화 음악계의 거장이다. 숨죽임과 드러냄. 애틋함과 웅장함의 강약을 조율해 가는 선율은 영화 완성도를 높이고 있다. 신비로운 저음을 삽입하기 위해 신디사이저와 민속악기인 휘슬을 사용하고 있다.

노르웨이 여가수 시셀 시세보Sissel Kyrkjebo(1969~)의 매혹적인 스캣송과 휘슬, 팬플루트의 애틋한 속삭임은 장엄하고 비장감마저 드는 선율을 선보인다. 라스트 신에서는 셀린 디온Celine Dion(1968~)의 〈My Heart Will Go On〉을 들려준다. 두 젊은 연인의 사랑을 떠나보내는 애틋함을 대규모 오케스트라를 동원하여 고전음악을 듣는 웅장한 분위기를 선사하고 있다.

자살의 송가

글루미 선데이 | Gloomy Sunday | 1999 | 독일, 헝가리

〈글루미 선데이〉는 자살을 소재로 한 영화이다.
"자살은 인간의 존엄성이 마지막으로 사라졌을 때, 그 존엄성을 위해 취할 수 있는
최후의 선택이다"라는 대사가 있다.

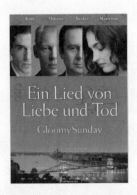

감독 롤프 슈벨

출연 에리카 마로잔_ 일로나
      스테파노 디오니시_ 안드라스
      조아킴 크롤_ 자보
      벤 베커_ 한스

첫 장면은 〈글루미 선데이〉 음률과 어우러져 격조 높은 아름다운 낭만의 도시이자 예술과 문화의 거리인 헝가리 부다페스트의 정경이 화면 가득 펼쳐진다. 줌 아웃되어 있던 카메라가 안쪽으로 밀려들어오면서 한 레스토랑의 간판이 보이기 시작한다. '자보 레스토랑', 반세기 전에도 자보 레스토랑이 있었던 그곳은 여전히 자보라는 간판을 달고 있다. 레스토랑에서는 손님맞이에 부산하다.

1999년 가을, 독일인 사업가 한스가 부인과 독일대사 일행과 함께 80회 생일을 자축하기 위해 자보 레스토랑을 찾는다. 50년 전 단골이었다는 그는 추억이 담긴 시선으로 실내를 살펴보고 한 곡을 지정해주며 연주를 부탁한다. 바이올린을 타고 묘한 선율이 흐르기 시작한다. 노신사 한스는 흐뭇한 표정을 지으며, 그가 즐겨먹던 비프 롤과 함께 술잔을 들며 "옛날과 똑같아" 하고 말한다. 잠시 후 그는 피아노 위에 놓인 한 여자의 사진을 보는 순간 가슴을 쥐어뜯으며 쓰러진다. 혼비백산한 부인과 일행들. 이때 지배인이 "이 노래의 저주를 받은 거야. 〈글루미 선데이〉의 저주를……" 하고 외친다. 이제 카메라는 여자의 사진과 오버랩 되면서 60년 전으로 되돌아가 왜 노신사 한스가 쓰러졌는지에 대한 의문을 풀기 시작한다.

부다페스트에서 레스토랑을 운영하는 유대인 자보(조아킴 크롤 분)와 그의 연인 일로나(에리카 마로잔 분)가 레스토랑에서 연주할 피아니스트를 인터뷰하고 있었다. 그들은 면접자 중 특별한 매력이 있는 연주와 함께 깊은 슬픔이 배어 있는 강렬한 눈동자의 안드라스(스테파노 디오니시 분)를 고용했다.

일로나의 생일이었다. 레스토랑의 모든 종업원들이 축하의 꽃을 전달하고 자보도 보석이 박힌 머리핀을 선물하며 "천사들은 늙지 않지만 생일은 항상 돌아오지. 그래야 샴페인을 맛보니까. 생일 축하해, 나의 천사. 당신과 함께 하는 매일이 꽃을 선물받는 것과 같아"하고 말했다.

첫눈에 일로나에게 사랑을 느낀 안드라스는 〈글루미 선데이〉를 생일선물로 작곡해 연주했다. 그 곡은 레스토랑에 있던 모든 사람의 마음을 사로잡았다. 일로나 역시 그에게 강렬한 사랑을 느꼈다. 레스토랑의 문을 닫고 퇴근하면서 안드라스가 먼저 집으로 들어가자 자보가 일로나에게 말했다.

"아주 아름다운 곡을 써줬어. 내가 뭐랬어. 반했댔잖아."

"저도 조금은 그래요."

"난 신경 쓰지 마. 내가 늘 말했지? 누구나 자유롭게 결정해야 한다고. 난 계속 걸을게. 그래야 당신이 결정하기 쉽지."

그 레스토랑에는 독일인 단골손님 한스(벤 베케 분)도 자신의 생일을 자축하고 있었다. 일로나에게 남몰래 청혼했다 거절당한 한스는 〈글루미 선데이〉의 멜로디를 읊조리며 사랑의 슬픔을 괴로워하면서 다뉴브 강에 몸을 던졌다. 자보는 일로나가 안드라스의 집으로 가는 것을 보고 실의에 빠져 강변을 거닐다 물에 빠진 한스를 목격했다. 자보는 물에 뛰어들어 구사일생으로 한스를 구해낸 다음 "실연이 끔찍한 건 알아요. 하지만 인생의 다른 좋은 것을 생각해봐요"하고 위로의 말을 건넸다. 한스는 실연의 상처를 가슴에 묻은 채 독일로 떠났다.

다음날 아침, 안드라스와 밤을 보내고 함께 시장에 나와 꽃을 사는 일

로나와 레스토랑의 음식 재료를 사러 나온 자보가 마주쳤다. 자보가 두 사람에게 "일로나와 4년간 지내면서 점차 알게 된 게 있어. 누구나 모두 좋아할 수 있는 사람이란 것을. 육체를…… 정신을…… 뭔가 당신을 채워주는 것을…… 갈망하는 것을…… 일로나를 완전히 잃느니 반쪽이라도 갖겠어" 하고 말했다. 이렇게 되어 자보와 안드라스, 일로나는 특별하고도 기묘한 사랑을 시작했다.

레스토랑은 〈글루미 선데이〉를 듣기 위한 손님으로 번창하고, 노래는 음반으로 제작되어 크게 히트하게 되었다. 그러나 안드라스는 음악을 듣고 자살하는 사람이 속출하자 죄책감에 괴로워하며 약을 먹고 자살을 하려다가 자보와 일로나에게 발견되어 약병을 자보에게 빼앗기며 미수에 그쳤다.

자보와 안드라스, 일로나 이 세 사람이 영화관에 들어가자 뉴스가 나오고 있었다.

"독일 장병들은 서유럽 쪽에서 계속 승리의 전진을 하고 있습니다. 독일 수상 아돌프 히틀러는 그의 군대를 격려했습니다. 그리고 여기 다른 이유로 각광받는 사람이 있습니다. 〈글루미 선데이〉의 작곡가로 엄청난 성공을 한 안드라스입니다. 하지만 이 신비한 선율 때문에 지난 8주간 헝가리에서만 157명이 자살했습니다. 이 소름끼치는 선율은 유럽 전역에 울려 퍼지고 이 노래는 세계를 정복했습니다. 뉴욕의 한 지성인이 차를 몰고 허드슨 강에 뛰어들었는데 앞좌석엔 휴대용 축음기가 있었습니다.〈글루미 선데이〉는 많은 이들을 죽음으로 인도했지만 작곡가에겐 부를 안겨줬죠."

세월이 흐르면서 2차 세계대전의 전운이 레스토랑에도 몰아쳐 이들 모두가 점점 불안한 나날 속에 살아가고 있었다. 그러던 중 한스가 점령군인 독일 나치 소령이 되어 레스토랑을 찾아와 일로나에게 "한시도 잊은 적이 없소"라고 사랑을 고백했다.

며칠 뒤 다시 레스토랑을 찾은 한스는 안드라스에게〈글루미 선데이〉를 연주하기를 명령했다. 묵묵히 서 있는 안드라스. 위협적인 표정의 한스. 일촉즉발의 상황에서 일로나가〈글루미 선데이〉의 음에 맞춰 반주 없이 가사를 붙여 노래를 불렀다.

"우울한 일요일. 저녁까지는 길지가 않네. 어두운 그림자 외로움에 흐느끼고…… 눈을 감고 당신은 먼저 떠나갔네. 하지만 당신은 잠들고 난 기다리네."

일로나가 안드라스에게 "날 위해 연주해줘요"라고 애원해 피아노 반주에 맞춰 노래를 불렀다.

"모습이 보이고 당신에게 기도를 보내요. 천사들에게 내 자릴 남겨달라고 전해줘요. 우울한 일요일…… 그 많은 일요일에 어둠 속에 홀로 어둠과 함께 지금 가네. 촛불이 타듯 빛나는 눈동자들. 눈물을 거둬요. 내 짐은 가벼워요. 한숨과 함께 고향에 돌아가요. 안전한 어둠의 땅에서 난 배회해요. 우울한 일요일⋯⋯."

일로나가 노래를 끝내고 눈물을 머금으면서 방으로 뛰어 들어오자마자 한발의 총성이 들려왔다. 한스의 권총을 빼앗아 자살한 안드라스. 한스가 모욕을 주는 방법으로 안드라스의 자살을 유도한 것이었다. 안드라스의 장례를 치르고 슬픔에 젖어 있는 자보와 일로나. 유대인이라 불안에 떨고 있는 자보가 일로나에게 말했다.

"이제야 〈글루미 선데이〉의 메시지를 알 것 같아."

"안드라스가 항상 찾던 거요?"

"모든 사람들에겐 그만의 존엄성이 있다는 걸 말하는 것 같아. 우리는 늘 상처를 받고 모욕을 당해. 마지막 남은 존엄성을 가지고 최대한 견디는 거지. 더는 못 견딜 상황이 오면 차라리 세상을 떠나는 게 나아. 떠나는 거야. 존엄성을 가지고⋯⋯."

"누가 당신보고 가야 한대요? 떠나지 말고 행복을 위해 싸워요."

"그런 사람들은 따로 있어. 안드라스는 못했지."

점령군 독일장교 2인자인 한스는 돈이나 보석을 가지고 오는 유대인들은 죽음의 명단에서 빼주었다. 그는 받은 돈이며 보석을 관에다 넣어 본국으로 보냈다. 유대인의 목숨을 담보로 축재를 하는 한스는 오래전 자신의 목숨을 구해준 보답으로 자보에게 "걱정하지 말라"고 하지만⋯⋯.

어느 날, 자보는 일로나와 같이 지내고 혼자 집을 나서다가 자신을 체포하기 위해 차에서 내리는 독일군을 목격하고 레스토랑으로 와서 유서를 쓰고 자살하려는 순간 독일군에 의해 체포된다. 레스토랑으로 온 일로나는 피아노 옆에 놓여 있는 약병과 유서를 발견한다. 약병은 옛날 안드라스가 자살하려 했을 때 자보가 빼앗은 것이다. 유서에는 이렇게 씌어 있다.

"사랑하는 일로나. 이젠 확실히 〈글루미 선데이〉가 뭘 얘기하는지 알겠어. 이렇게 최후를 기다리진 않겠어. 안드라스 뒤를 따를 거야. 자살은 인간의 존엄성이 마지막으로 사라졌을 때, 그 존엄성을 위해 취할 수 있는 최후의 선택이야. 난 싸우는 법을 배운 적이 없어. 어차피 너무 늦었지만……. 우리의 꿈이 깨졌다고 슬퍼하진 마. 견뎌내야 해. 내일 일은 내일 해."

한스를 찾아가 자보를 구해달라고 애원하는 일로나. 그러자 한스는 "걱정하지 말라"면서 일로나를 겁탈했다. 수용소로 온 한스는 돈을 받고 다른 유대인은 빼내주면서 눈이 마주친 자보를 외면하고 그를 가스실로 가는 죽음의 아우슈비츠 수용소 행 열차에 태워 보내버렸다. 만삭이 된 일로나가 안드라스의 무덤에서 자보의 죽음을 알리고, 레스토랑의 성공적인 운영과 한스에 대한 복수의 결의를 다졌다.

"잔디가 벌써 이렇게 자랐네. 당신을 얼마나 그리워하는지 모를 거예요. 둘 다 그리워요. 당신처럼 자보도 죽었어요. 그에게는 무덤도 없어요. 그의 친구라고 했던 한스가 그를 죽음의 아우슈비츠로 보냈죠. 계획적이었어요. 그는 지옥에 떨어질 거예요! 그만 가서 테이블을 준비해야 해요. 오늘 레스토랑을 다시 열어요. 행운을 빌어줘요. '내일 일은 내일'……."

다시 처음의 장면과 연결된다.

독일 TV의 앵커가 레스토랑 앞에서 "한스 빅크가 사망했습니다. 부다페스트에서 심장마비로 오늘 저녁 숨져 전 독일인들이 그의 죽음을 애도하고 있습니다. 제2차 세계대전 당시 천 명의 부다페스트 유대인을 구했고, 종전 후 독일에서 가장 큰 수출입 회사를 세웠으며……. 레스토랑에서는 그가 좋아하는 〈글루미 선데이〉가 연주됐으며……." 하고 뉴스를 전하고 있다. 동석했던 독일대사가 "80회 생일을 특별히 여기서 보내고 싶어 했죠. 추억을 되새겨 보려고 말입니다"라고 인터뷰를 하고 있다.

그 시간, 레스토랑의 부엌에서 콧노래로 〈글루미 선데이〉를 부르면서 한스를 죽인 독약이 들어 있던 약병을 씻고 있는 노인이 된 일로나. 조그만 그 약병은 예전에 안드라스와 자보가 자살을 시도할 때 사용하려고 한 바로 그것이다. 일로나에게 아들인 지배인이 술잔을 건네며 하는 짤막한 한마디와 함께 영화는 끝난다.

"어머니의 생일을 축하드려요."

〈글루미 선데이〉는 1988년 발표된 닉 바르코Nick Barkow의 소설《슬픈 일요일의 노래》를 원작으로 감독과 각본을 쓴 롤프 슈벨이 실제 음악인 〈글루미 선데이〉 노래에 얽힌 미스터리와 소설의 낭만을 접목시켜 영상에 담아냈다.

실제로 '자살의 송가'란 별칭으로 전 세계에서 수백 명의 사람들을 자살하게 한 전설적인 음악이 〈글루미 선데이〉다. 이 음악은 1935년 헝가리 피아니스트 레조 세레스Rezso Seress가 작곡한 것으로 레스토랑에서 피아노를 연주하던 그가 수도 부다페스트에서 가장 아름다운 여인으로 꼽힌 자신의 연인 헬렌이 떠나자 실연의 아픔을 담아 작곡한 노래다. 이 노래가 레코드로 출시된 지 8주 만에 헝가리에서만 이 노래를 듣고 목숨을 끊은 사람이 187명이나 됐다. 이듬해인 1936년 4월 30일 세계적인 지휘자 레이 벤츄라가 이끄는 오케스트라의 파리 콘서트에서 영혼을 어루만지듯 나직하게 〈글루미 선데이〉의 단조의 선율이 울려 퍼지자 드럼 주자가 벌떡 일어나 주머니에서 권총을 꺼내 자신의 머리를 향해 방아쇠를 당겼고, 금관악기 연주자는 자신의 가슴에 칼을 꽂았으며, 바이올린 연주자는 목을 맸다. 이 노래를 작곡한 레조 세레스 자신도 1968년 1월 고층아파트에서 몸을 던져 자살했다.

〈글루미 선데이〉는 한 여자와 세 남자의 파란만장한 삶을 추적하면서 그들의 기구한 운명을 이야기한다. 드라마틱한 서사구조, 정돈된 속도감, 문화적 기호들을 잘 배열하여 할리우드 영화와는 또 다른 아름다움과 재미가 있다. 〈글루미 선데이〉는 2000년 바바리아영화제 최우수감독상 수상작이며, IMDB(인터넷 무비 데이터베이스)에서 네티즌들로부터 〈대부〉에 이어 역대 영화사상 두 번째 높은 평점을 받았다.

롤프 슈벨 Rolf schubel(1942~)

독일 출신. 다큐멘터리 감독 출신답게 감정의 질곡에 빠지지 않고 에로티시즘, 미스터리, 인간의 이중성, 제2차 세계대전의 역사를 적절히 끌어들여 작품을 생동감 있게 그려내고 있다.

에리카 마로잔 Erika Marozsan(1972~) 수천 대 1의 오디션을 거쳐 발탁된 신인 헝가리 배우로 매혹적인 아름다움을 보여준다.

스테파노 디오니시 Stefano Dionisi(1966~) 피아니스트 안드라스 역의 디오니시는 〈파리 넬리〉로 유명한 이탈리아 배우다.

조아킴 크롤 Joachim Krol(1957~) 자보 역의 조아킴 크롤은 독일 배우로 현실적이고 이성적인 역할을 잘 나타내고 있다.

벤 베커 Ben Becker(1964~) 한스 역의 벤 베커는 독일 배우로 수줍은 청년의 모습에서 나치장교로 변신한 이중적 인간을 잘 연기했다.

에드워드 클로진스키 Edward Klosinski(1943~) '카메라의 시인'이라 불리는 유럽 최고의 촬영감독으로 도시 한복판을 유유히 흐르는 푸른 다뉴브 강, 고색창연한 건축물 등 '동유럽의 장미', '다뉴브의 진주'라 불리는 헝가리 부다페스트의 아름다운 풍광을 담아낸 영상미도 돋보인다.

원초적인 사랑과 절대고독

퐁네프의 연인들 | The Lovers On The Bridge | 1991 | 프랑스

 〈퐁네프의 연인들〉의 등장인물인 알렉스와 미셸, 한스는
모두 희망이 없는 불우한 삶을 살아가는 소외된 인간들이다.
감독은 어떤 연출 기법으로 이들의 이미지를 효과적으로 표현했을까?
소외란, 인간이 자기 자신을 한 사람의 이방인으로 경험하는 것을 의미한다.
자기 자신을 세계의 중심이라든가, 자기의 행위의 창조자로서 경험하는 것이 아니라,
자신의 행위와 그 행위의 결과에 복종하며, 심지어 그것을 숭배하기까지 하는 것이다.

감독 레오 카락스

출연 줄리엣 비노쉬 _ 미셸
      드니 라방 _ 알렉스

쇼스타코비치 〈현악 4중주 곡 8번 2악장〉인 저음의 암울한 첼로로움을 따라 자동차가 푸른 형광빛의 터널로 미끄러져 간다. 자동차가 터널을 빠져나간 뒤에도 차창을 통해 보이는 도시는 네온사인이 번쩍이고 있지만 텅 비어 있고 공허하다. 다큐멘터리적인 롱테이크에 의해 보여지는 이 장면은 소외되어 지쳐 있고, 상처받은 영혼의 이미지를 더욱 구체화하는 표현이다.

이러한 도시의 모습 속에 남자 주인공 알렉스(드니 라방 분)가 술에 취해 비틀거리며 도로 위를 걷다가 차에 치여 쓰러져 있고, 이 모습을 여자 주인공 미셸(줄리엣 비노쉬 분)이 낡은 화폭을 들고 한쪽 눈에 안대를 한 채 걸어가다가 목격한다.

알렉스는 병원에서 다리에 깁스를 하고 자신의 보금자리인 퐁네프로 온다. 퐁네프에는 '파리는 퐁네프의 보수 공사를 위해 다리를 폐쇄한다'는 표지가 붙어 있다. 그래서 상처받은 영혼들에게는 더없이 좋은 안식처이다.

알렉스는 거리의 곡예사다. 그와 함께 다리에서 노숙하는 늙은 한스는 죽은 아내의 기억 속에 방황하고 있다.

알렉스가 누워 자던 자리에 미셸이 이불에 비닐까지 덮고 자고 있다. 미셸의 옆에 온 알렉스는 미셸의 소지품에서 미셸의 애인 줄리앙의 존재와 그녀가 부유한 집안 출신임을 확인한다. 미셸은 사랑을 잃고 시력까지 서서히 잃어가자 자포자기 심정으로 거리를 헤매는 화가다.

한스는 미셸을 깨워 "이 근처에 얼씬거리지 말라"며 쫓아버린다. 뒤따라가는 알렉스. 알렉스를 모델로 그림을 그리다 쓰러지는 미셸. 알렉스는 미셸을 다시 퐁네프로 데려온다. 알렉스는 한스에게 "며칠만이라도 여기에 있게 하자"고 사정하자 "내 눈앞에는 얼씬거리게 하지 말라"며 허락한다.

알렉스는 시장에서 생선을 훔쳐와 생선회를 만들어 미셸에게 먹으라고 한다. 카메라가 이때 죽은 생선의 눈을 비추면서 멀어져 가는 미셸의 눈을 연상시키게 한다. 알렉스는 또 라디오를 주워 미셸에게 준다. 미셸 앞에서 곡예를 하며 입에서 불을 내뿜는 알렉스. 휘발유를 머금은 알렉스의 얼굴과 그의 입에서 뿜어 나오는 휘발유 줄기가 불길로 변하는 장면이 교차하고, 불길이 채 다 그어지기 전에 다른 각도에서 뻗치는 불길이 화면 앞에 덮쳐온다. 여기에서 불은 미셸에게 직접 말할 용기가 없는 알렉스의 강렬한 사랑의 표현이지만 미셸의 잃어가는 시력은 이런 알렉스의 사랑을 받아들이기 힘들다.

다음날 미셸은 지하철역을 걷다가 첼로 소리를 듣고 첫사랑 줄리앙을 떠올린다. 미셸이 소리 나는 곳으로 달음박질치자, 앞질러간 알렉스는 첼리스트를 쫓아버린다. 지하철을 타는 첼리스트를 발견한 미셸. 그녀는 지하철을 가까스로 타고 뒤따라간다. 미셸은 지하철 안에서 졸다가 악몽을 꾼다. 줄리앙의 아파트를 찾아간 그녀가 눈이 멀기 전에 한번만 더 그의 모습을 화폭에 옮기겠다고 말하나 문을 열어주지 않는 줄리앙을 향해 방아쇠를 당기는 꿈이다. 미셸은 자신이 떠난 후 자포자기하고 있는 알렉스 앞에 다시 돌아간다.

프랑스 대혁명 200주년을 기념하는 화려한 불꽃놀이가 펼쳐지고 있다. 미셸은 폭죽이 환하게 터지는 퐁네프 위에서 격정적으로 춤을 추고 있고,

알렉스도 뒤쫓아와 함께 춤을 춘다. 이때 음악은 데이비드 보위의 로큰롤에서 요한 스트라우스의 왈츠로 바뀐다. 춤을 추는 두 사람의 모습이 길게 보여지며 알렉스의 사랑이 미셸과 공유할 수 있음을 나타내고 있다. 휘황찬란한 불꽃과 광기어린 이들의 미친 듯한 춤. 이러한 모습을 담아내는 화면 구도의 역동적 변화는 '미학적이고 개성적인 영상 표현이란 어떤 것인가'에 대한 답을 보여준다.

두 사람은 함께 포도주를 마시고 알렉스는 센강 위를 보트를 몰고, 미셸은 수상 스키를 탄다. 수상 스키를 타고 지쳐 잠을 자려던 미셸은 집나올 때 가져온 아버지의 권총을 악몽을 꾼다면서 알렉스에게 건네며 "센 강에 버려라"고 말한다. 권총을 건네받은 알렉스는 신발을 벗어 센 강에 대신 던지고 권총은 자신이 소지한다. 알렉스는 잠자는 미셸의 머리 위에 사랑을 확인하는 메모를 써놓은 다음 한스에게 가서 "잠이 오지 않으니 수면제를 주세요. 미셸이 나를 사랑하지 않는 것 같아요" 하고 말한다. 그러자 한스가 "여기에 사랑은 없어. 사랑에는 바람 부는 다리가 아니라 침대가 필요한 거야" 하고 대꾸한다.

한스가 잠에서 깬 미셸에게 "거리의 생활이란 맞고 강간당하고 그런 것을 잊기 위해 술 마시고 그러다가 폐인이 되는 거야. 네가 죽은 나의 마누라와 비슷하게 생겨 자꾸 생각이 나게 해. 떠나"라고 말한다. 그러자 미셸이 "떠나기 전에 루브르 박물관에 가서 렘브란트의 자화상을 보고 싶어요. 눈이 좋지 않아 낮의 형광등 불빛 아래서는 볼 수 없어요" 하고 애원한다.

미셸과 한스가 늦은 밤에 박물관을 찾아간다. 미셸이 한스의 목마를 타고 촛불을 들고 렘브란트의 자화상을 감상한다. 잠시 후 한스는 캄캄한 박물관 안에서 미셸에게 깊은 포옹을 한다. 다음날 한스는 강물에 몸을 던져 자살한다.

지하철역을 알렉스와 미셸이 걷는다. 점점 앞이 보이지 않게 된 미셸이 "작은 것은 보이지 않아" 하고 말한다. 그러자 알렉스는 그녀를 웃기려고 큰 동작의 제스처를 한다. 앞서서 걷던 알렉스가 지하철 통로 벽에 온통 붙어 있는 미셸을 찾는 가족들이 미셸을 내건 포스터를 발견한다.

미셸 스타렌. 24세. 1m 67cm. 행방불명. 시력을 잃어가고 있음.
시력 회복을 위한 새 치료법 발견. 늦지 않으면 회복 가능.
하루가 급함.   -조르주 스타렌 대령

포스터의 내용을 보지 못하는 미셸. 알렉스는 미셸을 떠나보내지 않으려고 포스터를 찢고 불을 붙이기 시작한다. 지하철 통로가 온통 화염에 휩싸이고, 심지어는 포스터가 실려 있는 차를 폭파시켜 포스터를 붙이는 사

람에게까지 불이 옮겨 붙는 엄청난 사고를 일으킨다. 두 사람은 허겁지겁 뛰기 시작한다.

미셸과 알렉스는 다시 퐁네프로 돌아와 포옹하고 있다. 그 사이 낡은 라디오에서 미셸을 찾는 방송이 흘러나온다. 이 방송을 들은 미셸은 알렉스가 잠든 사이에 퐁네프의 벽에다 이렇게 적어놓고 떠나버린다. '알렉스 널 진심으로 사랑한 적은 없어. 날 잊어줘. 미셸.' 이를 본 알렉스는 "아무도 나에게 잊어버리는 방법을 가르쳐줄 순 없어"라고 독백하면서 권총으로 자신의 손가락을 날려버린다.

방화범으로 체포된 알렉스는 3년형을 선고받고 복역한다. 복역 후 2년이 지난 어느 날, 시력을 회복한 미셸이 알렉스를 면회 온다. 두 사람은 알렉스가 출감하는 크리스마스 이브에 공사를 마친 퐁네프에서 만나기로 약속한다.

크리스마스 이브, 눈 내리는 퐁네프에서 알렉스와 미셸이 해후한다. 미셸은 흰색 반코트를 입고 화사하게 미소 지으며 나타나 알렉스를 모델로 그림을 그리고 두 사람은 축배를 든다. "잠자리를 같이 하고 싶다"고 알렉스가 말하자 미셸은 집으로 돌아가려고 한다. 그러자 알렉스는 미셸을 끌어안고 다리 난간에서 센강으로 떨어진다. 아틀란티스로 가는 모래를 운반하는 배에 구조된 미셸과 알렉스는 배의 앞머리에 함께 기대어 있다. 달리는 배와 함께 음악이 흘러나오면서 영화는 끝난다.

〈퐁네프의 연인들〉은 퐁네프 다리를 배경으로 불우한 두 남녀의 애절하면서도 야릇한 원초적인 사랑과 절대고독을 충격적으로 그리고 있다. '퐁네프'는 새로운 다리라는 뜻이나 프랑스 파리의 센강을 이어주는 아홉 개의 다리 중에서 가장 오래되고 낡은 다리다.

〈퐁네프의 연인들〉은 1992년 유럽영화상 여우주연상(줄리엣 비노쉬), 편집상과 청룡영화상에서 외국영화상을 수상하였다.

영화에 등장하는 인물들은 퐁네프 다리에서 노숙하는 소외된 사람들이다. 산다는 게 어떤 것이고, 인간의 삶에서 중요하다고 모두가 공감하는 사랑의 정체란 무엇인가? 선남선녀만의 사랑을 상상하는 우리 사회에서 소외되고 버림받은 무리들의 사랑은 한낱 의미 없는 날갯짓에 불과한 것일까? 삶에 대한 깊은 이해와 삶을 총체적으로 파악하고자 하는 고뇌가 있어야 사랑을 삶의 큰 테두리 안으로 포용할 수 있지 않을까?

레오 카락스 Leos Carax(1962~)

프랑스의 천재적인 영상파 감독. 소외된 인간들의 자폐적인 사랑의 격렬함을 그리고 있다. 이른바 '누벨 이마쥬Nouvelle Image'의 선두 주자로 불리며 1980년대 프랑스 영화를 이끌던 레오 카락스의 세 번째 연출작품이다. 〈소년, 소녀를 만나다〉, 〈나쁜 피〉의 연장선상에 있는 〈퐁네프의 연인들〉은 미학적이고 역동적인 영상 표현을 하고 있다. 그의 화면 속에는 비애감의 정조가 깃들인 아름다운 색채와 섬뜩한 광기 어린 움직임이 담겨 있다. '누벨 이마쥬' 란 새로운 이미지란 뜻으로 1960년대 'Nouvelle Vague'에 빗대어 지어낸 것이다. 새로운 물결이란 뜻인 '누벨 바그'가 '관습화된 영화 형식의 거부'를 추구하는 영화사조라면 '누벨 이마쥬'는 영화를 이미지의 다발로 엮어 표현하는 것을 말한다. 레오 카락스는 〈디바〉, 〈베티 블루〉의 장 자크 베네 감독, 〈그랑 블루〉, 〈아틀란티스〉, 〈니키타〉의 뤽 베송 감독과 함께 '누벨 이마쥬'의 이미지 영상 미학을 선두에서 추구하고 있다.

줄리엣 비노쉬 Juliette Binoche(1964~) 프랑스 최고의 여배우로 미셸역을 맡아 1992년 유럽영화상 여우주연상을 수상하였다. 레오 카락스의 작품인 〈나쁜 피〉에도 출연했으며 〈잉글리쉬 페이션트〉로 1997년 아카데미 여우조연상을 수상했다.

드니 라방 Denis Lavant(1961~) 알렉스라는 이름으로 레오 카락스의 전작들에서도 주인공으로 등장한다. 게다가 레오 카락스가 영화평을 쓰던 시절의 필명이 알렉스라는 걸 상기한다면 그의 영화들 속의 알렉스는 레오 카락스 자신을 대신한 인물이라 할 수 있다. 알렉스의 반항적인 모습이나 제스처들은 프랑스의 천재 악동 랭보나 보들레르를 상기시킨다. 그의 대사들 역시 랭보나 보들레르의 시구를 변형한 듯한 느낌을 준다.

세월은 흘러도 사랑은 남죠

카사블랑카 | Casablanca | 1942 | 미국

 고전적인 영화 〈카사블랑카〉는 제2차 세계대전 중 모로코의 카사블랑카를 무대로 하고 있으며, 사랑하지만 옛날의 추억을 가슴에 묻은 채 헤어져야만 하는 연인의 애절한 이야기를 그린 명작이다.

감독 **마이클 커티즈**

출연 **험프리 보가트** _ *릭 블레어*
잉그리드 버그먼 _ *일자*
클로드 레인스 _ *레놀*
폴 헨레이드 _ *빅터 라즐로*

흑백 영상이 펼쳐지면서 음악과 함께 내레이션이 나온다.

"제2차 세계대전으로 유럽인들은 자유를 찾아 미국으로 향한다. 그 관문은 포르투갈 리스본이었다. 그러나 대부분 리스본으로 직접 가지 못하고 프랑스령 카사블랑카로 갔다. 거기서 돈이나 운이 있으면 리스본을 경유하여 신세계 미국으로 갔다. 그렇지 못하면 카사블랑카에서 출국 비자를 기다리고 또 기다려야 했다."

제2차 세계대전이 한창인 모로코의 항구 카사블랑카. 프랑스 파리는 나치 독일에 점령되어 있었지만 프랑스령인 카사블랑카는 중립을 유지한 채 독일의 눈치를 살피고 있었다. 전란의 유럽을 피해 신세계인 미국에 가려면 카사블랑카를 거쳐 포르투갈의 리스본으로 가야 미국행 비행기든 배를 탈 수 있었다. 그래서 카사블랑카에는 유럽 각국에서 모여든 망명객을 비롯해 항독투사, 피난민들이 몰려들었고 이들은 모두 자유의 땅 미국으로 가기 위해 수단과 방법을 가리지 않고 여권을 구하는 데 혈안이 되고 있었다.

카사블랑카에 있는 'Rick's Cafe American', 피아노의 선율에 따라 흥겨운 재즈 음악이 흐르고 있다. 카페 주인 릭 블레어(험프리 보가트 분)는 별실에서 혼자 체스에 열중하고 있다. 그는 미국인으로 에티오피아와 스페인 내전을 도왔으며 반나치주의자다.

카페에 근무하면서 난민들에게 불법 비자 장사를 하는 릭의 친구 우가티(피터 로레 분)가 릭에게 통행증을 맡기며 말한다.

"무조건 통행할 수 있는 고위 장성이 발행한 통행증을 오늘 비싼 값에 팔고 카사블랑카를 떠나겠어. 잠깐 동안만 맡아줘."

릭에게 프랑스인 경찰국장 레놀(클라우드 레인스 분)이 찾아와 "오늘 살인 사건 용의자를 이 카페에서 체포할 것이다"라고 말한다. 릭은 레놀에게 카페의 노름판에서 돈을 따게 해주면서 친구처럼 가깝게 지내고 있다. 타락한 관리인 레놀은 미국으로 가는 비자를 발행하는 권한을 갖고 있다. 그는 돈을 받고 비자를 팔기도 하고 비자를 미끼로 여자를 유혹하기도 한다. 독일의 프랑스 점령으로 독일의 괴뢰정부인 비시Vichy정권 밑에서 일하고 있으나 속으로는 나치에 반대하면서 민족주의적인 감성을 가지고 있다.

나치 게슈타포 스트라세(콘래드 베이트 분) 소령이 카사블랑카에 파견되어 살인 사건 용의자 체포를 위하여 레놀과 함께 이 카페에 와 있다. 카페의 노름판에 있던 우가티가 독일의 전령을 살해하고 통행증을 뺏은 혐의로 체포된다. 한바탕 소동이 벌어진 카페에서 릭은 아무 일도 없었던 듯 피아노를 치는 샘(둘리 윌슨 분)에게 "음악 연주를 계속하라"고 한다.

잠시 후 카페에 반나치 레지스탕스 지도자인 빅터 라즐로(폴 헨레이드 분)와 부인인 일자(잉그리드 버그먼 분)가 들어와 자리에 앉는다. 라즐로는 통행증을 팔기로 되어 있는 우가티의 소재를 알아보기 위해 스탠드로 가고 일자는 피아니스트 샘에게 오랜만이라는 인사를 나누며 다가간다.

"그 노래 한번만 해줘요."

"무슨 얘기죠?"

"그 노래 잊었어요? 〈세월은 흘러도 As Time Goes By〉를"

"기억이 잘 안나요."

"내가 불러보겠어요."(입으로 흥얼거린다)

잊지 말아요!

키스는 키스고 한숨은 한숨!

세월은 흘러도 그 두 가지는 남죠.

상처받은 두 사람 아직도 미련 있어 세월은 흘러도 미래에는 관심 없네.

샘이 피아노를 연주하며 노래를 부른다. 이 노래는 낭만적이고 감상적인 측면을 돋보이게 만드는 키포인트이다. 지나간 날의 불 같은 사랑이 불러일으키는 매력을 추억하도록 만들며 릭과 일자가 겪고 있는 감정의 고통을 전달하는 중요한 수단이다.

이때 이층에서 릭이 "그 노래는 부르지 말라니까"라고 소리치며 화가 난 얼굴로 샘에게 다가오면서 앞에 앉아 있는 일자를 쳐다본다. 일자의 눈에는 눈물이 고여 있다.

남편인 라즐로가 자리로 돌아와 일자와 함께 카페를 떠난다. 영업이 끝난 후 2층 자신의 방으로 와 술을 마시며 괴로워하는 릭에게 샘이 찾아와 위로하자 피아노로 〈As Time Goes By〉를 치라고 한다.

음악을 들으며 회상에 잠기는 릭.

프랑스 파리. 릭과 일자는 오픈카를 타고 돌아다니며 쇼핑도 하고 샴페인을 마시고 춤을 춘 다음에 같이 집에 와서 앉아 있었다.

"당신은 내가 나타나길 기다렸나요?"

"다른 남자 없냐고요? 한 사람 있었는데 이젠 죽었죠."

"물어서 미안. 안 묻기로 했는데⋯⋯"

"한 가지 질문으로 다 끝났어요?"

파리가 독일에게 함락되기 직전이었다. 일자는 릭이 경영하는 '오로라 술집'에서 두 사람이 함께 샘이 연주하는 〈As Time Goes By〉를 들으며 샴페인을 들고 있었다.

"세상이 망해 가는데 우리는 사랑에 빠졌군요."

게슈타포는 이미 파리에 입성했고, 내일이면 나치들이 점령하도록 되어 있었다. 반나치주의자인 릭은 현상금이 걸려 있어 피신해야 했다. 릭과 일자는 기차역에서 만나 같이 피신하기로 약속했다. 비 오는 기차역에서 기다리고 있는 릭에게 샘이 와서 일자의 편지를 전한다.

"릭, 당신과 함께 갈 수도, 만날 수도 없어요. 이유는 묻지 마시고 사랑한다는 것만 믿어주세요."

편지의 글씨는 빗물에 젖어 흘러내리고 할 수 없이 릭과 샘은 기차를 타고 떠났다.

회상 장면이 끝나고 다시 현재 장면.

술을 마시며 회상에 젖어 있는 릭에게 일자가 찾아온다.

"왜 하필이면 카사블랑카로 찾아왔죠?"

"당신이 있는 줄 알았다면 안 왔을 거예요. 정말로 몰랐어요."

"목소리는 그대로군요. 이 세상 어디든 나랑 같이 가겠다고 했죠?"

"그만 하세요. 당신 심정 잘 알아요. 제가 얘길 할게요."

세월은 흘러도 사랑은 남죠, 카사블랑카

"끝이 근사한 건가요?"

"아직 몰라요. 들으면 끝이 짐작되겠죠. 한 소녀가 오슬로에서 파리에 왔죠. 그리고 늘 얘기만 듣던 위대하고 용감한 남자를 만났죠. 소녀에게 놀라운 지식과 상상의 세계를 보여줬죠. 소녀가 아는 모든 것은 그에 관한 것이었고, 그를 존경하고 숭배했으며 사랑으로 가득 차 있었죠."

"그래 그 비슷한 얘기를 들었지요. '전에 한 남자를 만났죠' 했어요. 그런 얘기는 집어치우자고! 누구 때문에 나를 떠났죠? 라즐로? 아니면 누가 또 있었나요? 한두 명이 아니었겠지."

일자가 화가 나서 나가버리자 릭은 괴로워한다.

라즐로와 일자는 우가티가 체포되어 비자를 구할 수 없게 되자, 비자 밀매업자인 페라리(시드니 그린스트리트 분)를 만나서 그로부터 정보를 얻는다.

"주목을 받고 있어 당신에게 비자를 팔 수 없으나 릭이 우가티가 가지고 있던 통행증을 가지고 있는 것 같소."

라즐로 부부가 릭을 만나기 위해 카페에 나타난다. 일자가 샘에게 〈As Time Goes By〉의 연주를 청한다. 라즐로는 릭을 조용히 만나 통행증을 부탁하나 거절당한다.

"거금을 주더라도 통행증을 못 주겠소. 이유는 부인께 물어봐요."

릭의 카페에서 독일군들이 독일 군가를 부르고 있다. 라즐로가 카페의 악단 앞으로 가서 프랑스 국가인 〈라 마르세예즈 La Marseillaise〉를 연주하기를 부탁하자 멀리서 릭이 눈짓으로 연주해도 좋다는 사인을 보낸다. 카페의 모든 손님들이 일어나 라 마르세예즈를 부른다. "마르숑, 마르숑(나아가자, 나아가자)……" 박진감 넘치는 행군의 발자국 소리가 들리는 듯하다. 독일 군가는 묻혀서 중단되어 버린다. 이를 이유로 게슈타포 스트라세 소령으로부터 카페의 폐쇄를 지시 받은 레놀은 할 수 없이 폐쇄를 명령한다.

라즐로와 아내 일자는 숙소에 들어와 같이 앉아 있다. 라즐로가 릭을 만난 결과를 부인인 일자에게 말한다.

"통행증을 릭이 가지고 있는데, 줄 생각도 팔 생각도 없었어. 그 이유는 당신에게 물어보라고 했어. 내가 수용소에 있는 동안 외로웠소?"

"네, 그랬어요."

"그래, 그 기분 알아. 내게 할 얘기가 있나?"

"아뇨, 없어요."

"당신을 사랑해."

"알고 있어요. 무슨 일이 있어도 저는……."

"말 안 해도 난 당신을 믿어."

카사블랑카의 반나치 레지스탕스 결성모임에 나가는 라즐로에게 일자는 "조심하세요"라고 말한 후 릭의 숙소로 간다.

"통행증 얻으러 오셨나본데 그게 있는 한 난 외롭지 않을 거요."

"제겐 그게 꼭 필요해요."

"안 판다고 당신 남편에게 얘기했는데……."

"저에 대한 기분은 잊어줘요, 중요한 일이니까."

"남편의 위대한 업적을 찬양하려고요?"

"그건 당신이 싸우는 목표와 같은 거예요."

"천만에, 나는 내 한 몸을 위해 싸워!"

"한때 우리가 사랑했던 걸 생각해서……."

"파리 얘기는 꺼내지도 말아요."

"사실을 아시면 이해하실 거예요."

"당신은 별의별 거짓말을 다하겠죠."

"왜 이런 꼴로 변했어요? 위험한 순간에 자기만 알다니! 제가 당신을 괴롭혔다고 세상에 복수를 해요? 비겁하고 옹졸해요. 릭, 미안해요. 당신만이 마지막 희망이에요. 우린 여기서 죽게 되요."

"나도 여기서 죽을 거니 잘됐네요."

"(총을 겨누며) 도저히 안 듣는군요! 통행증을 줘요."

"내 주머니에 있소."

"꺼내놓으세요. 어서 꺼내봐요."

"라즐로와 그의 일을 위해서 나를 쏴봐. 어서 쏴! 나도 그게 편해요."

"(눈물을 흘리며) 저도 잊으려고 노력했어요. 다시는 못 볼 줄만 알았죠. 제 인생에서 떠난 줄 알았어요. (흐느껴 울며 서로 포옹한다) 당신이 파리를 떠나던 날 얼마나 괴로웠는지 아세요? 제가 얼마나 사랑했는지 아세요? 지금도 당신을 사랑해요. 결혼 뒤 그인 체코 프라하에서 게슈타포에게 잡혔죠. 소식이 없어 전 미칠 것만 같았죠. 그런데 수용소에서 탈주하다 죽었단 소식이 왔죠. 전 절망과 외로움에 쌓여 있었는데 그때 당신을 만난 거예요."

"당신은 왜 내게 결혼 얘기를 안 했죠?"

"라즐로가 비밀로 하자고 했어요. 나를 보호하기 위한 거였죠."

"그가 살아 있는 걸 언제 알았죠?"

"우리가 파리를 떠나기 직전이에요. 파리 근교에 숨은 채 병이 들었어요. 저를 필요로 했어요. 당신에겐 얘기를 못했죠. 당신은 파리에 남으려 할 테니까, 위험해서죠."

"아직 끝은 안 났는데 어떡하지요?"

"이제부터 모르겠어요. 전 또다시 당신을 떠날 용기가 없어요."

"라즐로는요?"

"당신이 그를 도와주세요. 그는 할 일이 많아요."

"그 일을 위해 당신을 포기해야 돼!"

"그럴 필요 없어요. 전 이제 당신을 떠날 수는 없어요. 어떤 게 옳은 일인지 당신이 최선의 방법을 찾아주세요."

"그러죠, 당신의 행복을 위해!"

"당신을 너무나 사랑했어요."

이층에 있는 릭의 숙소에서 일자와 대화를 나누고 있을 때, 레지스탕스 결성 모임 장소를 급습 당한 라즐로가 카페로 피신해 들어온다. 릭은 몰래 일자를 돌려보내고 라즐로를 만난다.

"당신의 일이 이렇게 목숨을 걸 가치가 있나요?"

"그건 우리가 숨을 쉬는 것과 같소. 우리가 싸우지 않으면 세상은 죽게 됩니다."

"그러면 괴로움도 다 끝나겠죠."

"당신은 뭔가 불만이 있고, 그걸로 자신을 괴롭히고 있소. 하지만 결국

우리는 모두 각자의 운명을 따르는 거요."

"알겠소."

"당신은 자신을 도피시키고 있소."

"나의 일을 잘 아는군요."

"조금은 알죠. 어느 여자를 사랑하는 것을……. 내가 사랑하는 여자와 같은 여자란 것도. 당신과 일자 사이에는 뭔가가 있소. 설명은 필요 없고, 한 가지만 부탁하겠소. 통행증을 주지 않아도 좋으니 아내를 피신시켜주시오. 그걸로 일자랑 카사블랑카에서 떠나요!"

"그토록 사랑하오?"

"나는 그저 조직 일이나 하는 사람이 아니오. 나도 인간이고 아내를 사랑하오."

이때 레놀이 경찰을 데려와 라즐로를 체포하자 릭이 "운명이 한 수 빠르군요" 하고 말한다.

다음날 릭이 레놀을 만나서 말한다.

"내가 가지고 있는 통행증을 가지고 오늘 밤 일자와 함께 떠날 거야. 현재 체포되어 있는 라즐로는 뚜렷한 범죄 증거가 없으니 일단 풀어주어 현행범으로 잡아 공을 세워. 그가 카페로 통행증을 사러 오면 당신이 몰래 숨었다가 통행증을 건네받을 때 체포해. 누가 보면 안 되니까 미행시키지 말고 혼자 와."

릭은 카페를 페라리에게 넘기기로 계약한다. 레놀이 혼자 카페에 와서 숨는다. 릭과 일자가 만나고 있다.

"저는 안 간다고 라즐로에게 얘기했어요?"

"아직 안 했어요."

"그인 나랑 같이 가는 줄 알아요."

"비행장에 가서 얘기해요. 날 믿어요."

이때 라즐로가 들어와 릭과 대화를 나눈다.

"정말 고맙소."

"천만에, 시간이 없소."

"여기, 돈을 가져 왔소."

"미국에 가면 필요할 거요. 그건 염려 말고. 이게 통행증이니 당신들 이름만 쓰면 돼요!"

이때 레놀이 "체포하겠소" 하면서 나타나자 릭이 총을 겨누고 "잠깐, 체포는 아직 일러!" 하면서 비행장에 연락해 포르투갈 리스본행 비행기를 대기시키도록 한다.

비행장에 릭, 일자, 라즐로, 레놀이 차를 타고 도착한다. 릭은 일자를 남편인 라즐로와 함께 떠나도록 한다.

"당신은 라즐로의 아내요. 그에겐 당신이 필요해요. 당신이 안 가면 언젠가는 후회할 거야!"

"그럼 우리는?"

"파리의 추억을 모두 잊을 뻔했는데 어제 다시 만들어냈어."

"전 당신을 떠나기 싫어요."

"알아, 하지만 나도 할 일이 있어요. 당신의 행운을 빌어요."

릭이 출발 준비를 끝낸 라즐로를 만난다.

"일자와 나 사이를 다 안다고 했죠."

"네."

"하지만 어젯밤 내게 온 건 몰랐을 거요. 통행증 때문에 왔었소. 그것을 얻기 위해 아직도 날 사랑한다고 얘기했소. 그건 본심이 아니라 그저 당신을 위해 그런 척한 거죠."

"정말 고맙소. 당신이 참가했으니 우린 꼭 이길 거요."

일자와 릭이 이별의 인사를 한다.

"안녕 릭, 신의 축복을…."

"우리는 항상 파리에서의 추억과 함께 할 것이오."

안개 낀 공항에서 비행기가 이륙하려 한다. 이때 게슈타포 스트라세 소령이 차를 타고 급히 와서 관제탑에 비행기의 이륙을 막으려고 전화를 하려는 순간 릭이 총을 쏘아 죽인다. 리스본을 향해 날아가는 비행기를 바라보던 레놀이 병력이 도착하자 릭을 범인으로 지목하지 않고 "용의자를 색출해 잡아라"며 고함을 친다. 릭이 "우리의 우정은 이제부터 시작인가?"라고 말하면서 레놀과 함께 자유 프랑스 레지스탕스를 향해 안개 낀 공항을 함께 걸어 나가면서 영화는 끝난다.

고전적인 영화 〈카사블랑카〉는 제2차 세계대전 중 모로코의 카사블랑카를 무대로 하고 있으며, 사랑하지만 옛날의 추억을 가슴에 묻은 채 헤어져야만 하는 연인의 애절한 이야기를 그린 명작이다. 대사 하나하나에 안타까운 사랑의 감정, 우정, 정치적 갈등이 녹아 있다.

제2차 세계대전 중에 제작된 〈카사블랑카〉는 1943년 1월 영화가 개봉될 무렵, 미국의 루스벨트 대통령과 영국의 처칠 수상이 카사블랑카에 모여 연합군의 결사 항전을 촉구하는 서약에 서명함으로써 막대한 선전 효과를 얻었다. 가슴이 메이도록 사랑하면서도, 사랑하기 때문에 보내야 하는 이 영화는 반세기가 넘은 세월 속에서도 묻히지 않는 아름다움과 멋스러움이 있다. 감독을 비롯한 스텝과 출연진 모두가 사망한 〈카사블랑카〉는 아직도 살아 숨 쉬고 있다. '예술은 길고 인생은 짧다' 는 말이 실감난다. 〈카사블랑카〉는 1944년 아카데미 작품상, 감독상, 각색상을 수상했으며, 그 후 칼라 영화로 복원되었다. 미국영화연구소에서는 미국의 위대한 영화 100편 중 〈시민 케인〉에 이어 2위로 선정하였다.

마이클 커티즈 Michael Curtiz(1886~1962)

할리우드 최고의 이 애정 영화로 1944년 아카데미 감독상을 수상했다. 애초에 릭 블레어 역은 미국 대통령을 지낸 로널드 레이건, 일자 역에는 앤 셜리던이 예정되어 있다가 험프리 보가트, 잉그리드 버그먼으로 바뀌었다.

험프리 보가트 Humphrey Bogart(1899~1957) 냉정함을 잃지 않으면서도 옛 애인에 대한 미련을 간직한 개성이 돋보이는 연기를 실감나게 보여주었다. 〈아프리카의 여왕〉으로 1951년 아카데미 남우주연상을 수상했다.

잉그리드 버그먼 Ingrid Bergman(1915~1982) 청순하고 순결한 이미지의 연기를 펼친 배우다. 1945년 〈가스등〉, 1957년 〈추상〉으로 아카데미 여우주연상을 수상하였다. 잉그리드 버그먼의 묘비에는 '그녀는 인생의 마지막까지 연기했다.'라고 씌어 있다.

〈카사블랑카〉에서 가장 기억에 남는 노래인 *As Time Goes By*는 1931년에 허먼 헵펠드가 만든 노래로 음악을 담당한 맥스 스타이너가 편곡한 것이다. 영화 속에서 약간은 루이 암스트롱의 흉내를 내는 흑인 배우이자 가수인 샘 역의 둘리 윌슨이 직접 연주하며 부르는 스탠더드 재즈넘버다.

뇌사자에 대한 사랑

그녀에게 | Talk To Her | 2002 | 스페인

 〈그녀에게〉는 뇌사 상태에 빠진 발레리나와 여자 투우사를 돌보는
두 남자의 가슴 아픈 사랑 이야기다.
사랑을 찬양하고 생과 죽음, 고독, 아픔과 희망을 아름답게 그려내면서
대화를 통한 소통과 단절에 대해 그리고 있다.

감독 **페드로 알모도바르**

출연 **하비에르 카마라** _ 베니그노
다리오 그란디네티 _ 마르코
레오노르 발팅 _ 알리샤
로사리오 플로레스 _ 리디아
제럴딘 채플린 _ 카테리나

영화의 시작과 함께 극장에서 무용극 〈카페 뮐러〉의 공연이 펼쳐지는 장면과 함께 이를 관람하는 두 남자 베니그노(하비에르 카마라 분)와 마르코(다리오 그란디네티 분)가 비춰진다. 서로 알지 못하는 두 사람…… 공연에 감동한 마르코는 눈물을 흘리고, 베니그노는 그런 그를 바라보며 공감한다.

오프닝에 등장하는 피나 바우시의 공연 〈카페 뮐러〉는 마르코와 베니그노에게 감동과 함께 무언의 교감을 나누게 하는 매개체이자 이 두 남자의 상황을 암시적으로 표현하는 작품이다.

'앞을 볼 수 없는 두 여자가 고통스러운 모습으로 춤을 추고, 한 남자가 그녀들이 부딪히지 않도록 필사적으로 주위에 널린 의자와 탁자를 옮긴다.'

이 공연 내용은 식물인간이 된 두 여자의 괴로움과 슬픔, 그리고 그녀들을 위해 모든 것을 바치는 마르코와 베니그노의 상황에 대한 또 다른 표현이다. 이제부터 이 두 남자가 들려주는 아름답고 가슴 아픈 사랑 이야기가 시작된다.

남자 간호사인 베니그노가 교통사고로 식물인간이 되어 있는 알리샤(레오노르 발링 분)의 몸을 닦아주면서 이야기를 들려주고 있다. 마치 멀쩡한 사람에게 대화하는 것처럼…….

여행 잡지 기자인 마르코는 TV에 출연한 여자 투우사 리디아(로사리오 플로레스 분)에게 강한 인상을 받고 취재 차 그녀를 만난다. 각자 지난 사랑에 대한 기억과 상처를 가슴에 묻고 있는 두 사람. 서로의 상처를 이해하고 치유해주는 사이 그들은 사랑에 빠진다.

베니그노가 병원에 출근해 알리샤의 머리를 매만져 주면서 여자 간호사와 대화를 나눈다.

"머리를 잘라주자."

"더 짧아야 편할 텐데."

"처음 왔을 때 모습 그대로 둬. 그래야 깨어나면 덜 놀라지."

"4년간 코마인데 그런 기적이?"

"당신도 나처럼 기적을 믿어봐."

"그걸 왜?"

"필요하니까. 모르는 사이에 일어날 수도 있어."

몇 달 후……

투우 경기에 출전한 리디아. 비감한 표정이다. 경기 시작을 알리는 나팔 소리가 울리고 돌진하는 소의 뿔에 받혀 쓰러진 리디아는 계속 뿔에 받힌 채 끌려간다. 알리샤가 입원해 있는 병원으로 옮겨지지만 위독한 상태가 계속되면서 알리샤와 마찬가지로 코마 상태에 빠진다. 그녀의 곁에서 그녀를 돌보기 시작하는 마르코는 식물인간 상태로 누워 있는 리디아를 보며 마치 꿈을 꾸는 것처럼 회상에 잠긴다.

그녀와 함께 했던 따뜻하고 부드러운 분위기의 야외 음악회에서 브라질의 음악가 카에타노 벨로소는 삶의 아름다움과 슬픔을 함께 담고 있는 음성으로 시를 읊조리듯 〈*Cucurrucucu Paloma*〉를 불렀다. 마르코는 음악에

젖어 눈물을 흘리고, 리디아는 그
의 등을 감싸 안았다.

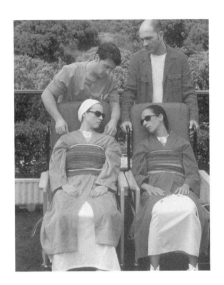

다시 현재 시점의 화면이다.

베니그노와 마르코는 그렇게 사
랑하는 여자들을 통해 병원에서 다
시 만난다. 베니그노는 병실로 찾
아온 마르코에게 알리샤와의 만남
을 들려준다. 알리샤에 대한 회상
화면이다.

오랫동안 아픈 어머니를 정성을 다해 보살펴왔던 베니그노. 어머니의
죽음 이후, 그는 우연히 창 밖으로 보이는 건너편 발레 학원에서 음악에 맞
춰 춤추고 있는 알리샤를 발견했다. 환한 봄 햇살처럼 생기 넘치는 알리샤.
베니그노는 창문 너머로 그녀를 바라보며 사랑을 느꼈다.

창문을 통해 발레 연습을 마치고 집으로 돌아가는 알리샤를 바라보다가
그녀가 지갑을 떨어뜨린 것을 보고 뛰어 내려가 주워 건네주었다. 베니그노
는 그녀를 집으로 데려다주면서 몇 마디 대화를 나누었다. 알리샤는 어머니
가 일찍 사망했다는 것과 발레를 하고 영화와 여행을 즐긴다고 말했다. 집
까지 바래다준 베니그노는 그녀의 집이 정신과 병원과 같이 있으며, 아버지
가 의사임을 알았다.

베니그노는 또다시 집 창가에서 온통 알리샤만 생각하면서 발레 학원

을 바라보지만 알리샤가 보이지 않았다. 걱정과 궁금증 때문에 일부러 알리샤를 만나기 위하여 그녀의 아버지에게 정신과 진료를 받았다. 진료 내용은 자신이 여성이 아니라 남성에게 성적 매력을 느끼는 동성애자라고 둘러댔다. 베니그노는 진료를 받고 난 다음, 병원 옆에 있는 알리샤의 집 대문을 살며시 열고 안을 둘러보았다. 샤워하다 나온 알리샤를 보고 서로 당황해하지만 한편으로 안도하면서 문가에 있는 알리샤의 머리핀을 가지고 집으로 돌아왔다.

비가 오는 어느 날, 알리샤는 교통사고를 당해 식물인간인 코마 상태가 되었다. 남자 간호사인 베니그노는 정신과 의사인 알리샤 아버지의 부탁으로 그런 알리샤를 24시간 여자 간호사와 교대를 하면서 4년 동안 사랑으로 보살피고 있는 것이다. 베니그노는 유능한 간호사로서 명성이 있었으며, 알리샤의 아버지가 그를 고용한 것은 동성애자라고 알고 있기 때문이었다. "그 아버지는 나를 알아보고 잠시 머뭇거렸지만 여자 간호사와 함께 나를 고용했어요. 그게 벌써 4년 전이죠. 그 후로 쉬는 날, 그녀가 좋아했던 발레도 보고 영화도 보고 그 내용을 알리샤에게 이야기를 해주죠. 지난 4

년 간 정말 행복했죠. 알리샤를 돌보면서 그녀가 원했던 걸 하니까요."

"난 리디어를 보면 그 반대야. 만질 수도 옛날 기억도 나지 않아. 간호사들을 도와줄 수도 없어. 내 자신을 경멸해."

"그녀에게 말해봐요."

"그러고 싶지만 듣지도 못할 텐데."

"그걸 어떻게 알죠?"

"뇌사 상태잖아."

"여성의 뇌는 정말 신비로운 걸요. 사랑을 갖고 말을 붙여봐요. 생각도 해주고 애무도 해주고, 살아 있다는 걸 잊어서는 안 돼요. 경험으로 터득한 치료법이죠."

두 남자는 함께 그녀들을 돌보고 서로의 외로움을 이해하면서 친구가 되어간다. 하지만 알리샤가 살아 있다고 느끼며 지극한 사랑을 전하는 베니그노와 달리 마르코는 리디아와 더 이상 교감할 수 없음에 절망한다.

베니그노는 알리샤의 몸을 마사지하면서 방금 본 선정적인 무성영화를 떠올린다. 무성영화를 즐겨본다고 했던 알리샤를 위해 어느 날 밤 베니그노는 〈애인이 줄었어요〉를 보고 그녀에게 영화 이야기를 들려준다. '과학자인 연인이 발명한 약품을 먹고 손가락만한 크기로 줄어든 한 남자가 결국 그녀의 몸 속으로 들어가 평생을 보냈' 는 내용의 이 영화는, 매우 코믹하지만 또 그만큼 슬프고 비극적인 이야기다.

이 흑백 무성영화의 이야기를 통해 베니그노의 심정을 세련되고도 우회적으로 표현하고 있다. 알리샤의 병실에서 일어나는 실제의 사건들을 영화 속 영화 형식으로 재구성하여 그려냄으로써, 관객들로 하여금 베니그노의 행동에 대한 이해와 공감을 함축적으로 표현해내고 있다. 베니그노는 알리샤에게 영화의 이야기를 들려주면서 깊은 관계를 맺는다.

한 달 후…… 알리샤에게 이번 달 생리가 없어 병원에서 원인을 검사 중이다. 그녀는 코마 상태이지만 생리 기능은 정상적으로 작동하고 있었던 것이다.

마르코는 예전에 리디아와 함께 자신의 옛 애인의 결혼식에 참석하고 돌아오며 나눈 대화를 떠올린다.

"사랑을 떠나는 건 정말 고통이야."

"슬프군."

"사랑을 잃는 건 가장 큰 슬픔이야."

리디아의 병실로 마르코가 들어가자 리디아의 옛 애인인 엘니뇨가 와 있다. 엘니뇨는 "리디아가 자신과 재결합하려고 했다"는 사실을 말한다. 그러자 마르코는 리디아 곁을 떠나기로 한다. 떠나는 마르코와 베니그노가 대화를 나눈다.

"떠나기 전에 할 말이 있어요."

"뭔데?"

"나 외로워서 결혼할래요."

"대체 누구랑?"

"물론 알리샤죠."

"미쳤어!"

"부부보다도 더 잘 지내는데 사랑하는 여자와 왜 결혼 못하죠?"

"여자가 코마 상태잖아! 말 한마디 못하는 사람이야. 정상적인 인간이 아니란 말이야. 나무 키우다가 정든다고 결혼해?"

병원에서는 두 달째 생리가 없는 알리샤 때문에 회의를 하고 있다. 담당 의사가 "알리샤는 강간당해 임신을 했습니다. 보호자에게 알리기 전에 짐승 같은 범인을 찾아내겠습니다" 하고 말한다. 베니그노가 유력한 용의자다.

8개월 후…… 요르단에서 마르코가 신문에 난 리디아의 죽음을 알리는 기사를 읽고 병원으로 전화를 걸어 베니그노를 찾지만 "그만 두었다"는 대답을 듣는다. 베니그노와 함께 근무하던 여자 간호사를 통하여 리디아 의 죽음을 확인하면서 베니그노에 관해 묻는다.

"베니그노가 왜 없죠?"

"감옥에 갔어요."

"대체 왜요?"

"알리샤 강간죄로……"

"무슨 소리요?"

"불쌍한 그 사람 좀 도와주세요."

마르코는 베니그노를 면회하러 세고비아 교도소로 찾아간다. 유리를 사 이에 두고 베니그노가 마르코에게 부탁한다.

"알리샤와 아이가 다 살아 있는지 알아봐 줘요. 알리샤를 못 보면 무슨 짓을 할지 몰라요."

"조금만 참게."

베니그노가 살던 집으로 옮긴 마르코는 창가에서 베니그노가 했던 것처럼 발레학원을 물끄러미 쳐다본다. 그런데…… 발레학원의 의자에 앉아 다른 사람이 무용하는 모습을 지켜보고 있는 젊은 여성. 바로 알리샤다. 마르코는 베니그노의 변호사를 만난다.

"사내아이였고 사산했어요."

"알리샤가 깨어난 건 알려야죠."

"이걸 알리면 위험합니다."

"날 믿고 있는데 거짓말은 못해요."

"그럼 내가 얘기하죠. 아직 코마 상태이고 애는 죽었다고요. 하지만 선생은 입을 다물어주세요."

"보석 신청은?"

"힘들어요. 비용도 만만치 않고, 하여간 해보죠."

다시금 베니그노 면회를 간 마르코는 변호사가 베니그노에게 거짓으로 말한 것을 확인하지만 정정해서 말해주지 않는다. 마르코는 베니그노가 살던 집으로 돌아와 휴대폰을 끄고 잠자리에 든다. 아침에 일어난 마르코에게 휴대폰 음성 메시지가 와 있다는 신호음이 울린다(이때 클로즈업으로 비춰주는 휴대폰이 대한민국 제품이다) 메시지를 확인한다. 베니그노의 음성 메시지다.

"오늘 당신에게 작별 인사를 한 거…… 얼마나 기뻤는지 몰라요. 난 여길 나갈 수 없을 거고 기껏해야 다른 감옥이겠죠. 알리샤 없이 살 용기가 없어요. 그래서 탈출하려고요. 당신이 알면 말리려 했겠지만…… 안녕 마르코."

　마르코는 급히 세고비아 교도소로 간다. 교도소장을 만나자 베니그노가 남긴 것이라고 하면서 편지를 전한다.

　마르코에게, 또 비가 내리다니 좋은 징조 같아요. 알리샤가 다친 날도 비가 왔는데, 몇 분 후면 전 탈출해요. 이 정도 약이면 나도 코마 상태에 빠져 그녀와 만날 수 있겠죠. 하나뿐인 친구 당신에게 그녀를 위해 준비한 집을 드릴게요. 내가 어디 묻히든 꼭 찾아주고 모든 걸 다 말해줘요. 잘 있어요. 내 친구여.

　마르코는 교도소에서 베니그노의 소지물품을 찾는다. 그 중에는 예전 베니그노가 알리샤의 집에 들러서 살짝 가져온 알리샤의 머리핀도 있다. 마르코가 베니그노의 사체 앞에서 말한다.

　"베니그노, 나야. 알리샤는 깨어났어. 자네가 살린 거야. 메시지 듣고 그 얘기하러 달려왔는데 늦었더군. 알리샤의 머리핀을 주머니에 넣었어. 알리샤 사진과 어머니 사진도……. 이젠 영원히 함께 할 수 있을 거야."

알리샤와 발레선생님이 함께 보러간 무용공연에 마르코도 저만치 앉아 있다. 중간 휴식 시간에 휴게실로 나온 알리샤 곁을 지나간 마르코가 의자에 앉아 담배를 입에 문다. 알리샤와 몇 마디 말을 건네려 하자 음료수를 사 가지고 온 발레선생님이 제지하면서 알리샤를 공연장 안으로 먼저 들여보낸다.

"알리샤에게 말하는 거 봤어요."

"그냥 인사만 나눴어요. 집 근처에 내가 나타나도 이상해하지 말아요. 학원 바로 건너편에 사니까요."

"베니그노의 집에서?"

"그래요."

"왜 거기서 사는 거죠?"

"그 친군 죽었어요. 너무 복잡하게 생각 마세요."

"단순한 건 없어요. 발레처럼 모든 게 복잡하다고요."

떨어져 관람하고 있는 마르코와 알리샤의 모습이 보인다. 베니그노의 순정을 지켜본 마르코와 그의 사랑으로 새로운 삶을 시작한 알리샤의 새로운 이야기를 기대하게 만드는 장면이다.

맑은 기타 음과 함께 무용 공연이 비춰지면서 영화는 막을 내린다. 영화의 마지막을 장식하는 피나 바우시의 〈마주르카 포고〉는 오프닝의 〈카페 뮐러〉와는 달리 낙관적이고 생명력이 가득한 공연이다. 탱고, 삼바, 브라질 왈츠와 포르투갈의 파두, 재즈 등이 어우러진 다채로운 춤과 음악은 삶의 행복과 환희를 표현하며, 등장인물들의 희망적 미래를 상징한다.

〈그녀에게〉는 뇌사 상태에 빠진 발레리나와 여자 투우사를 돌보는 두 남자의 가슴 아픈 사랑 이야기다. 사랑을 찬양하고 생과 죽음, 고독, 아픔과 희망을 아름답게 그려내면서 대화를 통한 소통과 단절에 대해 그리고 있다. 우리 일상에 너무 깊숙이 자리해 가끔 상식이나 관용, 유약함 등으로 비춰지기도 하는 광기에 대해서도 이야기한다.

멜로드라마의 슬픈 정서에 기쁜 희열을 담고 있으며, 우리에게 익숙한 사랑이 아닌 색다른 형태의 사랑을 제시하고 있는 작품으로 2003년 골든글로브 외국어 영화상과 아카데미 각본상을 수상했다. 또한 《타임》지가 선정한 올해 최고의 영화 Best 1위에 올랐으며, 유럽영화상 작품상, 감독상, 각본상 등 5개 부문 수상과 LA비평가상 감독상을 수상했다.

〈그녀에게〉는 흥미로운 여러 문화적 요소들을 색다른 방법으로 표현했을 뿐만 아니라 아름답고도 가슴 아픈 이야기를 낭만적으로 전달하고 있다. 오프닝과 엔딩 시퀀스는 피나 바우시Pina Bausch(1941~)의 〈카페 뮐러〉와 〈마주르카 포고〉, 두 공연으로 구성되어 있다. 영화로 들어가는 문과 나오는 문이 되어준 이 두 편의 공연은, 영화의 전체적인 분위기를 상징하는 것과 동시에 더 아름답고 낭만적으로 표현해냈다.

피나 바우시는 현대무용계의 거장으로 불리는 독일의 무용가다. 그녀는 이 영화를 위해 직접 〈카페 뮐러〉를 다시 공연했다. 인간의 다양한 감정과 모습을 감각적인 소품을 이용하여 효과적으로 표현해내는 피나 바우시는 독일의 표현주의에 영향을 받은 독특한 극무용 개념인 탄츠테아터 Tanztheatre를 발전시킨 장본인이기도 하다.

영화 속의 작품 〈애인이 줄었어요〉는 〈그녀에게〉를 위해 제작된 7분가량의 흑백 무성영화다. 흑백 무성영화의 형식을 그대로 재연하기 위해 알모도바르 감독은 그 시대 대표적인 작품에 대해 철저한 연구를 했다. 몇 가지의 파격적인 장면을 제외하고는 당시의 영화문법에 충실한 작품을 만들기 위해 노력했으며, 배우들의 연기도 표현주의의 형식을 그대로 답습하되 결코 과장되지 않도록 세심한 주의를 기울였다.

음악은 표현주의 무성영화에 전형적으로 쓰이는 피아노 대신 현악4중주를 사용해 무성영화 특유의 인위적이고 어색한 느낌을 부드럽고 감동적으로 표현했다. 이 밖에도 브라질의 음유시인 카에타노 벨로소가 부르는 〈Cucurrucucu Paloma〉까지 영화 속에 여러 요소들을 적절히 배치하고 있다.

페드로 알모도바르 Pedro Almodovar(1951~)

스페인 감독으로 아름다운 사랑의 걸작을 연출하여 관객들에게 선사하고 있다. 1999
년 〈내 어머니의 모든 것〉으로 칸영화제 감독상을 수상하며 거장으로 평가받은 그는
독특한 색채 감각과 성적인 유머, 기상천외한 아이디어로 '알모도바르 스타일'이라
는 새로운 장르를 만들면서 대중성과 예술성을 적절히 혼합하여 새로운 차원의 미
학을 만들어내고 있다. 카를로스 사우라와 함께 스페인 영화의 쌍두마차다.

하비에르 카마라 Javier Camara(1967~) 베니그노 역으로 스페인 출신이며 감성적이
고 따뜻한 가슴을 지닌 남자의 이미지를 세련되게 표현하고 있다. 2002년 유럽영
화상 남우주연상을 수상하였다.

다리오 그란디네티 Dario Grandinetti(1959~) 마르코 역으로 아르헨티나 출신이며 뛰
어난 성격 연기를 펼치고 있다.

레오노르 발팅 Leonor Watling(1975~) 알리샤 역을 맡아 꾸밈없는 순수한 아름다움
으로 깊은 인상을 남기고 있다.

로사리오 플로레스 Rosario Flores(1963~) 리디아 역으로 스페인의 유명한 플라맹고
무용가인 로라 플로레스의 딸이다. 현재 배우 겸 가수로 활동하고 있다.

제럴딘 채플린 Geraldine Chaplin(1944~) 알리샤를 가르치는 발레 학원의 원장이면서
그녀를 친딸같이 보살피는 카테리나 역으로 전설적인 영화배우 찰리 채플린의 딸
이 연기한다. 〈닥터 지바고〉에서 지적인 연기를 선보였던 제럴딘 채플린은 〈그녀
에게〉를 통해 매력적인 무용가로 변신했다.

사랑의 대서사시

러브 오브 시베리아 | The Barber Of Siberia | 1998 | 러시아

사랑은 감정만이 전부가 아니며 사랑에 수반된 의무를 고려해야 한다.
사랑은 순수한 감정과 아울러 상대방을 배려하고
사회적 책임을 수행하겠다는 의무가 자연스럽게 따라와야 한다.
의무는 상대에 대한 배려이며 사랑을 더욱 가속화시키고 지속시키는 주요한 요인이다.

감독   니키타 미할코프

출연   올렉 멘쉬코프 ＿ 안드레이
      줄리아 오몬드 ＿ 제인
      리차드 해리스 ＿ 멕클라켄

영화가 시작되면서 1905년 미국 매사츄세츠에서 한 여인이 미국 사관학교에 입학한 아들에게 편지를 쓰고 있다.

사랑하는 앤드류, 너도 이제 네 인생에서 새 무대의 막을 열었구나. 네가 선택한 길은 의무와 책임의 시험장이 될 거야. 끝까지 읽어보렴. 너도 이제 다 컸으니 엄마가 오랫동안 간직해 왔던 비밀을 털어놓고 싶구나. 이 얘기는 네가 태어나기 전의 일이야. 엄마는 고향인 시카고를 떠나 러시아로 가고 있었어. 모스크바 행 기차를 탄 건 중요한 일 때문이었지……

화면은 20년 전인 1885년으로 거슬러 올라가 이야기가 전개된다.

모스크바 행 기차. 러시아 황실 사관생도 안드레이 톨스토이(올렉 멘쉬코프 분)와 미국 여인 제인 칼라한(줄리아 오몬드 분)은 기차 안에서 장난스럽게 첫 대면을 한다.

안드레이와 몇 명의 동료 생도는 교관의 눈을 피해 비좁고 더러운 3등 칸을 ~~피해~~ 1등 칸으로 몰래 숨어든다. 뜻밖에도 안에 타고 있는 사람은 아름다운 옷을 입고 화사한 모습으로 혼자 앉아 있는 제인이다. 친구들의 장난으로 안드레이는 제인 곁에 혼자 남겨진다.

제인은 모차르트의 오페라를 거침없이 부르는 순수한 모습의 안드레이를 보곤 가슴이 설레고, 안드레이 역시 매혹적인 제인에게 이끌리며 샴페인을 마신다. 잠시 후 안드레이는 교관에게 발각되어 제인과 헤어진다.

사실 제인은 발명가 더글라스 맥클라켄(리차드 해리스 분)이 벌목 기계인

'시베리아의 이발사'를 러시아 정부에 납품하기 위하여 고용한 로비스트
다. 그녀는 마중 나온 맥클라켄과 함께 그의 딸로 위장하고 황제 알렉산드
르 3세(니키타 미할코프 분)의 오른팔인 황실사관학교 교장인 레들로프 장군
(알렉세이 페트렌코 분)을 유혹하기 위하여 학교로 찾아간다.

　마침 그곳에서 벌어지는 댄스 파티. 제인은 그곳에서 안드레이를 다시
만나 서로의 눈빛에서 사랑을 확인하나 안드레이의 학교 동료인 폴리브스
키(마라 바샤로프 분)와 파트너가 되어 춤을 춘다.

　댄스 파티가 끝난 후, 폴리브스키는 기숙사로 돌아와 제인을 두고 안드
레이를 놀린다. 화가 난 안드레이는 심야에 폴리브스키와 펜싱 칼로 체육
관에서 대결을 벌인다. 안드레이가 칼에 찔려 피를 흘린 사실을 안 중대장
모킨 대위(블라디미르 아일린 분)는 안전사고라고 하면서 사건을 무마하지만
안드레이는 병원에 누워 "자퇴하겠다"고 고집한다.

　결투를 벌인 동료 폴리브스키는 제인을 찾아가서 "자퇴하겠다는 안드

레이의 고집을 꺾어 달라"고 부탁한다. 제인이 정성스럽게 마련한 음식을 가지고 병원을 찾아가서 안드레이의 볼에 키스하며 설득하자 그는 기분이 좋아져서 자퇴 결심을 거두어들인다.

한편 제인은 사업상 레들로프 장군을 유혹하는 제스처를 쓰면서 계속 만난다. 이에 레들로프는 제인에게 넋을 잃고 점점 빠져든다.

사관학교 졸업식을 앞두고 수업을 마치는 것을 기념하는 종업식 날이다. 생도들은 황제 참석 하에 식을 끝내고 모자를 던지며 환호한다. 이 장면에서 배우 출신인 니키타 미할코프 감독이 직접 황제인 알렉산드르 3세를 연기했는데 백마를 타고 도열한 병사들을 가로지르는 위풍당당한 모습을 보여주고 있다.

이날 식을 마치고 나오는 안드레이를 교장 레들로프가 자신의 마차에 태운다. 레들로프는 제인의 집으로 사랑을 고백하기 위해 가는 길이다. 영어 실력이 짧은 레들로프는 자신의 감정을 통역시키기 위하여 안드레이를 태운 것이다.

레들로프가 안드레이에게 청혼의 연서를 건네고, 피아노 건반을 두드린다. 어쩔 수 없이 그 연서를 읽던 안드레이가 돌연히 자신의 사랑 고백으로 대체해 나가 버린다. 교장 레들로프는 분노하고……

안드레이는 걱정과 함께 실의에 빠져 집으로 돌아와 책상 속의 권총을 꺼내 집어들지만 집에 미리 와 기다리고 있던 제인과 사랑을 나눈다.

안드레이는 사관학교 졸업 기념 오페라 〈피가로의 결혼〉 발표회에서 주역으로 출연한다. 알렉산드르 3세 황제가 황실 가족과 함께 2층에서 관람

하고, 1층에는 레들로프 교장과 제인이 옆에 앉아 관람하고 있다.

오페라의 제1막이 환호 속에 끝난 후, 휴식시간에 제인은 레들로프에게 "지난번 안드레이의 사랑고백은 철부지 없는 아이의 짓"이라고 한다. 이는 사업상 필요에 의한 것과 안드레이가 불이익을 받지 않도록 하기 위해 거짓말을 한 것이다.

이를 몰래 목격한 안드레이는 실연당했다는 생각에 제2막이 시작되기 전 거리로 뛰쳐나간다. 중대장과 동료 생도들이 허겁지겁 찾아 나선다. 황제가 계속 관람하고 있는 가운데 제2막은 시작되고, 안드레이는 비를 맞아 축축한 모습으로 가까스로 자신이 맡은 배역의 무대에 서는 순간에 뛰어들어온다. 그는 제인 옆에 앉아 있는 레들로프를 보고, 이성을 잃고 바이올린 활로 레들로프를 폭행하고 만다.

안드레이는 그동안 쌓아온 명예와 자신의 인생을 내던지며 파멸로 치닫는다. 황태자 암살 미수라는 엄청난 누명이 씌워져 머리의 반을 빡빡 민 죄수가 되어 감옥에 갇히는 안드레이. 제인은 면회를 가지만 가족이 아니라는 이유로 거절당한다.

재판은 비공개로 신속하게 진행되어 안드레이는 유죄를 인정했고, 끝내 진실을 감춰버린다. 안드레이는 7년 중노동과 그 후 5년간 시베리아 유배로 형이 확정된다.

제인이 모스크바에 온 댓가는 너무나 컸다. 안드레이의 파멸은 제인에게 씻지 못할 죄책감과 상처를 남긴다. 이때의 심정을 제인은 아들 앤드류에게 보내는 편지에서 이렇게 적고 있다.

사람이 살다보면 마음 속 법이 법전보다 소중할 때가 있다. 우리는 때때로 삶에 분노를 느끼지만 사실은 자신에게 분노를 느끼는 것이다. 행복감에 젖어들면 그게 영원하리라 믿는다. 하지만 행복이란 얼마나 변덕스러운가 말이다! 인생의 주인처럼 행세하는 우린 얼마나 어리석은가! 인간은 채워지길 기다리는 그릇이다. 그걸 깨닫지 못한 채 망상 속에 세월을 보내는 게 아닐까?

안드레이가 다른 지방으로 이감하는 날 기차역. 사관생도들의 아름다운 우정과 중대장이 보여주는 사랑이 가슴을 찡하게 만든다.

이감 호송 열차를 타기 위하여 다른 죄수들에 섞여 뛰어가는 안드레이를 먼발치에서 두리번거리며 안타깝게 찾는 제인. 기차에 탄 안드레이를 떠나보내면서 중대장 모킨 대위와 동료 생도들이 노래를 부르며 부둥켜안

고 눈물을 흘리고…… 열차 안에서 노래를 따라 부르는 안드레이.

제인은 그를 따라가서 만나려 하지만 러시아 여행을 금지 당하고 인생도 바뀐다. 맥클라켄과 결혼하여 미국으로 다시 건너와서 계속 수소문했지만 러시아로 보낸 편지는 회답이 없다. 제인이 맥클라켄과 결혼한 것은 안드레이가 있는 시베리아로 가기 위해서다.

맥클라켄은 러시아 정부로부터 자신이 발명한 벌목 기계인 '시베리아의 이발사'의 제작비를 지원받는다. 벌목 기계 완성은 7년 걸렸고 시베리아 벌목 실험 허가를 따는 데 3년이 걸린다. 그녀는 10년 간 안드레이를 그리며 하루하루를 속죄하듯 살아왔다.

10년이 지난 1895년 시베리아 삼림지대. 벌목 기계인 '시베리아 이발사'가 굉음을 내며 숲을 밀기 시작한다. 벌목 사업차 시베리아에 온 제인은 안드레이의 거주지를 알게 된다. 그가 추방된 곳은 형기를 마친 죄수들의 집단캠프다. 그녀가 안드레이를 꼭 만나야 할 다른 이유도 있었다. 그녀 혼자 지켜온 비밀…….

제인은 혼자 마차를 달려 안드레이 집을 찾아간다. 문패에서 안드레이의 이름을 확인한 제인. 그러나 아무런 인기척이 없다. 20분간 집안을 둘러보며 벽에 걸린 사진을 보고 안드레이가 가정을 꾸린 것을 확인한 그녀는 마차를 돌려 거대한 시베리아를 내달린다. 안드레이를 만나지도 못하고 찾아간 이유를 밝히지도 못한 채…… 어디로 가고, 왜 가는지도 모른 채…… 그 순간을 위해 손꼽았던 10년.

마차를 몰고 달리는 제인을 먼 산에서 바라보며 담배 연기를 허공에 내뿜는 안드레이. 가슴을 시리게 할 만큼 오랜 여운을 남기게 하는 장면이다.

그녀는 시베리아를 떠났고 맥클라켄과도 헤어진다.

과거의 회상 장면에서 벗어나 다시 현재 시점이다.

제인, 그녀가 20년 간 간직했던 비밀을 이제 미국 사관학교에 입학한 아들에게 편지로 털어놓고 있다. 아들 앤드류를 면회 온 제인. 그녀는 앤드류의 훈련교관에게 러시아 사관학교 생도였던 앤드류 아버지 안드레이의 사진을 보여주는 장면이 비치면서 영화는 끝난다.

〈러브 오브 시베리아〉는 1900년 전후의 제정 러시아 시대를 배경으로 러시아 사관생도와 미국 여인의 기나긴 사랑의 여정을 웅장한 화폭에 담아낸 대서사시다. 시베리아의 설원에 감춰진 20년의 운명을 압도한 거대한 사랑을 다루고 있으며, 원제목은 '바브 오브 시베리아' 다. '시베리아의 이발사' 란 뜻으로 시베리아 삼림 지대에서 나무를 자르는 벌목 기계를 지칭

한다.

1999년 칸영화제 오프닝 작품으로 상영된 이 영화는 놀라운 스케일과 휴먼 드라마적인 요소가 접목되어 대단한 힘과 감정이 느껴지는 작품이다. 눈부신 설원과 광활한 침엽수림의 아름다운 화면과 웅장한 음악, 유머, 비극적 러브스토리가 가미되어 벅찬 감동을 전해준다. 오케스트라, 군악대, 취주악단 등 다양한 장르의 음악이 선보이며 특히 모차르트와 쇼팽의 섬세하고 힘 있는 클래식을 영화의 정서로 재해석하여 녹여낸 선율들이 영상과 하모니를 이룬다.

러시아, 프랑스, 체코, 이탈리아가 공동으로 투자했으나 영화 내용은 러시아 민족주의 색채가 짙다. 19세기 제정 러시아의 귀족 문화를 완벽하게 재현해 내고 있으며, 12만 평방미터의 광대한 호수 얼음판 위에서 2000명의 엑스트라들이 웃통을 벗고 축제를 만끽하는 장면은 러시아의 놀이 문화를 엿볼 수 있는 장면이다. 처음으로 크렘린궁이 영화 촬영 장소로 제공되었으며, 이곳에서 특별시사회가 열렸다.

사랑은 시대와 공간을 초월하는 테마다. 사랑은 사랑하는 당사자 간의 문제다. 하지만 두 사람이 간절히 사랑하면서도 그 사랑이 영원히 지속되지 못하고 헤어지거나 방해받는 경우가 많다. 운명과 상황에 의해 서로에 대한 사랑을 포기할 수밖에 없는 안타까운 러브스토리를 흔히 볼 수 있다. 현실에서의 행복한 사랑을 꿈꿀수록 비현실적인 공간에서는 슬픈 사랑이 더 아름답고 더 오랜 여운을 주는 이유는 무엇일까?

니키타 미할코프 Nikita Mikhalkov(1945~)

러시아 출신 감독으로 스탈린 숙청의 잔혹함을 특유의 리듬감으로 읽어낸 〈위선의 태양〉으로 1995년 아카데미 외국어영화상을 수상한 거장이다. 이 영화에서 황제 알렉산드르 3세를 연기하고 있다.

올렉 멘쉬코프 Oleg Menshikov(1960~) 안드레이 역의 러시아 배우로 이 영화감독인 니키타 미할코프가 연출한 〈위선의 태양〉 등에 출연하였다.

줄리아 오몬드 Julia Ormond(1965~) 제인 역의 영국 출신 배우로 〈카멜롯의 전설〉, 〈사브리나〉, 〈가을의 전설〉 등에 출연한 A급 여배우다.

리차드 해리스 Richard Harris(1930~2002) 멕클라켄 역의 맡은 아일랜드 출신 배우였다. 〈해리포터와 비밀의 방〉, 〈해리포터와 마법사의 돌〉, 〈글래디에이터〉, 〈용서받지 못한 자〉 등에 출연하였다.

삶의 상처의 치유

이보다 더 좋을 순 없다 ㅣ As Good As It Gets ㅣ 1997 ㅣ 미국

 상대방의 입장에서 생각해 보고, 상처를 주지 않고
용기를 북돋우고 칭찬과 격려하는 대화, 받으려 하기에 앞서 먼저 베푼다면
모두가 다 같이 웃는 '이보다 더 좋을 수 없는 사회'로 가꾸어질 것이 아닐까?

감독 **제임스 L. 브룩스**

출연 **잭 니콜슨**_멜빈 우달
　　헬렌 헌트_캐롤 코넬리
　　그렉 키니어_사이먼 비숍
　　쿠바 쿠딩 주니어_프랭크 색스

강박증 증세가 있는 멜빈 유달(잭 니콜슨 분)은 중년의 로맨스 소설 작가로 독신이다. 그는 연애소설을 무려 62권이나 출간하여 경제적으로는 안정을 누리고 있다. 그러나 그의 생활은 이리저리 좌충우돌하고 있다.

캐롤 코넬리(헬렌 헌트 분)는 멜빈이 매일 다니는 식당의 웨이트리스다. 그녀는 남편과 사별하고 친정어머니와 같이 생활하고 있으며 아들이 천식으로 호흡 곤란을 느끼는 병을 앓고 있다. 사이먼(그렉 키니어 분)은 멜빈의 옆집에 사는 동성연애자인 게이 화가다. 그는 강아지 버델을 키우고 있다. 프랭키(쿠바 구딩 주니어 분)는 사이먼의 그림을 팔아주는 딜러이며 동성연애의 상대자다. 흑인인 그는 다혈질이다.

멜빈이 혼자 식당에 식사하러 간다. 자신이 매일 앉는 자리에 젊은 연인들이 식사를 마치고 대화를 나누고 있자, "주둥이가 한가하면 발톱 때나 긁어내!"라는 독설을 내뱉어서 나가게 만들고 그 자리에 앉는다. 그는 식당에 가서도 항상 앉는 자리에 앉으며 주문하는 메뉴도 똑같다. 그는 자신이 사용할 포크와 나이프를 가지고 다닌다. 이러한 까다로운 성격 탓에 모두들 그를 꺼려하지만 식당의 웨이트리스 캐롤만은 인내심을 가지고 친절히 대해준다. 그래서 그런지 멜빈은 캐롤의 시중만 받으려고 한다.

하루는 화실을 겸하고 있는 사이먼의 집에 모델을 가장한 강도가 들어와 사이먼이 중상을 입는다. 사이먼이 병원에 입원하자 사이먼의 매니저 역할을 하는 프랭키가 옆집에 사는 멜빈을 윽박질러 강아지 버델을 맡긴다. 며칠 전에 쓰레기통에 집어넣기까지 했던 버델을 이제 엉겁결에 돌보게 된 멜빈은 어쩔 수 없이 버델을 데리고 식당에 간다. 식당에서 버델이 먹을 베이컨까지 챙긴다. 점점 버델에게 애정을 느끼며 마음의 문을 여는 멜빈은 강아지 버델에게 피아노도 쳐주고 책도 읽어준다. 정을 준만큼 정을 받을 수 있는 강아지 버델에게 애정을 느끼면서 꽁꽁 닫아둔 마음을 열어둘 준비를 한다.

사이먼이 퇴원해 버델을 데려가자 침울해하는 멜빈은 피아노를 치며 "개 한 마리 때문에 가슴이 미어지다니……"하며 독백한다. 그는 다시 강박증이 와서 2년 전에 다니던 정신과 의사를 찾아가 보지만 예약이 되지 않아 진찰을 받지도 못한다.

식당에 가니 캐롤이 보이지 않고 다른 사람이 시중을 들자 캐롤을 불러오라고 소리친다. 식당 매니저가 나가라고 하자 쫓겨나다시피 출입문을 향해 나가는 멜빈을 보고 평소 괴팍한 그의 행동을 보아온 식당의 손님들이 박수를 친다. 멜빈은 캐롤의 집을 찾아가서 그녀가 어린 아들의 병 때문에 출근하지 못한 것을 알게 된다.

며칠 뒤 캐롤이 퇴근해 집에 와보니 의사와 간호사가 아들을 진찰하고 있다. 캐롤이 어리둥절해 하면서 치료비에 관해 묻자 "멜빈이 부담했으니 걱정하지 말아요. 치료를 받으면 나을 수 있어요"하고 대답한다. 케롤은 같이 살고 있는 친정어머니에게 "멜빈의 선심에 속셈이 있는 것 같아요"라고 말하자, 친정어머니는 "호의를 무시하지 않는 게 좋아"라고 충고한다.

한편 강도에게 상해를 당하여 치료비를 대느라 돈이 다 떨어진 사이먼은 설상가상으로 그림조차 팔리지 않는다. 친구들에게 도움을 청해보지만 소용이 없자 파출부까지 내보낸다. 파출부는 옆집의 멜빈을 찾아와 "아직

도 몸이 불편한 사이먼을 돌봐주세요" 하면서 열쇠를 준다. 사이먼의 집을 찾은 멜빈에게 강아지 버델이 다가와 안긴다.

비 오는 날, 캐롤은 감사의 뜻을 전하기 위해 멜빈의 집을 찾아온다.

"왜 호의를 베푸는 거죠?"

"식당에 계속 나왔으면 해요."

"지금 분명히 해둬야겠어요. 전 당신과 안 자요. 절대 같이 안 자요. 어림 없어요."

"그런 선언은 환한 대낮에 찾아와서 해요."

"아무튼 고마워요."

캐롤은 감사의 말을 전한 후 자신의 집으로 돌아간다.

멜빈은 아침에 침대에서 일어나면서 어제 캐롤이 말한 "절대로 같이 안 자요"를 혼자 중얼거린다. 그는 수프를 가지고 옆집 사이먼을 찾아가 캐롤에 대한 애정 때문에 한숨도 자지 못한 사실을 털어놓고 점점 마음의 벽을 허물어 나간다.

캐롤은 집에서 사전을 찾아가며 멜빈에게 전달할 감사편지를 쓰고 있다.

멜빈은 캐롤이 근무하는 식당에서 사이먼의 매니저 격인 프랭키를 만난다. 프랭키는 "강아지 버델이 상태가 좋지 않으니 키워주었으면 좋겠어요"하고 말한다. 이때 캐롤이 멜빈에게 다가와 감사편지를 전하자 괜찮다고 하면서 읽지 않고 편지를 돌려준다. 프랭키가 또 멜빈에게 "내 컨버터블 승용차를 빌려줄 테니 부모에게 도움을 청하러 가는 사이먼을 데리고 가 주셨으면 좋겠어요"하고 부탁하지만 거절한다.

프랭키가 먼저 자리를 뜨자 대화 내용을 들은 캐롤이 "나라면 좋은 차에 시간이 있으면 가겠어요"라고 말하면서 자신이 전달하려던 감사편지의 주요 부분을 읽어준다. 멜빈은 캐롤에게 "같이 여행을 갈까요?"하고 제의한다. 신경을 써가며 여행 짐을 챙기는 멜빈과 캐롤.

사이먼의 부모가 있는 볼티모어로 가기 위하여 모인 세 사람. 멜빈이 "이쪽은 웨이트리스 캐롤, 이쪽은 게이 사이먼"하고 독설이 섞인 소개를 하자 두 사람은 기분이 상한다. 사이먼이 운전석 옆에 앉고 멜빈과 캐롤이 번갈아 가면서 오픈카인 컨버터블을 운전한다. 운전석 옆에는 '기분이 좋을 때' '상황이 급할 때' 등을 적어 놓은 CD가 놓여 있다. 음악을 틀면서 기분 좋게 여행하지만 멜빈은 캐롤이 옆에 앉지 않아 서운한 기색이다.

캐롤이 운전할 때 옆에 앉은 사이먼이 "나는 그림 그리기를 좋아해 어머니가 누드화의 모델이 되어 주었어요. 내가 게이라는 것을 아버지가 알고 불화가 생겨 대학 입학을 하고 헤어진 이후 지금 처음으로 돈 때문에 집에 가는 거예요"하고 다정하게 이야기한다.

세 사람은 가다가 중간에 숙박을 위해 호텔에 들어간다. 캐롤은 그녀의 아들과 전화 통화를 한다. 아들로부터 "신나게 축구를 하고 있어요"라는 말을 듣자 그녀는 하늘을 날 것 같은 기분이다. 캐롤은 아들의 치료를 도와준 멜빈에게 감사의 정을 느껴 "데이트하자"고 제의해 함께 밖으로 나간다.

고급 식당에 가면서 정장을 사 입은 멜빈은 마음과 달리 캐롤의 옷에 대하여 핀잔을 준다. 그러자 캐롤이 화를 내며 말한다.

"칭찬 한마디만 해봐요."

"당신은 나를 더 좋은 남자가 되고 싶게 해요. You make me want to be a better man."

"제 생애 최고의 칭찬이에요. 대담하게 로맨틱해본 적 있어요?"

"전혀!"

"저랑 이러면요?"(멜빈을 끌어당겨 키스한다)

"그 정도 칭찬에?"

"해 주고 싶었어요. 당신의 약점들이 이젠 장점으로 보여요. 왜 여기 데려 왔죠."

"왜냐면…… 대답하기 곤란해."

"떨려도 얘기해 봐요. 원하면 같이 잘게요."

"당신을 호텔에 두면 혹시 사이먼과 잘까봐……."

"네? 그 말 잊지 않겠어요."

"실수였어요."

화가 난 캐롤은 호텔로 혼자 돌아와 버린다. 사이먼은 호텔에서 계속 부모와 통화를 시도해 보지만 전화를 받지 않아 메시지를 남긴다. 낙담한 사이먼은 자신의 방으로 들어온 캐롤에게 "나는 지금 자살 충돌을 느낄 정도예요"라고 말한다.

사이먼이 침대에 혼자 누워 잠을 자려고 하고, 조금 떨어진 곳에 오픈이 되어 있는 욕실에서 캐롤이 웃옷을 벗고 샤워를 하려고 한다. 이 모습을 물끄러미 바라보던 사이먼이 갑자기 그림을 그리고 싶은 충동에 사로잡힌다. 캐롤을 모델로 사이먼은 많은 그림을 그린다. 이 시간 멜빈은 혼자 술집에 앉아 마음과 달리 캐롤에게 엉뚱한 말을 내뱉은 것을 후회하고 있다.

캐롤의 누드화를 그린 다음에 새로운 삶의 의욕을 되찾은 사이먼. 아침이 되자 멜빈이 찾아와 "어젯밤 캐롤과 무슨 일이 있었어?"하고 다그치지만 멜빈도 사이먼이 게이라는 사실을 알고 있기 때문에 서로가 그 질문을 심각하게 받아들이지 않는다.

사이먼은 우여곡절 끝에 어머니와 통화가 된다. 그의 어머니는 "아버지가 아직도 화가 안 풀려 일부러 전화를 받지 않았다"고 말한다.

사이먼이 어머니와 통화한 다음 멜빈과 캐롤에게 "돈을 얻으러 부모에게 가지 않고 혼자 해결하겠어요. 이제는 우울증도 없어지고 자신감도 생겼어요. 다시 뉴욕으로 가요"하고 말한다.

멜빈의 독설로 마음이 상한 캐롤이 돌아오는 차 안에서 일부러 사이먼과 다정한척 하자 멜빈은 운전을 하면서 '상황이 절박할 때' 라고 적혀 있는 CD를 튼다. 멜빈과 사이먼이 사는 뉴욕의 아파트 앞에 도착한 세 사람. 멜빈이 캐롤에게 "집에 데려다 주겠다"고 말하지만 캐롤은 혼자 버스를 타고 가버린다.

돈이 없어 세가 밀린 사이먼의 집에 이미 다른 사람이 입주해 있다. 기거할 곳도 없는 사이먼에게 멜빈이 "내 집에 같이 있자"고 말한다. 집으로 들어가자 그 동안 수의사에게 맡겨 놓은 강아지 버델이 반긴다.

캐롤이 멜빈의 집으로 전화를 걸어오지만 자신의 솔직한 감정 표현을 하지 못하고 마는 멜빈. 사이먼은 "지금 당장 캐롤에게 달려가서 사랑을 고백하세요" 하고 충고한다.

멜빈은 캐롤의 집으로 향한다. 새벽 4시다. 멜빈은 캐롤에게 "빵집이 곧 문을 열어요. 따뜻한 빵 좋아하잖아요"라고 말하며 같이 산책을 나간다.

새벽에 산책을 나온 두 사람. 멜빈은 캐롤과 같이 다정하게 손을 잡고 걷다가 보도블록의 금을 밟지 않으려고 손을 놓고 따로 떨어져 걷는다. 캐롤이 "아무래도 당신과는 안 되겠어요"라고 하자 당황한 멜빈이 진심 어린 표정으로 말한다.

"내가 당신이 최고로 멋진 여자란 걸 알고 있는 유일한 남자요. 아무리 사소한 경우에서조차 당신이 얼마나 놀라운지 느꼈어요. 아들에 대한 극진한 모정도 잘 알아요. 당신의 모든 생각과 말들에는 깊은 뜻이 담겨 있어요. 항상 솔직하고 감동적인 것이었소. 남들은 그걸 인식하지 못해요. 당신이 음식을 나르거나 식탁을 치울 때면 언제나 흐뭇했어요. 안아 봐도 돼요? 안아 줄게요."

뜨겁게 키스를 나눈 두 사람은 빵집에 불이 켜지자 함께 들어가면서 영화는 끝난다.

〈이보다 더 좋을 순 없다〉는 '스크루볼 코미디'이다. 스크루볼Screwball이란 말뜻 그대로 비비꼬여 대화 상대의 폐부를 쿡 찌르며 톡톡 쏘는 대사와 엎치락뒤치락하는 해프닝이 뼈대를 이루는 영화다.

괴팍한 성격을 가진 작가의 생활을 중심으로 인간관계의 변화 과정을 그리고 있으며, 삶의 상처는 사랑에 의해 치유될 수 있다는 것을 보여준다. 서로 다른 개성과 환경에 놓여 있는 사람들이 서로를 이해하고, 사랑하며, 우정을 나누는 과정에서 상큼한 감동과 웃음이 배어 나온다. 상처받은 사람들이 살아가는 모습과 그것을 이겨내는 과정을 따뜻한 시선으로 그리고 있다.

음악은 한스 짐머Hans Zimmer(1958~)가 맡았는데, 영화가 진행되는 동안 인간관계의 상황에 따라 적절한 음악을 선곡해 놓고 있다. 그는 〈라이온 킹〉으로 1995년 아카데미 주제가상을 수상한 유명한 영화 음악가이다.

〈이보다 더 좋을 순 없다〉는 1998년 골든 글로브 코미디 뮤지컬 부문 작품상과 남우주연상, 여우주연상을 수상하였으며 아카데미 남우주연상, 여우주연상을 수상하였다.

제임스 L. 브룩스 James L. Brooks(1940~)

제작과 각본을 겸하는 TV 프로듀서 출신이다. 〈애정의 조건〉으로 1984년 아카데미 작품상, 감독상, 각색상을 수상하였다. 그는 TV시리즈물과 영화의 제작으로 명성이 높았다. 1970년대 인기 시리즈 〈매리 타일러 무어 쇼〉나 1980년대 〈트레이시 울먼 쇼〉, 〈심슨 가족〉 같은 작품이 있다. 잭 니콜슨과 헬렌 헌트의 코믹 연기와 인간성을 밀도있게 이끌어내는 연출력이 돋보였다.

잭 니콜슨 Jack Nicholson(1937~) 강박증 환자인 멜빈 역을 맡아 1998년 골든 글로브 남우주연상과 아카데미 남우주연상을 수상하였다. 〈어바웃 슈미트〉로 2003년 골든 글로브 남우주연상, 〈애정의 조건〉으로 1984년 아카데미 남우조연상, 〈뻐꾸기 둥지 위로 날아간 새〉로 1976년 아카데미 남우주연상을 수상한 최고의 연기파 배우다.

헬렌 헌트 Helen Hunt(1963~) 1998년 〈이 보다 더 좋을 순 없다〉에서 잭 니콜슨과 안정적인 연기 호흡을 맞추며 삶의 아이러니를 실감나게 표현해 아카데미 여우주연상을 수상했다.

그렉 키니어 Greg Kinnear(1963~) 〈이 보다 더 좋을 순 없다〉에서 잭 니콜슨의 불행한 이웃 사이먼으로 감동적인 연기를 펼침으로써 할리우드에서 존경 받는 배우로서의 자신의 위치를 확고하게 했다.

운명적인 사랑

잉글리쉬 페이션트 | The English Patien | 1996 | 미국

 전쟁이라는 극한적 상황 속에서 개인의 삶과 사랑이 파괴되지만
휴머니즘을 통해 오히려 봉사와 화해, 용서를 아는 인간들을 표현하고 있다.
불륜의 사랑이지만 정신적 교감을 강조함으로써
그 사랑이 결코 가벼운 것이 아님을 느끼게 하고 내면적인 인간의 감수성을 자극한다.

감독 **안소니 밍겔라**

출연 **랄프 파인즈**_ 알마시
크리스틴 스콧 토머스_ 캐서린
줄리엣 비노쉬_ 해나

헝가리 민요가 구슬프게 흐르는 가운데 붓으로 바위에 그림을 새기는 장면이 비춰지면서 영화가 시작된다.

제2차 세계대전이 종전될 무렵인 1944년 10월, 부드러운 곡선으로 이어진 사막 위를 경비행기 한 대가 날고 있다. 남자가 조종을 하고 옆에는 한 여자가 죽어 있는 듯이 눈을 감고 목을 옆으로 기울인 채 앉아 있다.

지상에서 기관총 사격이 퍼부어지고 비행기는 날다가 추락한다. 추락한 사막에서 화상으로 얼굴과 전신이 일그러진 생존자가 호송된다. 국적도 이름도 기억하지 못하는 그를 추락한 영국산 비행기 때문에 영국인 환자라는 뜻인 '잉글리쉬 페이션트'라 부른다.

'잉글리쉬 페이션트'를 담당한 캐나다군 소속 간호병 해나(줄리엣 비노쉬 분)는 이탈리아 북부의 한 수도원으로 그를 데려와 하루하루의 삶을 몰핀에 의지하면서 죽음을 기다리고 있는 그를 돌본다. 사랑하는 사람을 전쟁으로 잃고 자신을 저주받은 영혼으로 생각하는 해나는 '잉글리쉬 페이션트'에게 연민을 느낀다.

어느 날 수도원으로 양손에 붕대와 장갑을 낀 낯선 인물 카라바지오(윌렘 데포 분)가 찾아와 머문다. 그는 암호명 '무스'의 영국군 스파이며 '잉글리쉬 페이션트'의 정체를 알고 이곳에 온 인물이다. 카라바지오는 해나에게 "나의 손가락을 잘리게 한 장본인이 잉글리쉬 페이션트이며 그는 일부러 기억을 잊어버렸다고 하는 것이다"라고 말한다.

'잉글리쉬 페이션트'는 헝가리 백작이며 사막 탐험가인 알마시(랄프 파인즈 분)다. 해나가 옆에서 책을 읽어주자 알마시는 회상에 젖는다. 영화는

플래쉬 기법으로 현재와 과거를 회상하는 장면이 서로 교차한다.

제2차 세계대전이 발발하기 직전에 국제사막클럽 회원인 알마시는 일행과 함께 사막을 탐험하며 사막 지도를 그리고 있었다. 그곳에 초면의 클럽 회원 영국 귀족인 제프리 클리프튼(콜린 퍼스 분)과 캐서린 클리프튼(크리스틴 스콧 토마스 분)부부가 경비행기를 몰고 나타나 합류했다.

알마시는 캐서린을 처음 본 순간 사랑을 느꼈다. 지적이고 아름다운 캐서린도 알마시의 매력에 애써 태연한 척했다. 알마시는 대사관저에서 열린 파티에서 남편 제프리와 함께 참석한 캐서린과 춤을 추었다.

캐서린의 남편 제프리는 혼자 일주일 예정으로 출장을 떠났고 캐서린은 알마시 일행과 사막 탐험의 여정을 함께 다녔다. 갑자기 불어오는 사막의 모래폭풍으로 차 속에 갇혀 정겨운 대화를 나눈 알마시와 캐서린은 캠프로 돌아와 사랑을 나누었다.

크리스마스 파티에 참석 중인 캐서린에게 알마시가 찾아와 그녀에 대한 그리움을 말했다.

남편 제프리가 출장에서 돌아와 첫 결혼 기념 선물을 사러 나갔다가 아내 캐서린이 알마시의 숙소로 들어가는 것을 목격했다.

캐서린은 옷을 벗은 채 헝가리 민요가 흘러나오는 알마시의 침대에 함께 누워 사랑을 나눴다. 제프리는 밖의 차 속에서 일그러진 심정으로 아내 캐서린의 행적을 상상하고 있었다.

영화관에서 다시 만난 캐서린이 알마시에게 남편 제프리를 의식하면서 관계를 끝내자고 말하지만 그럴 수 없다는 대답을 들었다.

제2차 세계대전이 발발하자 알마시는 사막에서 철수 준비를 하고 있었다. 이때 제프리가 경비행기를 몰고 와서 알마시에게 돌진하다 추락했다. 제프리는 목숨을 잃고 같이 탄 아내 캐서린은 심한 부상을 입었다. 사고가 난 직후 캐서린이 알마시에게 자초지종을 말했다.

"제프리는 오래 전부터 두 사람 관계를 알고 있었어요. 날 너무나 사랑한다고 외치면서 돌진했어요"

알마시는 걸을 수 없을 정도로 부상을 입은 그녀를 사막 한가운데 있는 동굴로 옮기고 물과 음식물, 어두운 동굴을 비추는 작은 손전등, 헤로도투스의 책을 남기고 난 다음 구조를 요청하러 떠났다. "사흘 안에 반드시 돌아오겠다"는 약속을 캐서린에게 남겨둔 채…

알마시는 사흘 밤낮을 걸어 연합군의 기지에 도착하지만 신분증이 없어 스파이로 몰렸다. 열차로 호송되어가다가 탈출하여 연합군의 적인 독일군에게 갔다. 작전에 필요한 그가 작성한 사막지도를 넘기고 대가로 독일군이 포획한 영국산 경비행기를 얻어 몰고 부상한 캐서린이 누워있는 동굴로 날아갔다. 그러나 캐서린은 이미 싸늘한 시체가 되어 누워있었다. 편지 한 장 만 남긴 채…

알마시는 캐서린의 주검을 경비행기에 태워 사막을 날고 있었다. 그러나 비행기는 격추되고 치명적인 화상을 입게 된 것이다.(첫 장면이다)

다시 현재 시점의 화면이 전개된다.

사랑을 위해 연합군을 배신하고 이루지 못한 사랑의 아픔을 감추며 죽음을 기다리는 알마시는 해나와 카라바지오에게 자신의 추억을 이야기한다. 카라바지오는 알마시에게 자신의 정체를 밝힌다.

"당신이 넘긴 사막지도 때문에 독일군이 북아프리카를 침공하였고 나도 독일군에게 체포되어 두 엄지손가락을 잘렸소. 나는 복수를 하고자 당신을 찾아왔던 것이오."

그렇지만 알마시의 비극적인 사랑 이야기를 들은 카라바지오는 복수를 포기한다.

해나가 수도원 마당에 있는 피아노를 연주하고 있다. 이때 뛰어 들어온 지뢰 제거 전문가인 인도인 킵(나빈 앤드류 분)이 독일군이 설치한 피아노 밑의 지뢰를 제거한다. 킵은 연합군 소속으로 그 일대 지뢰를 제거하는 중이었다. 킵 일행이 수도원에 머물게 되면서 해나와 킵은 천진난만한 사랑을 시작한다.

독일이 항복하자 알마시를 들것에 뉘어 비 내리는 바깥으로 나와 이들은 즐거워한다. 하지만 킵의 부하가 종전을 맞은 즐거움에 들떠 분수대 위에 올라갔다가 묻혀 있던 폭탄이 터져 죽는 사고가 발생한다. 충격을 받은 킵은 해나와 헤어져 떠난다.

알마시는 해나에게 무언의 몸짓으로 치사량의 몰핀을 주사해 주기를 요구한다. 해나가 주사를 놓자 알마시가 말한다.

"책을 읽어 주겠소? 잠이 들도록…"

해나는 책 속에 끼워져 있는 동굴에서 죽기 전에 쓴 캐서린의 편지를 읽는다.

"내 사랑 당신을 기다리고 있어요. 어둠 속에 얼마나 있었지? 하루? 일주일? 이제 불도 꺼지고 너무나 추워요. 밖에 나갈 수만 있으면 해가 있을 텐데… 이 글을 쓰느라 전등을 너무 허비했나 봐요. 죽어요. 죽어가요. 많은 연인들과 사람들이 우리가 맛본 쾌락들이, 우리가 들어가 강물처럼 유영했던 육체들이, 이 무서운 동굴처럼 우리가 숨었던 두려움이 이 모든 자취가 내 몸에 남았으면……. 우린 진정한 국가예요. 강한 자들의 이름으로 지도에 그려진 선이 아니에요. 당신은 날 바람의 궁전으로 데려 나가겠죠. 그게 내가 바라는 전부예요. 그런 곳을 당신과 함께 걷는 것. 친구와 함께 지도가 없는 땅을…… 전등도 꺼지고 어둠 속에서 이 글을 쓰고 있어요."

알마시는 평안한 모습으로 눈을 감고 이를 지켜본 해나가 수도원을 떠나면서 영화는 끝난다.

〈잉글리쉬 페이션트〉는 광활한 사하라 사막을 배경으로 펼쳐지는 두 남녀의 운명적인 사랑을 담은 대작이다. 전쟁이라는 극한적 상황 속에서 개인의 삶과 사랑이 파괴되지만 휴머니즘을 통해 오히려 봉사와 화해, 용서를 아는 인간들을 표현하고 있다. 불륜의 사랑이지만 정신적 교감을 강조함으로써 그 사랑이 결코 가벼운 것이 아님을 느끼게 하고 내면적인 인간의 감수성을 자극한다.

원작은 스리랑카 출신의 캐나다 작가 마이클 온다체Michael Ondaatje의 1992년 부커상 수상작이다. 부커상은 1969년 영국에서 제정된 문학상으로 노벨문학상과 콩쿠르상과 더불어 세계 3대 문학상 중 하나로 꼽힌다. 콩쿠르상이 프랑스어로 된 작품들에게 수여되는 최고 권위 있는 상이라면 부커상은 영어로 만들어진 작품들에게 수여되는 최고의 상이다.

〈잉글리쉬 페이션트〉는 1997년 아카데미 작품상, 감독상, 여우조연상, 촬영상, 미술상, 의상상, 음향상, 편집상, 음악상 등 14개 부문 중 9개 부문을 휩쓸었으며 골든 글로브 작품상과 음악상을 수상하였다.

안소니 밍겔라 Anthony Minghella(1954~)

지적인 영국 출신의 감독. 두 남녀의 통속적인 사랑 이야기를 통속적이지 않은 **영상** 기법과 연출력을 통해 영화를 전혀 다른 분위기로 끌어내는데 성공했다. 여러 국가들을 넘나드는 공간적 배경과 다양한 국적을 가진 사람들이 등장하면서 여러 문화적 배경들을 보여 주고 있으며 과거와 현재를 넘나들며 각 캐릭터들이 갖고 있는 섬세한 감정들을 진지하게 담아내고 있다.

랄프 파인즈 Ralph Fiennes(1962~) 〈쉰들러 리스트〉에서 나치 장교 역을 맡은 영국 출신 배우다.

크리스틴 스콧 토머스 Kristin Scott Thomas(1960~) 감독에게 직접 편지를 써서 이 역을 맡아 차분한 연기를 펼치고 있다.

줄리엣 비노쉬 Juliette Binoche(1964~) 이 영화로 아카데미 여우조연상을 수상한 프랑스의 대표적인 여배우다.

가브리엘 야레드 Gabriel Yared(1949~) 그가 선사하는 바로크의 멜로디, 스윙 재즈, 이국적인 헝가리 민속 음악은 브라운 톤의 화면과 함께 아름답게 어우러져 영화의 품격을 더한다. 이 영화음악으로 골든 글로브와 아카데미 음악상, 그래미상을 수상하였다.

파란만장한 삶의 대서사시

가을의 전설 | Legends Of The Fall | 1994 | 미국

1910년대 광활하게 펼쳐진 **몬태나의 평원**을 배경으로 한 여자를 사이에 두고
사랑하는 삼형제의 삶과 운명을 보여준다.
연적이면서도 끈끈한 형제애를 바탕으로 한 스토리 전개와 시원한 화면
그리고 감미로운 음악이 펼쳐진다.

감독 **에드워드 즈윅**

출연 **안소니 홉킨스** _ 윌리엄 루드로우
에이단 퀸 _ 알프레드
브래드 피트 _ 트리스탄
헨리 토마스 _ 새무얼
줄리아 오몬드 _ 수잔나

영화는 원 스텝이란 인디언이 평생 동안 그가 지켜보았던 루드로우 일가의 일대기를 회상하는 형식이다.

미합중국 정부의 인디언 정책에 불만을 갖고 있던 윌리엄 루드로우 대령(안소니 홉킨스 분)은 퇴역 후 몬태나에 정착하여 외딴 곳에 목장을 짓고 세 아들을 키우며 살았다. 아내 이사벨(크리스티나 피클스 분)은 몬태나의 추운 겨울을 싫어해 멀리 떠나가 버리고 결국 아버지와 세 아들만 남아 원 스텝을 포함한 원주민 인디언 몇몇과 어울려 평화롭게 지내고 있었다.

장남 알프레드(에이단 퀸 분)는 현실적이며 권력을 추구하는 인물이었다. 차남 트리스탄(브래드 피트 분)은 야성적이고 감성적이며 자신의 내면의 목소리에 따라 살아가는 기질을 가지고 있었다. 막내 새뮤얼(헨리 토마스 분)은 이상적이며 순진한 인물이었다. 삼형제 중 둘째 트리스탄은 루드로우가 데려온 인디언 원 스텝이 키우며 인디언식 사냥과 생활을 가르쳤다.

가을에 태어난 사람이 짐승과 피를 함께 나누어 흘리면 그 둘은 하나가 된다는 인디언의 전설이 있었다. 가을에 태어난 트리스탄은 사냥을 나갔다가 큰 회색 곰을 만나 서로 피를 흘리는 격투 끝에 곰을 달아나게 만들었다. 그날 이후 트리스탄은 일생동안 자신의 내부에 곰의 야성이 존재하는 운명적인 삶을 살게 되었다.

평화롭던 루드로우 가족에게 유학 갔던 새뮤얼이 아름다운 약혼녀 수잔나(줄리아 오먼드 분)를 데려와 함께 머물면서 혼란과 비극은 시작된다.

장남 알프레드는 수잔나를 보는 순간 첫눈에 반하지만 그녀는 야성적인 트리스탄에게 호감을 갖고 있었다.

전쟁을 겪어봤기 때문에 전쟁을 혐오하는 대령 출신 아버지 루드로우의 반대에도 불구하고 알프레드와 새뮤얼은 제1차 세계대전에 참전의 뜻을 밝혔다. 아버지는 트리스탄에게 새뮤얼을 돌보는 임무를 주어 세 아들을 전쟁에 함께 내보냈다.

수잔나는 슬픈 나머지 트리스탄의 품에 안겨 흐느껴 울었다. 이 현장을 알프레드가 목격하지만 형제 셋이 전장으로 떠나면서 이 일은 묻혀졌다.

전쟁터에서 트리스탄은 새뮤얼을 열심히 보호하지만 영웅주의에 빠져 있던 새뮤얼은 결국 적군의 집중 포화를 맞고 트리스탄이 보는 앞에서 처참하게 죽어갔다. 알프레드도 다리를 다쳐서 집으로 돌아오고 막내를 끝까지 지키지 못한 트리스탄은 죄책감에 바다로 떠난다.

예비 시아버지 루드로우와 함께 머물던 수잔나는 약혼자 새뮤얼이 죽자 자신의 집으로 돌아갈 채비를 하지만 폭설로 인해 철도가 끊기자 봄이 되면 돌아가기로 하고 계속 머물렀다.

알프레드는 새뮤얼이 죽자 내심 사랑하던 수잔나와 결혼하기로 하나 트리스탄이 먼 길에서 돌아오자 일이 틀어졌다.

수잔나는 마음 속 깊이 사랑하던 트리스탄과 관계를 맺고 알프레드의 가슴에 못을 박았다. 알프레드는 배반감에 떨며 몬태나 집을 떠나 도시 헬레나로 나가 착실히 부와 명성을 쌓아 하원의원의 자리까지 올랐다.

트리스탄은 수잔나를 내버려둔 채 내면에 끓어오르는 야성을 참지 못하고 집을 떠나 몇 년간 연락을 끊었다. 애타게 기다리고 있는 수잔나에게 다른 사람과 결혼하라는 트리스탄의 편지 한 장이 날아왔다. 아버지는 충격을 받아 뇌졸중으로 쓰러지고 집안은 점점 황폐해져갔다. 수잔나는 결국 자신을 사랑하던 알프레드와 결혼하여 도시로 나갔다.

몇 년 후 사냥을 하며 떠돌던 트리스탄이 집으로 돌아오자 아버지 루드로우와 원 스텝을 비롯한 인디언 식구들은 기뻐했다. 트리스탄은 쓰러져가는 집안을 일으키기로 하고 법으로 금지된 주류를 밀거래하며 열심히 살아갔다. 같이 생활하던 인디언 데커의 딸이며 어머니와 이름이 같은 이사벨(카리나 롬바드 분)과 결혼하여 아들, 딸을 낳고 행복하게 살고 있었다.

연방 하원의원인 알프레드는 권력의 속성상 노련한 장사꾼인 오배논 형제와도 알고 지냈다. 하지만 오배논 형제는 트리스탄이 자신들의 주류 사업에 방해가 되자 계속 시비를 걸었다. 어느 날 트리스탄이 알프레드와 형수가 된 옛 애인 수잔나를 만나고 집으로 돌아가고 있었다. 이때 길목에서 오배논 일당과 내통한 보안관들이 주류 밀거래 검문을 하자 시비가 붙어 보안관들이 쏜 위협사격 유탄에 아내 이사벨이 맞아 숨졌다.

수잔나는 아내를 잃은 트리스탄을 만나서 위로한 다음에 집으로 돌아와 이루지 못한 사랑을 괴로워하며 권총으로 스스로 목숨을 끊었다.

트리스탄은 아내를 죽인 일당들을 찾아 총으로 죽이고 복수했다. 나머지 일당들이 나타나자 아버지 루드로우까지 나서지만 위험한 순간을 맞이하고 있었다. 이때 알프레드가 나타나 일당들을 처치했다. 뒷일과 자식들을 형에게 맡긴 트리스탄은 한없는 도피 길에 올랐다.

가을에 태어나 짙은 가을의 고독감을 가슴 속 가득 품고 살아가던 트리스탄은 깊은 산속을 전전하면서 늙을 때까지 사냥을 계속한다. 사나운 곰을 만나 마침내 장렬한 최후를 맞이하면서 영화는 끝난다.

'가을'과 '전설'이라는 강한 상징적 어휘가 결합해 만드는 로맨틱하고 신비적인 영화로 한 가족의 파란만장한 삶을 그린 대서사시다. 잔잔한 분위기 속에서 인간의 내면에 숨겨진 욕망과 자유를 드러내고 있다.

1910년대 광활하게 펼쳐진 몬태나의 평원을 배경으로 한 여자를 사이에 두고 사랑하는 삼형제의 삶과 운명을 보여준다. 연적戀敵이면서도 끈끈한 형제애를 바탕으로 한 스토리 전개와 시원한 화면 그리고 감미로운 음악이 펼쳐진다. 전편에 흐르는 제임스 호너의 감미로운 음악은 잔잔한 분위기를 살리고 있으며 평원에서 펼쳐지는 스펙터클하고 목가적인 정경과 함께 시원한 영상미를 보여주고 있다.

〈가을의 전설〉은 1995년 아카데미 촬영상을 수상했다.

에드워드 즈윅Edward Zwick(1952~)

에드워드 즈윅은 사랑과 질시의 로맨스, 모험과 서스펜스의 액션, 역사를 훑는 서사적 장엄함 등 여러 장르 영화의 재미가 뒤섞인 작품으로 만들었다. 그가 감독한 〈영광의 깃발〉은 1990년 아카데미 촬영상, 남우조연상, 녹음상을 수상했다.

브래드 피트 Brad Pitt(1963~) 야성적인 트리스탄 역을 맡아 돌풍을 일으키며 일약 스타덤에 올랐다. 길게 늘어뜨린 금발, 음울한 눈빛, 곱상한 얼굴과는 달리 야생마 같은 성격을 감추지 못하는 반항아적 이미지는 많은 여성 관객들의 가슴을 설레게 한다. 〈12 몽키즈〉로 1996년 골든 글로브 남우조연상을 수상하였다.

안소니 홉킨스 Anthony Hopkins(1937~) 갖은 풍상 속에서도 냉정함을 잃지 않은 연기를 펼치고 있다. 영국 출신인 그는 〈양들의 침묵〉으로 1992년 아카데미 남우주연상을 수상한 최고의 성격파 배우다. 영국에서는 'Sir(경)'라는 칭호를 내려 그의 공로를 인정하고 있다.

에이단 퀸 Aidan Quinn(1959~) 알프레드 역을 맡아 뛰어난 성격연기를 펼치고 있다.

줄리아 오몬드 Julia Ormond(1965~) 지적인 매력으로 촉촉하게 관객들의 가슴속에 젖어드는 수잔나 역을 펼쳐 영화의 완성도를 높였다.

동성애자의 고뇌

필라델피아 | Philadelphia | 1993 | 미국

 '에이즈에 감염된 사실을 알리지 않을 법적 권리'는 에이즈 감염자의
사생활을 보호하기 위한 것이다. 그러나 다수의 공중을 상대해야 하는
직분에 있는 사람이 에이즈에 감염되어 있는데도
상대방들은 전혀 알지 못한다면 그들도 자신을 보호할 권리를 박탈당하는 것이다.

감독 조나단 데미

출연 **톰 행크스**_ 앤드류 베킷
　　　안토니오 반데라스_ 미구엘
　　　덴젤 워싱턴_ 조 밀러

영화의 오프닝 시퀀스는 흡사 뮤직 비디오처럼 유려하다. 음악이 흐르면서 필라델피아의 정경을 빠르게 보여준다. 델라웨어 강과 스컬킬 강, 자유의 종과 독립기념공원, 천진한 어린이, 활기찬 소방관, 스산한 빈민가에서 군불을 쬐는 홈리스 아낙네까지 사람과 거리, 동네들이 몽타주로 이어진다. 브루스 스프링스틴Bruce Springsteen이 우수에 찬 목소리로 부르는 〈Street Of Philadelphia〉가 흘러나오고 있다. 가사를 음미해보면 에이즈에 걸린 주인공 앤드류의 심정을 절절히 나타내고 있다.

I was bruised and battered and I couldn't tell what I felt

상처받고 짓이겨진 감정을 표현할 수 없네

I was unrecognizable to myself

내 자신을 인식조차 할 수 없으니

saw my reflection in a window I didn't know my own face

창에 비친 내 모습을 바라봤지만 전혀 알아볼 수가 없었지

Oh brother are you gonna leave me wasting away

오, 형제여! 쇠잔한 나를 두고 가려는가?

On the streets of Philadelphia

필라델피아 거리에서

……

The night has fallen, I'm lying awake

밤이 되었지만, 난 뜬눈으로 누워서

I can feel myself fading away

내가 서서히 죽어가는 걸 느낄 수 있어

So receive me brother with your faithless kiss

그러니 형제여, 날 받아주게 당신의 부정한 키스로

Or will we leave each other alone like this

그렇지 않으면, 서로를 이렇게 홀로 남겨두고 떠나버릴 거야

On the streets of Philadelphia

필라델피아 거리에서

앤드류 베킷(톰 행크스 분)과 조 밀러(덴젤 워싱턴 분)는 서로가 경쟁관계에 있는 변호사다. 앤드류는 필라델피아 최대의 법률회사의 촉망받는 변호사지만 조는 TV 광고를 통해 사건을 수임하는 사건 전문 개인변호사다.

앤드류는 동성애자며 에이즈에 감염되어 있으나 회사에는 사실을 숨겨왔다. 그러던 중 사무실에서 갑자기 이례적인 사건이 발생한다. 회사가 앤드류에게 중대한 사건의 전담 변호를 맡기고는 바로 며칠 후에 업무 능력을 문제 삼아 해고한다. 앤드류가 재판을 위해 차질 없이 준비해두었던 서류와 컴퓨터 파일이 증발하는 일이 일어났는데 다행히 마감 시간에 임박해 서류를 찾아 법원에 제출한다. 회사는 소송 서류의 관리를 소홀히 했다는 책임을 그에게 뒤집어씌운 것이다. 앤드류는 자신이 해고당한 진짜 이유는 동성애자이며 에이즈에 감염된 사실 때문이라고 믿고 있다. 법은 이를 이유로 해고할 수 없도록 규정하고 있다.

앤드류는 자신의 부당 해고 소송을 제기하려고 결심하지만 미국의 사법체계에서는 아무리 유능한 법률가라도 자신의 소송을 직접 수행하지 않는 것이 원칙이다. 변호사들은 법률회사를 상대로 소송하는 것은 가망이 없다며 수임을 거절한다. 급기야 변호사 조를 찾아가지만 그도 거절한다. 건전한 가정생활을 영위하는 조는 동성애자를 불결한 인간으로 생각하는 사람이다. 마침 딸을 낳고 기쁨에 들떠 있던 조는 앤드류와 악수를 나눈 것만으로도 자신이나 아기에게 에이즈가 전염될지 몰라 꺼림칙해한다.

그로부터 2주일 후, 조는 도서관에서 에이즈 관련 판례를 찾고 있던 앤드류를 우연히 만난다. 도서관 사서가 에이즈 환자임이 분명한 앤드류에게 "다른 방에 가서 책을 보라"고 채근하는 것을 조가 목격한다. 변호사지만 흑인이라 많은 차별을 받아온 조는 동병상련의 아픔을 느끼고 앤드류를 도와 법정싸움을 벌이기로 결심한다.

앤드류는 부모의 결혼 40주년 기념 파티에 참석하여 "재판이 시작되면 모든 것이 공개될 텐데 괜찮겠어요?" 하고 우려하면서 가족들의 협조와 양해를 구한다. 아버지는 "내 아들이 버스 뒷자리에 앉아 있기만을 바라지 않았다. 용기를 가져라"며 권리 투쟁을 격려한다.

재판이 시작되어 배심원들 앞에서 사실 심리가 열리자, 원고 측과 피고 측 주장은 평행선을 달린다. 원고 측 변호사인 조는 "앤드류는 능력 있는 변호사이며 에이즈 감염 사실을 공개하지 않을 법적 권리를 갖고 있는데도 회사가 그 사실을 알고 해고했다"고 변론하자 피고 측은 "에이즈 때문

이 아니라 그의 직무 수행 능력 때문에 해고한 것이다"라고 주장한다.

법정 밖에서는 연일 동성애자 규탄 데모가 벌어지고 있다. 이 와중에 조는 사건의 중심을 성적 취향인 동성애가 아니라 질병인 에이즈로 몰고 가면서 "여기는 필라델피아다. 형제애의 도시, 자유가 탄생하고 독립선언이 행해진 곳이다. 이성애자만이 아니라 모든 인간은 평등하다"고 외치듯이 변호한다.

앤드류는 병세가 깊어지자 동성애 파트너인 미구엘(안토니오 반데라스 분)에게 "죽음이 다가옴을 느낀다"고 고백한다.

짙은 병색을 한 앤드류가 다음날 있을 재판의 증언 준비를 위해 변호사 조와 함께 자신의 방에 앉아 있다. 앤드류가 아리아를 튼다. 마리아 칼라스가 혼을 쥐어짜듯 부르는 노래 〈*어머니는 돌아가시고* La Mamma Morta〉가 흐른다. 붉은 실내등 아래에서 앤드류는 죽음을 앞둔 주인공의 심정을 기가 막히게 잘 표현하고 있는 이 아리아의 이탈리아 가사를 영어로 읊조린다. "나는 외로웠다. I Am Alone. 그 슬픔 속에서 나에게 사랑이 찾아왔다. 그리고 말했다. 살아라, 너는 혼자가 아니다……" 앤드류가 음악에 몰입하면서 한줄기 눈물을 흘리고, 이를 지켜보는 조의 눈가에도 눈물이 고인다.

앤드류가 마지막 증언에 나서서 "법률회사 선배 변호사들을 존경하며, 나 자신 정의 실현에 기여할 때 보람을 느꼈다"고 술회한다. 피고 측 변호사의 반대 심문이 계속되자 병세가 악화된 앤드류는 법정 바닥에 쓰러져 병원으로 실려간다. 이어 "앤드류를 해고한 법률회사는 앤드류에게 500만 달러에 달하는 배상금을 지급할 것을 명한다"는 배심원의 평결이 선고된다.

앤드류는 "배상금을 자선단체에 기증하라"는 유언을 남기고 이 도시의 이상인 '형제애'의 참된 실현을 꿈꾸면서 눈을 감는다.

영화는 앤드류의 어린 시절 사진을 계속하여 비추고 필라델피아를 건설한 윌리엄 펜의 동상을 머리에 이고 선 장엄한 시청 건물을 내리비추면서 끝난다.

〈필라델피아〉는 동성애와 에이즈 문제를 정면으로 다룬 영화다. 에이즈로 죽음을 앞둔 극한 상황에서 인간이 어떤 생각을 하고 행동하는지를 섬세한 연출을 통해 보여준 수준 높은 작품으로 1994년 아카데미 남우주연상과 주제가상을 수상하였다.

〈필라델피아〉에서 예술성이 돋보이는 것은 음악을 통한 주제의 전달이다. 〈*Street of Philadelphia*〉를 부른 브루스 스프링스틴은 1994년 아카데미 주제가상과 함께 그레미상도 수상했다. 후반부에 마리아 칼라스 Maria Callas(1923~1977)가 부르는 〈*La Mamma Morta*〉는 이탈리아 작곡자 움베르토 조르다노Umberto Giordano(1867~1948)가 프랑스의 시인 앙드레 시니어Andrea Chenier를 소재로 만든 아리아다.

프랑스 대혁명 당시 폭도들이 귀족의 저택을 약탈·방화하고 이에 저항하는 백작부인을 살해한다. 이 곡은 불타버린 건물의 잔해 속에서 몇 가지 소지품을 챙기면서 딸 마들렌이 흐느끼며 부르는 아리아다. 국외 탈출 기회를 놓친 앙드레 시니어는 결국 체포되고, 그를 사랑하는 마들렌도 함께 단두대의 이슬로 사라진다.

영화 제목인 '필라델피아'는 그리스어로 '형제애'를 뜻하며 자유, 독립, 정의를 연상시킨다. 형제애를 상징하는 도시 필라델피아는 유럽의 구질서로부터 혁명과 독립을 쟁취한 미국인들의 정신적 뿌리가 내린 곳이다. 1776년 미국 독립선언문이 낭독되고, 성조기와 헌법이 탄생한 곳이며, 전 세계를 향해 자유의 혼을 타종한 '자유의 종'의 산실이다.

필라델피아의 역사성을 되새기며 "인간이 추구해야 할 자유와 행복, 그리고 인간의 권리와 사회의 정의는 개인의 성별, 인종, 질병, 성적 취향에 관계없이 동등하게 실현되어야 한다"는 메시지를 던지고 있다.

조나단 데미 Jonathan Demme(1944~)

1992년 〈양들의 침묵〉으로 아카데미 작품상, 감독상을 수상한 작품성 있는 **연출**을 하는 감독이다.

톰 행크스 Tom Hanks(1956~) 에이즈 환자 연기를 위해 체중을 10킬로그램 이상을 빼는 열성까지 보여 처음으로 1994년 아카데미 남우주연상을 따냈고, 이어서 〈포레스트 검프〉로 2년 연속 남우주연상을 수상했다.

덴젤 워싱턴 Denzel Washington(1954~) 〈영광의 깃발〉로 1990년 아카데미 남우조연상, 〈트레이닝 데이〉로 2002년 아카데미 남우주연상, 〈허리케인 카터〉로 2000년 베를린 영화제 남우주연상, 〈말콤X〉로 1993년 베를린 영화제 남우주연상을 수상한 연기파 배우다.

part 3

영화 속 역사 따라잡기

집단학살과 인간애

쉰들러 리스트 | Schindler's List | 1993 | 미국

 이 영화는 흑백영화다.
영화 중간에 빨간 색의 옷을 입은 여자아이가
천연색으로 부각되어서 수용소 연병장을 어머니 손을 잡고 빨리 걸어간다.
이렇게 연출한 감독의 의도는 무엇일까?

감독 **스티븐 스필버그**

출연 **리암 니슨**_오스카 쉰들러
벤 킹슬리_이츠하크 스턴
랄프 파인즈_아몬 고에스
엠베스 데이비츠_헬렌 허시

1939년 9월, 독일군은 폴란드를 점령하고 폴란드 내의 모든 유대인들을 대도시인 크라쿠프로 이주시킨다. 이곳에 도착한 유대인들은 별 표시의 완장을 차야 했으며, 모든 가족을 등록하고 집과 사유재산을 약탈당한다. 이때 영화는 죽음의 송가라 불리는 〈글루미 선데이Gloomy Sunday〉의 음악이 흘러나오며 음산한 분위기를 예고한다.

1941년 3월, 폴란드 내에서 유대인 지구를 설립해 담장이 설치된 거주지 생활이 의무화되고, 사방 16블록의 거주지에 강제 수용된다.

주인공 오스카 쉰들러(리암 니슨 분)는 나치 배지를 달고 탱고가 흐르는 고급 바에 도착해 고급 나치 장교들과 어울려 분위기를 주도하면서 그들을 구워삶는다. 체코 출신 독일인인 쉰들러는 이미 여러 번 실패를 경험한 사업가다. 바람둥이이며 기회주의자인 그는 전쟁을 계기로 폴란드로 와서 나치 요원들에게 접대와 뇌물을 바치며 군수 공장을 운영할 궁리를 한다. 계획은 성공해 폴란드 주둔 나치로부터 식기류를 납품할 수 있는 허가를 받고 휴업 중이던 법랑 공장을 인수한다. 그는 전직 회계사인 유대인 이츠하크 스턴(벤 킹슬리 분)을 유대인 평의회에서 발견하여 공장장으로 임명하고, 돈 많은 유대인들을 소개받아 그들에게 투자하게 하여 공장을 일으킨다.

쉰들러는 많은 유대인을 노동자로 고용한다. 값싼 노임에 그들을 고용할 수 있었고, 나치와도 이해관계가 맞아떨어졌다. 나치에게 이들의 임금을 지급하도록 되어 있었던 것이다. 따라서 쉰들러의 공장에 고용된 유대인에게는 전쟁에 필요한 일꾼이라는 표시의 파란 카드를 발급해주었다.

　이츠하크 스턴의 지휘 아래 법랑 공장은 순조롭게 가동되고, 쉰들러의 사업은 날로 번창한다. 그러는 가운데 수용소 내에서 유대인에 대한 학살 계획은 착착 진행되고……

　집에서 여자와 섹스에 탐닉해 있는 쉰들러에게 직원이 급히 찾아온다. 공장장인 이츠하크 스턴이 아우슈비츠로 가는 화물 열차를 탔다는 것이다. 헐레벌떡 기차역으로 뛰어간 쉰들러는 파란 근무 카드를 집에 두고 출근하다가 기차에 실려 떠나는 이츠하크 스턴을 구한다.

　한편 크라쿠프의 유대인들을 강제 수용하는 플라초프 수용소장으로 악랄하기 그지없는 아몬 고에스(랄프 파인즈 분) 소위가 부임한다. 그는 유대인 여성 중 헬렌 허시(엠베스 데이비츠 분)를 가정부로 선발한다.

　1943년 3월 13일, 유대인 거주 지역을 폐쇄하면서 수용소장 아몬 고에스의 지휘로 유대인 대량 학살의 서곡이 시작된다. 아비규환의 현장. 나치는 거주지에 있는 유대인을 집결시키고, 거추장스러운 사람들을 무조건 현장에서 사살한다. 줄을 세워놓고 사살하는 나치들의 연속적인 총소리가 들린다.

수용소 내 병원의 의사와 간호사는 환자들에게 약이라고 속이고 독약을 먹여 나치들이 닥치기 전에 미리 숨을 거두게 한다. 병원에 들이닥친 나치들은 숨겨 있는 환자들에게 기관총을 난사한다.

수용소 연병장을 줄을 지어 뛰어가는 유대인들. 이때 천연색 빨간 옷을 입은 유대인 소녀도 끼어 있다.

유대인 집안을 수색하는 나치들. 피아노 속에 숨은 아이, 장롱 안에 숨은 사람, 마루 밑에 숨은 사람, 모두가 나치에게 발견되어 총을 맞고 쓰러진다. 수용소에는 노동력이 있는 유대인만 남게 된다.

아몬 고에스는 수용소 언덕에 있는 자택의 침대에서 연인과 뒹굴고 있다가 발코니로 나와 선 채로 총알을 장전하여 연병장을 걸어가는 유대인들을 조준 사격한다. 쓰러지는 유대인들…….

쉰들러는 수용소 언덕 위에서 말을 타고 학살 현장을 지켜본 뒤 아몬 고에스를 만나서 뇌물을 주고 수용소에 있는 유대인들을 최대한 자신의 공장에 고용한다. 한편 나치 친위대 역시 수용소 내에 법랑 공장을 운영하면서 쉰들러의 공장에 근무하는 이츠하크 스턴을 책임자로 불러간다.

어느 날, 아몬 고에스의 집에서 열린 파티에 참석한 쉰들러는 죽음의 공포에 사로 잡혀 있는 가정부 헬렌 허시를 위로한다. 술에 취한 아몬 고에스에게 쉰들러가 "힘이란 죽일 정당성이 있을 때라도 안 쓰는 것이오. Power is when we have every justification to kill and we don't." 라고 말한다. 하지만 아몬 고에스는 자신의 말안장을 더럽히고 욕조의 얼룩을

지우기 위해 양잿물을 사용했다는 죄목으로 집에서 일하는 유대인 소년
을 총으로 쏘아 죽인다.

쉰들러의 생일날. 나치 장교도 참석한 가운데 공장에서 축하 파티가 열
린다. 직원을 대표하여 축하 꽃다발을 전하는 유대인 소녀에게 쉰들러는
감사의 키스를 하는데 그것 때문에 재식민정책법 위반으로 잠시 구속되
었다가 석방된다.

수용소 연병장에서는 음악을 틀어 놓고 6개월마다 실시하는 노약자를
가리기 위한 검진이 있다. 노약자로 분류된 유대인은 화차에 실려 아우슈
비츠로 실려 가고……. 이를 피하려는 아이들은 하수구나 변기통에 몸을
담그고 숨어 있다.

1944년 8월, 아몬 고에스는 학살된 1만 명 이상의 유대인 시체를 다시
금 파내어 불태운다. 시체를 태운 재들이 눈처럼 떨어진다. 아몬 고에스
가 쉰들러에게 말한다.

"40일 뒤에는 수용소에 살아 남아 있는 유대인들도 죽음의 아우슈비츠로 보낼 것이오."

쉰들러는 또다시 아몬 고에스와 큰 거래를 한다. 쉰들러는 고향인 체코의 브룬릿츠에 탄피공장을 운영한다는 명목으로 그곳에서 일할 유대인을 모집한다. 아몬 고에스에게 유대인 한 사람당 얼마간의 돈을 주기로 하고 이츠하크 스턴에게 죽음의 수렁에서 벗어날 명단 작성을 지시한다. 이츠하크 스턴이 명단 작성을 마칠 무렵에 쉰들러가 "명단 작성을 마치되 마지막 한 줄을 남겨두세요. Finish the page and leave one space at the bottom." 하고 말한다. 이츠하크 스턴이 작성된 명단을 펼쳐 들고 감탄의 표정을 지으며 "이 장부는 선의 극치입니다. 이건 생명입니다. 죽음의 돌풍을 막아줄 명단입니다. The list is an absolute good. The list is life. All around its margins lies the gulf." 하고 대답한다.

쉰들러는 아몬 고에스를 만나 그의 가정부인 "헬렌 허시를 마지막 한 줄에 채우고 싶소"라고 말한다. 반대하는 아몬 고에스. 그러나 결국 거래를 통하여 헬렌 허시를 데리고 간다.

쉰들러 리스트에 올라 있는 남자들이 탄 기차는 먼저 쉰들러의 고향인 체코 브룬릿츠에 도착하나 여자들이 탄 기차는 착오가 생겨 아우슈비츠로 보내졌다. 죽음의 아우슈비츠에 도착하여 공포에 질려 있는 이들……. 유대인들은 머리카락이 짧게 깎이고 발가벗겨진 채 욕실로 들어간다. 문이 잠기고 불이 꺼지자 극한의 공포에 떨며 비명소리를 지른다. 잠시 후, 불이 켜지고 샤워 물이 쏟아진다. 목욕을 한 후 연병장에 집결한다. 이때

옆의 가스실 굴뚝에서는 죽음의 연기가 솟아오르고 있다.

쉰들러는 아우슈비츠 소장을 만나 보석 등의 뇌물을 건네고 이들을 구하여 체코의 공장으로 데려오는 한편 체코 공장의 경비병인 나치들에게도 뇌물을 주어 허락 없이 공장 출입을 하지 못하게 만든다. 공장은 비숙련공들이 일을 하는지라 탄피의 생산이 제대로 되지 않아 파산지경이다. 그러나 쉰들러는 유대인들에게 공장 내에서 자체적으로 예배도 보게 한다.

1945년 8월, 독일은 무조건 연합군에 항복한다. 이때 쉰들러가 공장에서 유대인 노동자와 나치 경비 군인들을 모아놓고 연설한다.

"독일의 무조건 항복이 발표됐습니다. 오늘 밤 자정이면 전쟁은 끝납니다. 내일부터 여러분은 가족을 찾아 나서시겠죠. 허나 대부분의 경우 찾지 못할 겁니다. 6년간의 학살은 전 세계 사람들을 울렸습니다. 우린 살아남았고, 많은 분들이 제게 감사해하셨죠. 이제는 자신에게 고마워하십시오. 용감한 이츠하크 스턴에게 감사해하십시오. 죽음에 당면해서도 여러분을 걱정한 이들에게 감사하십시오. 저는 나치 당원이며 군수품 제조 업자입니다. 노동력을 착취한 범죄자입니다. 자정이 되면 여러분은 자유인, 저는 도망자가 됩니다. 저는 열두시 십오 분까지 여러분과 있다가 달아나야 합니다. 부디 절 용서해주십시오. (나치 군인들에게) 상부로부터 직공들을 모두 처치하라는 명령을 받은 거 압니다. 지금이 좋을 것 같군요. 모두 여기 모여 있으니 지금이 기회입니다. 살인자가 되지 말고 한 인간으로서 가족에게로 돌아가십시오. (물러가는 나치 군인들) 수많은 유대인 희생자들을 위해 삼 분간 묵념합시다."

공장의 유대인들은 금니를 뽑아 녹여서 쉰들러에게 전달할 감사의 반지를 만든다. 유대인들이 도열해 있는 가운데 쉰들러 부부가 떠나려 하고 있다. 전범으로 몰릴 경우 쉰들러가 제시할 수 있도록 이들 모두가 서명한 그동안의 경위가 담긴 진정서와 감사의 금반지를 이츠하크 스턴이 전달하면서 말한다.

"반지에는 '하나의 생명을 구하는 자는 세상을 구하는 것. Whoever saves one life, saves the world entire.'이라는 《탈무드》에 나오는 글귀가 쓰여 있습니다."

반지를 끼면서 회한에 젖는 쉰들러와 이츠하크 스턴.

"더 살릴 수 있었어. 좀 더 노력했다면 더 구할 수 있었을 거야."

"당신 덕에 천백 명이 살았어요. 보세요!"

"돈을 좀 더 벌었더라면…… 난 너무 많은 돈을 버렸네. 자넨 상상도 못해."

"사장님 덕에 많은 후손이 이어질 수 있을 겁니다."

"충분히 하지 못했어."

"그 이상 하셨어요."

"(타고 갈 차를 가리키며) 이 차 왜 팔지 않았을까? 열 명은 더 구했을 텐데……(나치 핀을 떼어내며) 이 핀은 금이니까 두 명은 더 구할 수 있었어. 적어도 한 명은 더 구했을 거야. 한 사람! 한 사람을 더 구했을 텐데……. (울음을 터뜨리며) 더 구할 수 있었는데 내가 안 한 거야!"

차에 올라타고 떠나는 쉰들러 부부를 쳐다보는 쉰들러 리스트의 유대인들. 가슴이 찡한 이스라엘의 민속음악이 잔잔히 흐르는 가운데 유대인의 행진은 이어지고…. 다음과 같은 내용이 자막으로 흐른다.

아몬 고에스는 요양소에서 환자로 숨어 있다 체포되어 반인류죄로 폴란드의 크라쿠프에서 교수형에 처해졌다. 쉰들러는 전쟁이 끝난 뒤 결혼과 몇 번의 사업에 실패했다. 1958년, 예루살렘의 야드 바셈 위원회에 의해 정의로운 자로 선언되어, 정의의 거리 식수를 위해 초대되었다. 그 나무는 지금도 자라고 있다.

그리고 실제로 생존해 있는 쉰들러가 살린 유대인의 후손들이 오스카 쉰들러의 묘소에 돌과 장미꽃을 놓는 장면이 펼쳐지며 다음과 같은 자막이 흐르며 영화는 끝난다.

오늘날 폴란드에 살아남은 유대인은 4천여 명이 안 된다. 반면 쉰들러의 유대인들의 후손은 6천 명 이상이다. 학살된 6백만 이상의 유대인의 명복을 빌며……

〈쉰들러 리스트〉는 호주의 저널리스트인 토머스 커닐리Thomas Keneally 가 쉰들러 리스트의 생존자 중 한 사람인 레오폴트 페이지의 진술을 토대로 쓴 부커상 수상작인 《쉰들러의 방주 Schindler's Ark》 영화화한 것이다. 1994년 아카데미에서 작품상, 감독상, 각색상, 촬영상, 미술상, 편집상, 음악상 등 일곱 개 부문을 수상했으며 미국 방송영화비평가협회에서는 1990년대 최고 영화로 선정했다.

실존 인물이었던 오스카 쉰들러Oskar Schindler(1908~1974)는 체코슬로바키아 출신의 독일 나치 당원으로 폴란드에 가서 무기 공장을 경영했다. 젊은 시절 그는 여자와 술, 돈에 빠졌으며, 모터사이클 레이서였다. 사업가로서 뛰어난 수완을 발휘하던 어느 날, 그는 생명의 존엄성에 눈을 뜨고 수많은 유대인들을 나치의 대학살에서 벗어나게 해주었다.

〈쉰들러 리스트〉에서는 제2차 세계대전 당시 1,100명의 유대인을 구한 오스카 쉰들러의 업적이 다큐멘터리처럼 이어진다. 촬영 장소도 실제 사건이 일어난 폴란드의 크라쿠프에서 당시의 공장을 이용해 촬영했다.

이 영화는 자막이 올라가는 앞부분과 뒷부분을 제외하고는 흑백이다. 화면은 마치 다큐멘터리를 보듯이 거칠고 사실적인 표현으로 나치에 의

한 유대인의 학살을 냉정하게 보여주면서 역사성을 부여한다. 머리에 총을 맞고 쓰러지는 사람, 죽음의 극한적인 공포로 가득 찬 얼굴, 아무 죄의식 없이 유대인을 살해하는 나치 장교의 무표정한 얼굴, 충격적이고 잔혹한 학살의 장면을 묵묵히 담은 카메라의 앵글과 움직임은 더욱 깊은 슬픔 속으로 빨려들게 만든다.

20세기 최대의 사건은 제2차 세계대전이다. 이는 단순한 전쟁이 아니라 지구상의 모든 국가와 국민들에게 큰 영향을 끼쳤다. 특히 유대인 대학살이라는 홀로코스트 Holocaust 는 인류 역사에 있어서 전무후무한 잔혹한 사건이었다. 홀로코스트라는 단어는 '유대교의 제물' 이라는 의미를 벗어나 대학살을 가리키는 의미로 굳어졌다.

유대인들은 나라를 잃은 뒤 근 2천 년 동안 서로 흩어져 유랑의 삶을 살았다. 나치가 무너지면서 유대인의 홀로코스트가 끝이 났고 이스라엘이 세워지면서 유대인들의 이산도 끝났다.

스티븐 스필버그Steven Spielberg(1947~)

영화의 귀재. 이 영화를 보면 '왜 스티븐 스필버그 감독인가?' 를 알 수 있다. 자신이 유대인이라고 밝힌 계기가 된 〈쉰들러 리스트〉는 인류 앞에 내놓은 진실한 역사의 기록이다. 스티븐 스필버그를 재능 있는 흥행감독이지 진지한 영화감독으로는 인정하지 않았던 할리우드는 그에게 최초로 1994년 아카데미 작품상과 감독상을 수여했다. 스티븐 스필버그는 〈쉰들러 리스트〉의 제작을 끝낸 뒤 당시의 생존자들과의 비디오 회견 기록을 정리하기 위해 '쇼아Shoa(유대인 대학살) 생존자 영상 역사재단' 을 설립해 인종과 종교 간의 이해를 촉진하는 프로그램을 내놓고 있으며, 유대인 대학살을 공론화하는 데 기여했다고 하여 1998년 9월, 독일 대통령으로부터 독일 최고의 명예인 십자훈장을 받았다. 이후 〈라이언 일병 구하기〉로 1999년 또다시 아카데미 감독상을 거머쥐었다.

리암 니슨 Liam Neeson(1952~) 오스카 쉰들러 역을 맡은 아일랜드 출신의 영화배우.

벤 킹슬리 Ben Kingsley(1943~) 이츠하크 스턴 역의 그는 〈간디〉로 1983년 아카데미와 골든 글로브 남우주연상을 수상한 연기파 배우다.

랄프 파인즈 Ralph Fiennes(1962~) 악의 상징인 수용소장 아몬 고에스 역의 연기는 경악할 만큼 잔인한데 〈폭풍의 언덕〉의 히드클리프 역과는 전혀 다른 연기 세계를 펼치고 있다.

삶의 아이러니

인생은 아름다워 | Life Is Beautiful | 1998 | 이탈리아

 부조리란 자기의 바람이나 기대가 현실과 어긋나는 것이 내포된 상황을 말하는데,
〈인생은 아름다워〉는 **인생의 부조리를 느끼게 하는 작품**이다.
인류 역사상 가장 비극적인 사건의 하나인 나치의 유대인 학살을
유머러스하게 표현한 감독의 의도는 무엇일까?

감독 **로베르토 베니니**

출연 **로베르토 베니니** _ 귀도
　　 니콜레타 브라스치 _ 도라
　　 조르지오 칸타리니 _ 조슈아

"동화처럼 슬프고 놀라우며 행복이 담겨져 있는 이야기입니다" 라는 내레이션이 깔리며 영화가 시작된다. 배경은 파시즘과 나치즘이 맹위를 떨치던 1939년 이탈리아. 유대계 이탈리아인인 귀도(로베르토 베니니 분)는 호텔에서 웨이터로 일하면서 이상형의 여인인 초등학교 교사 도라(니콜레타 브라스치 분)를 운명처럼 만난다.

귀도는 도라에게 약혼자가 있다는 사실을 알지만 모든 수단을 동원하여 끈질긴 구애를 펼친다. 귀도는 약혼자와 함께 오페라 공연을 관람하고 있는 도라에게 조금 떨어진 좌석에서 온몸으로 사랑을 호소한다. 이때 무대에서 공연되고 있던 노래가 프랑스 작곡가 오펜바흐의 오페라 〈호프만의 이야기 Les Contesd' Hoffmann〉에 나오는 이중창 〈뱃노래-아름다운 밤 Bell nuit o nuitd' amour〉이다.

도라의 마음은 천진난만한 유머로 웃음을 선사하는 귀도에게 조금씩 기울어간다. 마침내 사랑의 신은 동화 속 주인공처럼 두 사람을 결합시킨다. 행복한 가정을 꾸린 이들에게 귀여운 아들 조슈아(조르지오 칸타리니 분)가 태어나고 그들은 꿈에 그리던 서점을 운영하면서 더할 나위 없이 행복한 나날을 보낸다.

그러나 1944년, 평화롭기 그지없던 이들에게 닥쳐온 불행! 나치에 의해 아버지와 아들이 유대인 수용소로 끌려가게 된 것이다.

아들 조슈아의 생일, 유대인 수용소로 끌려가는 귀도가 조슈아에게 "이건 아빠 엄마가 몇 달 동안 고민했던 네 생일 선물이야. 깜짝 놀라게 하려고 말을 안 했지, 어디로 가는지도 비밀이야" 하면서 안심시킨다. 사

랑하는 아내 도라는 유대인이 아니면서도 자원하여 그들의 뒤를 따른다.

귀도는 수용소에 도착한 순간부터 조슈아에게 자신들이 처한 현실이 실은 하나의 신나는 놀이이자 게임이라고 속인다. 아들 조슈아를 죽음의 공포로부터 안심시키려는 선의의 거짓말은 실로 기상천외해서 차라리 눈물이 날 정도다.

"우리는 지금 굉장히 재미있는 게임을 하고 있어. 벌점 당하지 않고 1,000점을 먼저 따면 이 게임은 끝나고, 이긴 사람에게 탱크를 주지. 다들 일등을 하고 싶어서 너에게 거짓말하는 거니까 절대 속으면 안 된다."

그리고 우연찮게 들어맞는 상황은 이 거짓말을 현실로 믿게 만든다. 가장 비극적인 현실이 유쾌하고 스릴 만점의 서바이벌게임으로 바뀌는 것이다. 그렇게 아들의 눈을 가려버린 아버지에게 가장 두려운 건 육체적 고통과 죽음에의 공포가 아니라 진실을 알게 될지도 모르는 아들의 맑은 눈이 아닐까.

언제 죽을지 모르는 미래, 가스실, 매일 쏟아지는 강제노동, 알아듣지 못할 독일어로 질러대는 호령……. 하지만 생사의 기로에서, 타고난 유머 감각으로 분주히 만들어내는 귀도의 너스레는 무지막지한 홀로코스트(대학살) 앞에서 더욱 빛을 발한다.

조슈아는 아버지 귀도의 거짓말 덕분에 구김살 없이 지낸다. 귀도는 수용소의 나치 장교식당에서 일하면서 여자 수용소에서 지내는 아내 도라에게 스피커로 오펜바흐의 오페라 〈호프만의 이야기〉 중 이중창 〈뱃노래〉 선율을 흘려보내며 자신과 아들의 무사함을 로맨틱하게 알린다. 도라는 귀도와 조슈아를 애타게 그리며 감미로운 선율에 젖어든다.

마침내 독일이 패망하게 되자 나치는 증거를 없애기 위해 수용자들을 차례로 처형하기 시작한다. 귀도는 조슈아에게 "1,000점을 채우기 위해서는 마지막 숨바꼭질 게임에서 독일 군인에게 들키지 않아야 해"라고 말한다. 그러자 조슈아는 하루를 꼬박 나무궤짝에 숨어서 날이 밝기를 기다린다.

혼란스러운 수용소에서 아내 도라를 찾던 귀도는 독일 군인에게 붙잡힌다. 나무궤짝에 숨어서 이를 지켜보던 아들 조슈아를 안심시키려고 귀도는 나무궤짝을 향해 윙크하고 병정놀이하듯 과장된 걸음걸이로 골목으로 끌려가 사살당한다.

다음날, 패망한 독일군이 물러나고 정적만이 가득한 수용소 광장에 조슈아가 혼자 서 있다. 누가 일등상을 받게 될지 궁금해 사방을 두리번거리던 조슈아 앞으로 연합군 탱크가 요란한 소리를 내며 다가온다. "우리가 이겼어요" 하면서 두 팔을 번쩍 들어올린 조슈아는 진짜 탱크 위에 올라탔고, 어머니 도라를 다시 만난다.

　"이것은 나의 이야기이다. 아버지가 희생한 이야기이다. 이것은 아버지가 나에게 주신 귀한 선물이었다"고 회고하는 성년 조슈아의 내레이션이 나온다. 또다시 이중창 〈뱃노래〉가 흐르면서 자막에 엔딩 크레딧이 올라온다.

　〈인생은 아름다워〉는 죽음을 앞두고 "그래도 인생은 아름답다"고 한 러시아 혁명가 트로츠키Leon Trotskii(1879~1940)의 독백에서 영감을 얻어 만들어졌다. 이는 죽음에 직면한 극한 상황에서 너무나도 낙관적인 트로츠키의 인생관이 잘 드러난 말이다. 혁명가 트로츠키는 멕시코의 독방에 갇혀 스탈린이 보낸 암살자들이 자신에게 방아쇠를 당기기만을 기다리고 있었다. 트로츠키는 죽음이 임박한 순간에 "그래도 인생은 아름답다"는 말을 남겼다.

　〈인생은 아름다워〉는 제목과는 달리 인생의 행복과 불행에 대해서 생각하게 한다. 생존과 삶의 희망에 대한 이야기로서, 관객에게 절망적이고 비극적인 상황에서도 희망과 삶의 의지를 잃지 말자는 긍정적인 메시지를 전달한다. 나치의 유대인 학살이라는 무거운 주제를 사랑, 상상력, 유머로 가득 찬 코믹한 기법을 써서 감동적으로 그리고 있으며, 풋풋한 사랑과 부성애가 잔잔한 여운을 남긴다.

영화는 두 부분으로 구성되어 있다.

전반부는 소박하고 유머러스한 시골 청년 귀도가 아름다운 처녀 도라를 만나 행복한 가정을 꾸미기까지의 순수하고 열정적인 로맨틱 코미디다.

후반부는 제2차 세계대전 막바지에 독일군이 이탈리아를 점령하면서 유대인 수용소로 끌려간 귀도와 아들 조슈아가 겪는 희비극으로 꾸며져 관객의 심금을 울린다. 어린 아들을 위해 어떤 상황에서도 웃음을 잃지 않는 아버지 귀도. 목숨을 잃게 되는 순간까지 피에로처럼 행동하는 아버지의 모습을 그린 장면에선 가슴이 찡하다.

어린 아들을 살려내려는 아버지의 눈물겨운 사투, 아내에 대한 사무치는 그리움과 사랑이 스크린을 가득 메운다. 1998년 칸 영화제 심사위원 대상을 수상했으며, 1999년 아카데미 외국어영화상, 남우주연상(로베르토 베니니), 음악상을 수상했다.

〈인생은 아름다워〉에서 메시지를 더욱 효과적으로 전해주는 음악이 바로 오펜바흐Jacques Offenbach(1819~1880)의 오페라 〈호프만의 이야기〉에 나오는 이중창 〈뱃노래〉이다. 이 곡은 그가 수년 동안 쓰다가 1880년 죽기 직전에 작곡한 마지막 작품이다. 독일 낭만파 문학가인 호프만 Hoffmann(1776~1822)의 여러 단편 소설을 모아 만들어진 이 오페라는 인생 역정과 사랑을 세개의 에피소드로 나누어 들려주고 있다.

영화에 나오는 부분은 두 번째 에피소드로 한 눈에 반한 사랑과 악마에게 연인을 빼앗기는 비극을 그리고 있어 귀도가 도라에게 사랑을 고백할 때 이 음악이 삽입된 것은 바로 두 사람 앞에 드리워진 비극을 암시하는 소도구인 것이다.

로베르토 베니니 Roberto Benigni(1952~)

〈인생은 아름다워〉는 자신의 가족이 겪어야 했던 아픔을 근거로 이야기가 구성되었다. 그의 아버지는 유대인이 아니었는데도 전란 중 독일의 노동자 수용소에서 비극을 겪었다. 이러한 개인적인 아픔과 역사적 진실, 그리고 그 자신만의 독창적인 상상력이 결합되어 휴먼 드라마를 만들었다.

제2의 찰리 채플린이라 불리는 이탈리아의 감독 겸 배우인 로베르토 베니니가 연출과 각본과 연기를 겸했다. 외국어 영화로서는 사상 최초로 1999년 아카데미 남우주연상을 수상하였다. 귀도와 꼬마 조슈아의 순수함과 천진난만한 연기는 한편의 동화를 보는 듯하다.

니콜레타 브라스치 Nicoletta Braschi(1960~) 도라 역을 맡은 니콜레타 브라스치는 실제로 로베르토 베니니의 아내다.

역사 속에 묻힌 중국 황제

마지막 황제 | The Last Emperor | 1987 | 미국

 이 영화는 역사적인 사실에서 부정적인 요소는 빼고 긍정적인 부분을 첨가하여
신화 만들기에 철저하면서 역사 속에 묻힌 인간에게 초점을 맞췄다.
역사의 소용돌이 속에서 한 인간이 굴절되고 변모되어가는 과정을
감동적으로 그린 작품으로……

감독   베르나르도 베르톨루치

출연   **존 론** - 푸이
        피터 오툴 - 레지오 플레밍 존스턴
        조앤 첸 - 원용

중국풍 리듬의 음악과 함께 자금성이 비춰지면서 영화가 시작된다. 자금성은 중국 베이징에 있는 명·청시대의 궁전이다. 1407년 명나라의 영락제永樂帝가 난징南京에서 베이징으로 천도하기 시작할 때부터 건립해 1420년에 완성했다. 남북 약 1,000미터, 동서 약 760미터의 성벽으로 둘러싸인 어마어마한 규모를 자랑한다.

1950년, 중·소 국경에 있는 하얼빈 역에 45세의 푸이(존 론 분)를 비롯한 만주사변의 중국인 전쟁범죄자들이 기차에서 내린다. 제2차 세계대전이 끝난 후 5년간 소련의 전범수용소에 억류되었다가 중국에 인계된 것이다. 교도소에 수감되기 전 기차역 대합실에 앉아 있던 푸이는 역 화장실에 들어가 손목 동맥을 절단해 자살을 기도하나 인솔하는 교도소장에게 발각되어 미수에 그친다. 죄수번호 981번인 푸이는 전범 교도소에 수감된다.

영화는 푸이의 회상과 교도소에서의 생활을 교차해서 보여주는 플래시 기법으로 전개된다.

1908년, 세 살의 나이에 푸이는 최고 권력자인 서태후의 지명으로 죽은 광서제의 후계자가 되어 청나라 12대 황제로 책봉되었다. 푸이를 황제로 지명한 다음날 서태후가 죽었다. 청나라 황제 푸이는 부모를 떠나 자금성에서 유모, 내시, 궁녀들 사이에서 성장하게 되었다.

푸이가 여섯 살인 1911년에 쑨원孫文이 중국의 민주주의 혁명인 신해혁명辛亥革命을 일으켜 청나라가 멸망하고 중화민국이 탄생하여 푸이는 황

제자리에서 퇴위되었다. 푸이는 궁내에서만 황제의 존호가 인정되어 자금성에 계속 머물면서 연금 상태나 다름없는 생활을 했다.

사춘기인 14세에 접어든 푸이는 유모의 젖을 만지면서 여성을 느낀다. 이 사실을 눈치 챈 전 황제들의 황후들이 유모를 자금성 밖으로 내보내자 푸이는 깊은 슬픔에 젖었다. 이 무렵 영국인 레지오 플레밍 존스턴(피터 오툴 분)이 푸이의 개인교사로 와서 신사조新思潮를 가르쳤다. 한편 자금성 밖에 사는 푸이의 어머니가 아편에 중독되어 죽지만 그는 어머니의 문상조차 갈 수 없다. 푸이가 16세가 되던 해, 17세의 원용(조앤 첸 분)을 황후로 맞아들이고, 12세의 문수를 후궁으로 두었다.

개인교사 존스턴에 의해 점점 개화에 눈을 뜨는 푸이는 영국 옥스퍼드 유학을 꿈꾸다 쿠데타를 맞았다. 1924년, 펑위샹馮玉祥이 쿠데타를 일으키자 푸이는 원용, 문수와 함께 자금성에서 쫓겨 나와 일본 공사관으로 피신하고, 존스턴은 영국 런던대학 동양학 교수로 귀국해버렸다. 푸이 일행은 얼마 후 일본의 주선으로 톈진天津의 외국인 거주 지역의 별장으로 옮겨 외국인들과의 생활을 즐기며 서양으로 갈 꿈을 꾸고 있었다.

1927년, 장제스의 국민당 군대가 상하이를 점령하자 일본군은 푸이에게 "일본인 거주 지역으로 옮기라"고 명령했다. 일본인 거주 지역으로 옮기자마자 신사조에 눈뜬 후궁 문수는 해방감을 느끼며 "푸이의 곁을 떠나겠다"는 말을 남기고 떠나 버렸다. 이때 원용의 무용학교 동기이며, 일본 특무국 소속 스파이인 이스턴 쥬가 찾아와 "후궁이 되겠다"고 말하지만 푸이는 거절했다. 하지만 푸이는 군국주의 일본의 획책에 넘어가고…….

1931년 9월, 일본 관동군은 만주사변을 일으켜 중국 북동부를 점거한 뒤 1932년 3월 1일, 만주국을 세워 푸이를 집정시키고 2년 후인 1934년 제정이 수립되면서 황제 자리에 앉혔다. 일본의 허수아비에 불과한 푸이에게 실망한 아내 원용은 아편에 의지하면서 푸이의 운전사와 간통해 임신하였다. 원용은 푸이에게 "후계자가 없어 푸이와 같은 만주 출신 남성의 아이를 가졌어요"라고 고백했다. 이 사실을 알고 있는 일본은 원용이 아이를 낳던 날, 아이에게 주사를 놓아 죽이고 푸이에게는 사산死産이라고 보고했다. 충격을 받은 원용은 지방으로 요양을 떠났다.

다시 현재 시점의 푸이가 수감되어 있는 교도소 장면.
아직도 황제라는 의식이 남아 있는 푸이는 철저한 교화 과정을 거치고 있다. 푸이가 교도소에서 다른 전범들과 있는 모습을 다큐멘터리 형식으로 보여준다.

일본은 만주국을 앞세워 중국의 북부지역을 점령했으며, 1937년, 중국의 심장부를 폭격했다. 상하이 폭격은 역사상 최초의 민간인에 대한 폭격이었다. 수천 명이 집을 잃었고, 수천 명이 죽었다. 3개월 후, 일본은 남경을 포위했다. 도시 주변에서는 학살이 자행되었다. 중국이 항복하도록 일본의 수뇌부는 대학살을 명령한다. 20만 이상의 민간인이 무자비하게 처형되었다. 전 세계는 경악했으나 아무런 도움도 주지 못했다. 1941년 12월 7일 일본은 진주만을 기습했다. 선전포고도 없었다. 그때에도 만주국은 괴뢰황제인 푸이에 의해 통치되고 있었다. 그러나 그들의 승리 뒤엔 학살의 만행이 있었다. 일본인들의 생체 실험이 대규모로 진행되었으며 손쉽게 전쟁을 끝내려고 그들은 마약을 생산해 수백만 명을 용의주도하게 중독자로 만들었다. 하지만 히로시마 폭격 9일 후인 1945년 8월 15일, 히로히토 천황은 일본의 항복을 발표했다.

일본이 패망하자 괴뢰정부인 만주국도 멸망했다. 푸이는 일본 도쿄로 가서 소련이 아닌 미국에 항복하려고 했다. 아편 중독자인 아내 원용을 남겨둔 채 일본군이 마련한 군용 비행기를 타고 막 이륙하려던 순간 푸이는 주둔 소련군에 의해 체포되어 소련의 전범수용소에 갇혔다.

(영화의 첫 장면과 같이) 5년 후 중국으로 송치되어 중국 전범교도소에서 공산정권에 의해 재교육을 받고 있는 푸이. 그는 10년간 중국 전범교도소에서 철저한 교화를 받고 1959년, 54세에 석방되어 베이징의 식물원 정원사로 일한다.

1967년 마오쩌둥의 사진이 걸려 있는 베이징의 천안문 광장에 문화대혁명의 선풍으로 숙청대상자를 앞세우고 홍위병이 음악과 율동을 하면서 거리를 휩쓸고 있다. 이를 지켜보고 있던 푸이는 숙청대상자에 자신이 갇혔던 전범교도소장이 끼여 있는 것을 발견하고 달려가서 변호하지만 홍위병이 밀쳐버린다. 자금성 입장표를 사서 성을 둘러보던 푸이가 출입금지 표시가 된 황제 의자에 앉아 보면서 감회에 젖는다.

자금성에 관광객이 몰려오고 안내원이 "이곳이 황제의 즉위식이 있던 조화궁입니다. 마지막으로 즉위했던 황제는 푸이입니다. 세 살 때에 즉위했으며 1967년 62세로 죽었습니다"라는 설명과 함께 영화는 끝난다.

〈마지막 황제〉는 중국의 마지막 황제 푸이溥儀(1906~1967)가 쓴 자서전 《나의 반생我的前半生─황제에서 시민으로》를 토대로 영화화한 것으로 청나라 12대 황제로 즉위한 푸이가 식물원의 정원사로 전락하는 삶을 그리고 있다. 세살 때 황제가 된 푸이가 소년 시절 중국 역사의 소용돌이에 휘말려 폐위되고 중년에 일본의 허수아비 만주국의 황제를 지낸 뒤 5년간 소련 전범수용소와 10년간 중국 전범교도소를 거쳐 말년에 이르러 베이징 식물원의 정원사로 죽을 때까지의 일생을 스크린에 옮긴 대작 영화다.

영화는 역사적 사실과 다른 점이 많다. 실제 푸이는 어린 시절 맛들인 부와 권력의 중독증에서 헤어나지 못하고 오직 자신만을 위해 주변 인물과 민족을 팔아먹은 이기심에 찬 인생을 산 사람이었다. 만주국 황제 시절, 자신의 조국의 적인 일본 천황을 어버이로 받들고 충성 서약을 하기도 한다. 또한 늘 자신이 지은 죄책감에 시달리며 심한 약물 중독과 낭비벽을 버리지 못했다. 또한 네 명의 처첩을 거느리고 있었으며 영화에서와 같은 자살 소동과 아들의 죽음은 일어나지 않았다.

푸이를 연구해온 자잉화賈英華의 저서《해밀解密》에 따르면, 푸이는 일찍부터 자신의 유모 등과 기형적인 가정생활을 해왔으며, 환관 왕펑츠王鳳池와 동성애를 즐긴 것으로 밝혀졌다. 푸이의 동성애는 자서전인《나의 반생》에서도 "태감太監의 입 안에 오줌을 누었다"는 등의 표현으로 간접적으로 나타나고 있다.

중국이 공산화된 이후 한 의사의 진찰 소견서에 "푸이는 30년 전 황제로 있을 때부터 성불능 증세가 있었으며, 계속 치료를 했으나 나아지지 않았다. 담배를 좋아했으며, 세 번 결혼했으나 아이를 낳지 못했다"고 되어 있다.

이 영화는 역사적인 사실에서 부정적인 요소는 빼고 긍정적인 부분을 첨가해 신화 만들기에 철저하면서 역사 속에 묻힌 인간에게 초점을 맞췄다. 역사의 소용돌이 속에서 한 인간이 굴절되고 변모되어가는 과정을 감동적으로 그린 작품으로 1988년 아카데미 작품상, 감독상, 각색상, 촬영상, 미술상, 의상상, 음향상, 편집상, 음악상 등 9개 부문을 수상하였다.

베르나르도 베르톨루치 Bernardo Bertolucci(1941~)

이탈리아 출신감독. 사료 부족과 왜곡에도 불구하고 영화로서의 작품성이 높은 영화를 연출을 하여 1988년 아카데미 감독상을 수상하였다.

존 론 John Lone(1952~) 중국계 배우로 푸이 역을 맡아 섬세한 연기를 펼쳤다.

조안 첸 Joan Chen(1961~) 역시 중국계 배우로 원용 역으로 출연하였다.

피터 오툴 Peter O' Toole(1932~) 아일랜드 출신의 원로 배우로 2003년 아카데미 공로상을 수상하였다.

류이치 사카모토 Ryuichi Sakamoto(1952~) 〈마지막 황제〉로 1988년 아카데미 음악상을 수상한 일본 태생의 세계적인 아티스트로 중국적 분위기가 물씬 풍기는 테마 음악을 사용해 영화에 서정성을 한층 높였다.

삶의 가벼움과 무거움

프라하의 봄 | The Unbearable Lightness Of Being | 1988 | 미국

이 영화에 등장하는 다수 인물들의 생활은 너무 난잡스럽고
복잡한 애정행각을 벌이고 있다.
이것이 당시 **체코가 처했던** 사회의 모습과 어떤 연관이 있을까?

감독 **필립 카우프만**

출연 **다니엘 데이 루이스** - 토마스
　　　레나 올린 - 사비나
　　　줄리엣 비노쉬 - 테레사

미혼인 토마스는 프라하의 종합병원에 근무하는 체코의 권위 있는 뇌 전문의사로 바람둥이이다. 그는 화가인 사비나(레나 올린 분)를 애인으로 두고 있다.

어느 날 토마스(다니엘 데이 루이스 분)는 수술을 하기 위해 지방의 작은 마을로 출장을 가서 호텔의 6호실에 묵는다. 수술을 끝내고 호텔 수영장에 들른 그는 눈에 띄는 한 여성을 발견하고는 수영을 마친 그녀와 대화를 나누게 된다. 그녀는 호텔 카페에 근무하고 있는 테레사(줄리엣 비노쉬 분)다. 토마스가 익살스럽게 코냑 한 잔을 시키고 6호실 키를 보여주면서 말한다.

"술값을 방값에 포함시켜요."

"참 재미있네요. 선생님 방은 6호실이고 저는 6시에 일이 끝나거든요."

6시에 두 사람은 호텔 밖 벤치에서 다시 만난다. 《안나 카레리나》를 들고 있는 테레사는 "여긴 아무도 책을 안 읽어요. 진지한 대화도 못 하고요"라고 한다. 함께 다정한 대화를 나눈 후 토마스는 "다음에 다시 보자"고 말하고 자동차를 몰고 프라하로 돌아온다.

프라하로 돌아온 토마스가 사비나의 집에 와 있다. 사비나는 선정적인 몸짓을 하면서 토마스에게 말을 건넨다.

"그저 쾌락만 찾는 거예요? 세상 여자가 다 신대륙 같아서 그들의 비밀을 찾는 거예요? 여자가 섹스 할 때 무슨 말을 하는지 알고 싶어서? 어떻게 웃는지 보려고? 어떻게 속삭이고 신음하고, 울부짖고…… Are you only searching for pleasure? Or is every woman a new land…

whose secret you want to discover? You want to know what she's going to say when she makes love? Or how she will smile? How she will whisper⋯ groan, scream⋯"

"글쎄, 상상할 수 없을 만큼 섬세한 것⋯⋯ Maybe the very smallest⋯ unimaginable details⋯"

두 사람은 쾌락의 나락으로 떨어진다.

테레사가 프라하의 토마스에게 찾아와 "일자리를 구하기 위해서 왔다"라는 말을 끝마치기도 전에 둘은 사랑을 나눈다. 얼마 후 토마스는 자고 있는 테레사에게 《오이디푸스》를 손에 쥐어주고 병원으로 출근한다. 병원에서 선배 의사가 토마스에게 "스위스 제네바 병원에 자리가 생겼는데 가지 않겠느냐?"고 묻자 거절하면서 "이대로 프라하에 있겠다"고 대답한다.

토마스는 퇴근 후, 테레사가 있는 집으로 바로 가지 않고 사비나의 집에서 사랑을 나누고 테레사에 관해 이야기한다.

"인생을 두 번 살 수 있다면 좋겠어. 한 번은 그녀와 같이 살고, 또 한 번은 그녀 없이 살고 싶어. 그러면 어느 것이 좋은지 비교할 수 있겠지. 하지만 인생은 한 번이야. 삶은 가벼운 거야. 인생은 계획표처럼 첨가하거나 고쳐서 좋게 할 수도 없어. 두려운 일이야. If I had two lives⋯ in one life, I could invite her to stay at my place. In the second life, I could kick her out. Then I'd compare and see which had been the best thing to do. But we only live once. Life's so light. Like an outline, we

can't ever⋯ fill in or correct. Make any better. It's frightening."

사진작가인 테레사는 프라하에서 일거리를 부탁하기 위해 토마스와 함께 사비나 집을 방문한다. 사비나는 "세상에는 많은 사건이 있죠. 그걸 사진으로 찍어요. 발표하게 도와줄게요"라고 말한다.

다양한 삶의 모습을 카메라에 담은 테레사의 사진집 출판을 축하하기 위해 토마스는 사비나와 동료의사들과 함께 나이트클럽에 간다. 저쪽 탁자에서 공산당 관리들이 즐겁게 술을 마시고 있는 모습을 보고 젊은 동료의사가 "공산당 정권 아래서 10만 명 이상이 투옥, 고문, 사형을 당했는데 책임지는 사람이 없다"고 하자 토마스가 대답한다.

"난 오이디푸스왕을 생각해봤어. 오이디푸스는 모르고 자기 아버지를 죽였어. 근친상간하여 그 죄 값으로 온 나라에 전염병이 돌았어. 자신을 용서할 수 없어서 제 눈을 뽑고 길을 떠났지. 죄의식 때문에 자신을 벌한 거야. 그러나 우리의 지도자들은 오이디푸스와는 달리 자기들은 결백하다고 생각해. 그들 정권은 몰랐었다고 변명을 하지. 양심에 거리낄 게 없다고. 그러나 문제는 그들이 권력을 쥔 거야."

나이 든 동료 의사가 토마스에게 "이런 내용을 잡지에 기고해보라"고 권유한다.

　　테레사가 젊은 의사와 춤을 추며 토마스의 질투를 유발하자 토마스는 집으로 돌아와 테레사의 결혼 제의를 승낙한다. 결혼식 축하 파티 장소에서 토마스가 테레사에게 개 한 마리를 사 주면서 '카레닌'이라고 이름을 짓는다.

　　토마스는 자신이 말했던 《오이디푸스》에 관한 내용을 정리하여 잡지사에 기고한다.

　　결혼한 후에도 토마스의 계속되는 바람기에 괴로워하는 테레사가 거리로 뛰쳐나가자 토마스가 뒤따라 나간다. 거리에는 '프라하의 봄'을 잠재우기 위해 탱크를 앞세운 소련군이 침공하여 거리를 메우고 있다. 테레사는 소련군의 침공과 저항하는 체코 군중들의 모습을 찍기 위해 연신 셔터를 누른 다음 외국 언론에 게재되도록 필름을 넘긴다.

　　탱크에 진압되는 쓸쓸한 거리의 풍경이 비춰진다. 사비나는 스위스 제네바로 망명하고, 테레사도 제네바의 병원 근무 요청을 수락한 토마스와 함께 개 카레닌을 데리고 스위스로 간다.

　　제네바에 망명한 체코 국민들의 모임에서 사회자가 "소련이 우리나라를 침공한 것은 주권 국가에 대한 명백한 도전 행위입니다. 체코 사람은 침략자를 물리칠 의무와 권리가 있습니다. 싸울 용기가 없는 자들은 자유를 누릴 권리도 없습니다"라고 열변을 토한다. 그러자 행사에 참가한 사비나가 "사회자께서는 그럼 왜 이민을 오셨습니까? 돌아가서 싸우세요"

하며 핀잔을 준다. 이 모습을 지켜본 스위스 대학교수 프란츠가 뒤따라와 사비나를 만난다.

"망명 생활은 괴로운 것이죠. 버림받고, 뭘 어찌해야 할지도 모르고, 견딜 수 없는 외로움에 시달려야 할 거예요. 당신 나라가 점령되었는데 아무렇지도 않습니까?"

"저는 누굴 탓할 수도 없고 싸울 수도 없어요."

"그럼 어쩌실 거죠?"

"배가 고픈데 점심이나 먹어야죠."

유부남인 프란츠와 사랑을 나눈 사비나는 제네바로 온 토마스와도 사랑을 나눈다. 일자리를 구하고 있는 테레사가 사비나의 집으로 찾아가 "이곳 잡지사에서는 소련군의 만행을 담은 사진은 거들떠보지도 않고, 나체 사진만 찍어보라고 해요"라고 말한다. 사비나가 완전 알몸이 된 다음 이리저리 포즈를 취하자 테레사는 연신 사진을 찍는다. 이제는 테레사에게 옷을 벗으라고 하여 마지못해 옷을 벗자 사비나가 사진을 찍는다. 이때 프란츠가 찾아오자 테레사는 혼비백산한다. 프란츠가 사비나에게 진지한 표정으로 "아내와 헤어졌소. 유리알처럼 진실하게 함께 살아요" 하고 말하자 사비나는 눈물을 흘리며 감동해한다.

다음날, 프란츠가 사비나의 집으로 오지만 집은 텅 비어 있고, 삶의 진지함과 무거움을 스스로 거부한 사비나는 호텔에서 토마스와 사랑을 나누고 있다. 토마스가 집으로 돌아오자 테레사의 메모가 남겨져 있다.

"토마스, 당신을 돕는 게 내가 해야 할 일이란 건 알지만 그럴 수가 없군요. 당신을 돕기는커녕 짐이 되었어요. 삶이 나한테는 무거운데 당신한테는 너무 가벼워요. 이런 가벼움과 방종을 참을 수가 없어요. 난 강하지 못해요. 프라하에서 바라던 것은 오직 사랑뿐이었어요. 여기 스위스에서는 모든 것을 당신께 의지해왔어요. 당신이 날 버리면 어떻게 되죠? 나는 약해요. 나는 약한 사람들의 나라로 돌아가요. 잘 있어요. 미안해요. 카레닌은 제가 데려가요. Tomas, I know I'm supposed to help you. But I can't. Instead of being your support, I'm your weight. Life is very heavy to me… and it is so light to you. I can't bear this lightness, this freedom. I'm not strong enough. In Prague, I only needed you for love. In Switzerland… I was dependent on you for everything. What would happen if you abandoned me? I'm weak. I'm going back to the country of the weak. Goodbye. I'm sorry, but I've taken Karenin."

토마스도 테레사를 뒤따라 차를 몰고 프라하로 돌아와 근무하던 병원에 출근하자 선배 의사가 "당신이 예전에 잡지에 기고했던 '오이디푸스

왕' 기사가 문제가 됐다. 취소 사인을 하라"고 요구한다. 테레사는 집으로 돌아온 토마스에게 "서명하지 마세요" 하고 말한다. 병원으로 내무성 직원이 방문해 반성문에 서명을 요구하자 토마스는 반성문을 구겨버린다.

토마스는 병원에서 쫓겨나 유리창 닦는 일을 하게 된다. 창문을 닦고 있는 토마스가 의사였던 것을 알아본 여주인이 "요통을 봐달라"고 하면서 유혹하자 그녀와 관계를 맺는다.

집으로 돌아와 침대에 누운 토마스의 머리에서 테레사는 다른 여자의 냄새를 맡고 언쟁을 벌인다.

"왜 다른 여자를 만나고 다녀요? Why do you keep seeing other woman?"

"무슨 말을 해야 할지……. I don't know what to say to you."

"알아요. 알아요. 내게 수천 번 설명해 줬죠. 사랑은 사랑이고 섹스는 섹스라고, 섹스는 풋볼 같은 놀이라고……. 당신 말을 믿고 싶어요. 하지만 어떻게 사랑 없이 섹스를 하죠? 나도 해볼래요."

"아니."

"내가 그러면 당신은 날 거부할 걸요. 나도 당신처럼 무감각하고 강해지면 좋겠어요. You'd reject me if I tried. I wish I could be like you."

테레사는 토마스에 대한 반항 심리로 그녀가 근무하고 있는 술집에서 행패를 부리는 사람을 막아주고 자신을 엔지니어라고 소개한 손님의 집을 찾아가 만난다. 며칠 후 '프라하의 봄' 당시 스위스 주재 대사를 지내고 지금은 쓸쓸히 생활하는 술집 손님에게 엔지니어라는 손님에 대해 이야기하자 "비밀경찰인지도 모르니 조심하라"는 말을 듣는다.

안개 낀 다리 밑에 서서 테레사가 토마스에게 "프라하를 떠나고 싶어요"라고 하자 "여권을 당국에 빼앗겨 외국은 갈 수 없어"라고 대답한다.

농촌으로 내려온 토마스와 테레사는 암에 걸려 있는 개 카레닌 때문에 고민하고 있다. 테레사가 "난 어쩌면 당신보다 카레닌을 더 사랑하는지도 몰라요. 아주 바람직하게 말이에요. 질투도 안 느끼고 보상도 바라지 않고 달라지기도 원하지 않아요"라고 하자 의사인 토마스는 "암에 걸린 카레닌을 그대로 두면 고통만 심해질 거야" 하면서 직접 안락사시킨 후에 정성스레 묻는다.

시골 생활에 토마스와 테레사는 행복감에 젖어 있다. 토마스가 팔이 빠진 청년을 고쳐주자, 보답으로 토마스와 테레사와 동네 청년, 이웃 남자 이렇게 네 명이 40킬로미터 떨어진 바에 춤을 추러 간다. 흥겹게 춤을 추고 술을 마시는 테레사와 토마스……

미국에 있는 화실에서 작품을 만들고 있는 사비나에게 특별 우편이 배달된다.

토마스와 테레사가 술집에서 춤을 추며 하룻밤을 지내고 오는 길에 비가 오고 있었는데, 브레이크가 고장이 나서 두 사람 모두 즉사했다.

우편 내용을 설명하는 사고 당시의 상황이 펼쳐지면서 영화는 끝난다.

탱고 음악이 흐르는 가운데 오랜만에 흥겹게 놀아 기분이 좋은 토마스와 테레사는 호텔에서 하룻밤을 묵었다. 호텔방은 공교롭게도 토마스와 테레사의 인연을 만들어주었던 숫자인 6호실이었다. 다음날, 비가 내리고 있었다. 운전하고 있는 토마스에게 먼저 테레사가 말을 걸었다.

"무슨 생각해요? What are you thinking?"

"난 참 행복하구나 생각하고 있어…… I'm thinking how happy I am."

〈프라하의 봄〉은 체코 출신 작가인 밀란 쿤데라Milan Kundera(1929~)의 《참을 수 없는 존재의 가벼움》을 영화화한 것이다. 그는 '프라하의 봄'이 좌절되고 창작의 자유가 위협을 받자 1975년 프랑스로 망명, 귀화해 이 소설을 썼다.

한 인간의 삶과 죽음을 가벼움과 무거움의 두 측면에서 조명하면서 인간과 역사와의 관계를 심도 있게 풀어낸 작품이다. 인간이 역사의 주체로서 삶의 무거움을 안고 살아가지만 가볍게 살고 싶은 욕망에 사로잡히는 현상을 보여주면서 이와 같은 괴리에서 오는 존재의 혼돈과 방황의 해결책을 사랑이라는 감성에서 찾고 있다.

영화의 시간적 배경은 '프라하의 봄'이라고 불리는 시기다. '프라하의 봄'은 1968년 1월에 시작되었다.

개혁파 지도자 알렉산드르 두브체크Alexander Dubček(1921~1992)가 체코 공산당 서기장으로 임명되면서 자유화의 개혁이 시작된다. 그는 공산 독재 정치에 시달려온 체코 국민들에게 "비밀경찰을 없애고, 언론과 출판의 자유를 보장하고, 시민들이 두려움을 느끼지 않는 사회주의를 만들겠다"고 선언한다. 이때부터 정부의 통제와 간섭으로부터 자유로운 '프라하의 봄'이 시작된 것이다.

그러나 그 봄은 짧아 그해 8월 21일 새벽, 구소련이 수백 대의 탱크를 앞세우고 프라하를 침공하여 갑작스런 종말을 맞이했다.

필립 카우프만 Philip Kaufman(1936~)

철학적 소설인 《참을 수 없는 존재의 가벼움》을 유장한 러브스토리로 연출하면서 삶의 가벼움과 무거움에 대한 메시지를 던지고 있다.

다니엘 데이 루이스 Daniel Day-Lewis(1957~) 영국 출신으로 토마스 역을 맡아 낭만적인 자유주의자의 갈등을 빼어난 카리스마로 표현하고 있다. 〈나의 왼발〉로 1990년 아카데미 남우주연상을 수상하였다.

줄리엣 비노쉬 Juliette Binoche(1964~) 프랑스 최고의 여배우로 삶의 역사성을 깨우쳐가는 테레사 역을 뛰어난 감수성으로 표현하고 있다. 〈잉글리시 페이션트〉로 1997년 아카데미 여우조연상을 수상하였다.

레나 올린 Lena Olin(1956~) 스웨덴 출신으로 사비나 역을 맡아 관능적이고 개성 있는 연기를 펼치고 있다.

레오스 야냐체크 Leos Janacek(1854~1928) 체코의 민족음악 작곡가. 다채로운 음악으로 영화가 나타내고자 하는 삶의 가벼움과 무거움의 순환을 표현하고 있다. 〈요정 이야기〉, 〈안개 속에서〉, 〈수풀이 우거진 오솔길〉, 체코 민요 〈요이 요이 요이〉 등의 음악이 영화 전편을 타고 흐른다.

인간의 원초적 생명력

붉은 수수밭 | Red Sorghum | 1988 | 중국

 ⟨붉은 수수밭紅高粱⟩은 모옌이 쓴 원작 소설을 영화화한 것이다.
1930년대 전·후반의 중국의 광활한 수수밭을 배경으로
한 여자의 기구한 생애를 다루고 있다.

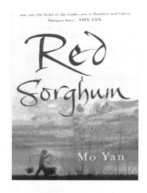

감독 **장이머우**

출연 **공리** – 츄얼
　　 장원 – 위찬아오

열여덟 살인 츄얼의 부친은 노새 한 마리를 얻기 위해
쉰 살이 넘은 양조장을 경영하는 문둥이에게 시집을 보냈다. 붉은 가마와 웃옷을 벗어 젖히고 가마를 짊어진 구릿빛의 건장한 남정네 가마꾼들의 춤과 노래의 풍습 의식이 펼쳐지고 가마 안에서 일그러진 얼굴을 한 새색시의 모습이 교차된다.

이는 시청각적으로 이국적인 느낌을 전달하는 동시에 가련한 여인의 운명, 건장한 남성에 대한 츄얼(공리 분)의 은근한 눈길, 중국의 봉건적 폐습 등 앞으로 전개될 이야기의 프롤로그로 확실한 인상을 남긴다.

츄얼의 가마는 신랑이 살고 있는 마을로 가고 있었다. 풍악을 울리고 가마를 든 사람들은 양조장에서 일하는 사람이며 마을의 유명한 가마꾼인 위찬아오(장원 분)만 고용되었다. 고을의 풍습에 따라 가마꾼은 신부를 놀려야 했다. 가마꾼들은 가는 동안 가마를 전후좌우로 끊임없이 흔들어 댔다. 신부는 아무리 놀려대도 울어서는 안 되며, 면사포를 벗어도 안 되었다. 풍습에 그래야 불행을 면하고 액운을 당하지 않는다고 했기 때문이었다. 하지만 너무나 세차게 흔드는 바람에 면사포를 벗고 울음을 터뜨리는 츄얼…….

신랑이 살고 있는 십팔리 고개를 가려면 청살구를 지나야 했다. 그곳에는 무성한 야생의 붉은 수수밭이 자리잡고 있는데 가마꾼들과 이곳을 지날 때 토비를 만났다. 토비는 가마꾼들의 돈을 빼앗고 츄얼을 붉은 수수밭으로 납치하려 했다. 문둥이에게 시집가기 싫은 츄얼은 겁을 먹은 것이 아니라 오히려 엷은 미소를 띠며 붉은 수수밭 속으로 들어가려 했다. 이때 고개를 숙이고 엎드려 있던 위찬아오와 가마꾼들이 토비를 덮쳐 퇴치했다. 다시 가마를 타는 츄얼에게 고용된 가마꾼인 위찬아오는 이상한 눈길을 보냈다. 가마를 탄 츄얼은 자신의 발을 가마 밖으로 내놓자 위찬아오가 가마 밖으로 빠져 나온 발을 잡았다. 이것은 성관계를 의미하는 사전 행위를 상징하고 암시한다.

신랑이 살고 있는 십팔리 계곡으로 온 츄얼은 혼례 후 삼일 째 친정으로 오던 중 펄럭이고 나부끼는 붉은 수수밭을 지날 무렵 위찬아오에게 끌려갔다. 위찬아오는 츄얼을 수수밭으로 안고 가서 수수를 넘어뜨린 다음 그것으로 성의 제단을 만들어 츄얼과 관계를 맺었다.

츄얼이 신랑의 집으로 돌아왔을 때는 남편이 누군가에 의해 살해되어 있었다. 츄얼이 방 안으로 들어가지 못하고 마당에 기거하고 있자 일꾼들이 양조장에서 만든 고량주로 소독을 해주었다. 이제 젊은 여주인이 된 츄얼은 일꾼들을 설득해 다시 양조장을 가동했다. 양조장의 운영은 최고 령자인 루어한에게 맡겼다.

술에 잔뜩 취한 위찬아오가 양조장으로 찾아와 "츄얼은 내 마누라야"라고 하면서 수수밭에서의 츄얼과의 관계를 떠벌렸다. 위찬아오는 일꾼들에게 끌려가 사흘 동안 빈 술독에 거꾸로 빠져 있었고 그 사이에 츄얼은 유명한 토비 두목인 신창삼포에게 납치당하고 몸값을 지불하고 사흘 만에 돌아왔다.

위찬아오는 신창삼포가 기거하고 있는 푸줏간으로 쳐들어가듯이 찾아가서 목숨을 건 싸움을 하며 "내 여자를 건드렸나?" 하고 따졌다. 그러자

신창삼포는 "아니다. 삼천 냥을 받았을 뿐이다. 정말이다. 문둥이 남편의 여자는 건드리지 않는다" 라고 대답했다.

　음력 9월 9일인 중양절이 다가오자 술을 빚었다. 루어한은 츄얼에게 새 술을 만드는 과정을 보여주며 술이 만들어지자 마시게 하고 노래를 부르며 경건한 의식을 치렀다. 이때 신창삼포를 만나고 나온 위찬아오가 찾아와서 술독을 앞에 놓고 거기에다 오줌을 누었다. 츄얼을 비롯한 루어한 등 양조장 일꾼들이 넋을 잃은 채 쳐다보고 있었다. 위찬아오는 츄얼을 들쳐 메고 방으로 들어가고 츄얼은 손으로 위찬아오의 어깨를 잡았다. 이것은 위찬아오를 남편으로 받아들이는 의미를 나타낸다.

　양조장에 희소식이 날아왔다. 위찬아오가 심술이 나서 오줌을 눈 술이 이상하게도 전에 없이 달고 맛이 좋았다. 양조장에서는 마을 이름을 따서 '십팔리 홍고량紅高粱' 으로 이름을 붙여서 세상에 내다 팔기 시작했다. 일설에 따르면 술을 만드는 데 누룩을 쓰기 이전에는 침이나 소변을 발효의 매개체로 사용하였을 가능성도 이야기하고 있다.

츄얼과 위찬아오가 본격적으로 신접살림을 차리자 술을 만들고 양조장을 책임지던 루어한은 그곳을 떠났다. 루어한이 좋아한 츄얼을 위찬아오에게 빼앗겨 양조장을 떠난 것이다. 츄얼과 위찬아오 사이에서 태어난 아들 두쿠한은 건강하게 자랐다.

9년이 지난 후 루어한이 십팔리 고개에 죽장망혜 차림으로 나타났다가 먼발치에서 서성이다 사라졌다. 그해 7월 펄럭이는 수수밭을 뒤로 한 채 일본군이 들어왔다. 일본군으로 인해 양조장과 마을의 평화는 깨졌다. 군용도로를 건설한다는 명목으로 일본군에게 끌려간 사람들은 삶의 터전이었던 광활한 수수밭을 밟아 눕히는 일을 하게 되었다. 양조장을 나간 후 항일 게릴라에 가담했다가 붙들린 루어한이 산 채로 가죽이 벗겨졌다. 루어한은 생피를 벗기는 동안 숨이 끊어질 때까지 일본군을 저주했고 두려워하지 않았다. 이 모습을 목격한 마을 사람들의 분노는 폭발했다.

츄얼과 위찬아오를 비롯한 양조장 일꾼들은 술을 놓고 루어한을 추모하고 원수를 갚기 위해 붉은 술을 마시면서 무릎을 꿇고 맹세를 했다. 츄얼이 "당신들이 남자라면 이 술을 마시고 일본군 트럭을 공격해 루어한의 원수를 갚아주세요" 하고 단호하게 말했다. 영화 속에서 위찬아오와 츄얼이 어떻게 항일전에 휘말리게 되었는가에 대해서는 간단하게 처리하고 있기 때문에 산둥 농촌과 항일 운동과의 관계를 제대로 이해하기가 어렵다. 물론 루어한이 처형되는 것을 보고 난 뒤 츄얼이 분에 찬 모습으로 술을 마시면서 남편에게 원수를 갚아달라고 말하는 데서 그 원인을 찾

을 수는 있지만 이것만으로는 설득력이 약하다. 만약에 이 때문에, 일본 군과의 싸움에 나서게 되었다면, 그 싸움은 항일전이라는 차원보다 개인의 복수전 성격을 가질 수밖에 없다. 감독은 정치적 의미는 될 수 있는 한 배제하고 수수밭을 사이에 두고 벌어지는 인간들의 문제에 더 큰 관심을 두었다고 말하였는데, 아마 이 말이 진솔한 것 같다.

츄얼과 위찬아오를 중심으로 일꾼들은 수수밭에 술독을 묻고, 그 사이에 폭파 장치를 설치하여 일본군에게 대항했다. 기관포를 앞세운 일본 군용 트럭과 고량주에 불을 붙여 싸우는 마을 사람들. 츄얼은 싸움에 나가는 대신 술과 고기를 준비하고 차이삥이라는 대용 식량을 만들어 후방 지원을 담당했다. 츄얼이 식량을 나누어주려고 수수밭의 매복 지점에 도달하였을 무렵, 나타난 일본군이 사정없이 뿜어대는 기관총에 맞아 쓰러지고 뒤늦게 터진 폭파 장치로 트럭과 함께 수수밭은 화염 속에 휩싸였다. 아들 두쿠한이 "아버지"라고 부르는 울음소리가 애처로이 들린다. 붉은 수수밭은 피로 물들고 그 위에 위찬아오 부자가 우뚝 서면서 그들의 머리 위로 핏덩이 같은 붉은 태양이 솟아오르고 이를 배경으로 두쿠한의 목소리가 들려오면서 영화는 끝난다.

"엄마! 엄마! 극락 가! 순풍에 돛달고 큰 배타고 엄마, 엄마, 극락에 가! 이 세상 근심이랑 모두 떨쳐버리고 탄탄대로에 좋은 말 타고 엄마, 엄마, 극락에 가!"

〈붉은 수수밭〉은 정치적 영화는 아니다. 그러나 이 작품은 일본제국주의에 대한 저항, 가부장제로부터의 여성 해방, 육체의 해방을 이야기한다. 반일 항쟁의 이야기는 다소 도식적으로 보이기도 하지만 전래의 전통적 여인상에서 벗어나 있는 여주인공의 여성으로서의 정체성과 연관 지어 보면 달리 읽을 수도 있다. 사람에게는 상반되는 양방면의 인간성이 있다. 그 한 방면은 인성의 개방이요, 반항이요, 활력이다. 그리고 그 반대 방면은 인성의 폐쇄요, 체념이요, 굴욕이다. 우리 인간에게는 이 두 측면이 함께 존재한다.

여주인공은 양조장 주인이 살해된 뒤 양조장 운영을 책임지는 반半모계사회의 가장이 된다. 영화는 이런 개척적이고 능동적인 여인상과 함께 건장하며 낭만적인 남성상을 제시한다. 대부분 웃옷을 벗고 등장하는 남성들의 모습은 도덕적인 틀에 얽매이지 않으면서 자유롭다. 이들의 모습은 일본군의 제복과 뚜렷한 대비를 이룬다. 이들의 건장한 신체는 오늘날 은밀해지고 심리적 문제로 치부되는 '육체'를 과거의 자유로운 집단의 영역으로 끌어내는 의미를 지닌다. 영화는 역사의 흔적이 배어 있고, 전통적이면서도 동시에 비전통적이다. 전통과 새로움의 조화를 꾀하고 있는 것이다.

〈붉은 수수밭〉은 중국현대문학을 대표하는 작가인 모옌(1955~)이 쓴 원작 소설을 영화화한 것이다. 1930년대 전·후반의 중국의 광활한 수수밭을 배경으로 한 여자의 기구한 생애를 다루고 있다. 붉은색으로 표현되는 바람 부는 수수밭에서 인간들의 원초적인 생명력을 그리고 있다.

중국 특유의 풍경을 살린 배경, 중국 고유의 악기에 따른 전통 음악과 배경음이 삽입되었으며 절제된 대사로 한 시대를 살았던 한 여인의 삶을 그리고 있다. 영화는 1930년대 말의 산둥 농촌과 항일에 얽힌 이야기를 하면서 원작에 내재된 문학성을 충실히 반영하고 있다. 영화의 실제 촬영 장소는 황토 고원의 하투河套였으며 화면 가득히 전개되는 수수밭 풍경은 화베이의 정경을 상징하는 데 더 없이 좋은 장면이다.

장이머우 감독의 스승인 시에 페이謝飛가 평가한 것처럼 아주 진지하게 자신의 생각이나 주제를 표현한 예술 영화로서 당시의 농촌 상황과 일본군의 실태 등 당시의 역사적 상황에 접근해 들어갈 수도 있다. 영화는 화면에 등장하지 않는 손자의 내레이션을 통해 중국 산둥 지방의 한 벽지마을에 살던 조부모에 대한 이야기를 회상하는 형식의 플래시 기법으로 전개된다.

세계화가 꿈틀거리는 시기에 중국적인 정서로 가득 차 있는 〈붉은 수수밭〉이 국제적인 영화제인 베를린영화제에서 작품상을 받았다. 이는 세계화 시대에서 '가장 민족적인 정서를 담고 있는 것이 가장 세계적인 것이 될 수 있다'는 것을 시사한다.

　세계화란 서구적인 자본주의적 생활 방식의 지배와 확산으로 인해 각 국가들의 문화적 다양성과 차이가 소멸되고 획일화되는 과정이기도 하다. 그런 까닭에 오히려 자국 문화의 특수성이 고스란히 드러난 작품들이 세계적으로 좋은 평가를 받은 것이다.

장이머우 Zhang Yimou(1951~)

첸카이커 감독과 함께 중국 제5세대 영화의 기수.

1985년 첸카이거 감독의 〈황토지〉가 중국 영화의 새로운 탄생을 처음으로 외부 세계에 알린 이후 장이머우 감독의 데뷔작인 〈붉은 수수밭〉은 전 세계가 중국 영화에 관심을 갖게 되는 기폭제가 됐다.

〈붉은 수수밭〉은 서구의 관객들이 이국적이면서도 충분히 공감할 수 있도록 중국적이면서 동시에 세계적인 것을 추구하여 베를린영화제 그랑프리인 금곰상을 수상하였다. 이후 그는 1992년 〈귀주 이야기〉로 베니스영화제 대상인 황금사자상, 1999년 〈책상서랍 속의 동화〉로 또다시 베니스영화제 대상인 황금사자상을 수상하였다.

공리 Gong Li(1965~) 〈붉은 수수밭〉으로 데뷔하여 1988년 베를린영화제 여우주연상인 은곰상을 수상하였으며 1992년 칸영화제 대상인 황금종려상을 수상한 〈패왕별희〉의 여주인공을 맡았으며 장이머우 감독의 〈귀주이야기〉로 1992년 베니스영화제 여우주연상인 은사자상을 수상했다. 감독 장이머우와는 사적인 연인 관계와 공적인 영화 파트너의 관계를 함께 유지했었다.

장원 Jiang Wen(1963~) 위찬아오 역을 맡았다. 현재 영화감독으로 더 활동중이다.

동막골의 한국전쟁

웰컴 투 동막골 | Welcome To Dongmakgol | 2005 | 한국

 전쟁에서 한발 비껴 있었던 두메산골 '동막골' 이란 마을을 무대로,
이곳에 들어온 **국군**과 **인민군** 그리고 **미군**이
한데 모여 **갈등**하고 **화해**한다.

감독 **박광현**

출연 **신하균** - 표현철
　　 정재영 - 리수화
　　 임하룡 - 장영희
　　 강혜정 - 여일
　　 류덕환 - 서택기
　　 스티브 태슐러 - 스미스

한국전쟁이 한창인 1950년 늦가을. 강원도 두메산골에 있는 동막골에 사는 소녀인 여일(강혜정 분)의 클로즈업된 얼굴이 점점 멀어지면서 머리에 꽃을 단 천진난만한 모습이 비친다. 여일의 머리 위로 날아가는 정찰기가 고장으로 불시착한다. 정찰기는 파손되었고 조종사인 연합군 스미스(스티브 태슐러 분) 대위는 부상당한 상태다. 정찰기의 비행을 추적하던 사령부에서는 인민군의 대공 포화를 맞고 추락한 것으로 추정하고 있다.

정신세계가 조금 이상한 여일이 들과 산에서 놀다가 땅에 앉아 휴식을 취하고 있던 패잔 인민군 장교인 리수화(정재영 분)와 하사관 장영희(임하룡 분), 소년병 서택기(류덕환 분) 앞으로 빠른 걸음으로 지나간다. 이들이 깜짝 놀라 일어나 총을 겨누며 "꼼짝 마라"라고 외치지만 여일은 아무렇지도 않은 듯이 천연덕스럽게 말한다.

"내 좀 빨라. 난 참 이상해. 숨도 안 멕히고……. 아래 이래 팔을 빨리 휘저으믄, 다리도 빨라지미. 다리가 빨라지믄 팔은 더 빨라지미. 땅이 막 뒤로 지나가미……. 난 참 빨라. 뱀이 나와. 여 누워 있지 마라. 뱀 이거 깨물믄 마이 아파. 우터 그래 아픈지……."

매복한 국군들의 사격으로 부하들이 죽고 겨우 살아남아 평양을 향해 퇴각하던 리수화 일행은 마을로 가서 잠깐 휴식을 취하기로 하고 여일을 따라나선다.

한편 한강다리 폭파 임무를 수행하고 괴로워하던 국군 소위 표현철(신하균 분)은 부대를 탈영한 후 권총 자살을 기도하다가 다른 부대에서 탈영

한 국군 위생병 문상상(서재경 분)의 만류로 자살을 포기하고 약초 캐러 나온 마을 사람을 따라 동막골 촌장(정재진 분) 집에 도착한다. 이곳에는 추락한 미군 전투기 조종사인 스미스가 동네 주민들의 도움으로 치료를 받고 있지만 아무리 돌아갈 방법을 물어도 영어를 알아듣는 사람이 없으니 미칠 지경이다. 표현철은 스미스를 보고 총을 겨누지만 스미스는 자신을 구하러온 연합군 장병인줄 알고 기쁜 표정을 짓는다.

동막골 주민들은 전쟁이 일어난 줄 모르고 있다. 문상상은 동막골 주민들에게 전쟁이 난 사실을 알려준다. 이때 여일을 따라 동막골로 들어온 리수화 일행과 표현철과 문상상이 서로 상대방을 향해 총을 겨눈다. 일촉즉발의 상황이다. 하지만 세상의 물정과 완전히 담쌓고 지내는 동막골 사람들에게 수류탄과 총 등의 무기는 생전 처음 보는 물건들이다. 마을 사람들은 당황하거나 무서워하지 않고 태평스럽게 행동한다. 여일은 서로를 향해 눈을 부라리고 총과 수류탄으로 위협을 가하는 국군과 인민군의 닮은

모습을 보고 리수화에게 다가가 "근데 있잖어…… 쟈들하고 친구냐?" 하
고 묻는다.

　서로 총과 수류탄을 빼어들고 밤을 꼬박 새우고도 한낮까지 대치하고
있다. 비를 맞으며 얼어붙을 것 같은 긴장 속에서 여일은 인민군 소년 병
사인 서택기에게 다가가 수건으로 얼굴을 닦아주고 들고 있는 수류탄 안
전핀이 가락지인줄 알고 뽑아 도망친다. 깜짝 놀란 서택기가 안전핀이 뽑
힌 수류탄을 들고 있다가 졸음으로 그만 놓쳐버린다.

　이때 순간적으로 대량 살상의 위험을 감지한 국군장교 표현철이 몸을
던져 수류탄을 감싸 안는다. 다행히 수류탄은 불발탄이다. 이 모습을 본
리수화가 표현철이 들고 있는 수류탄도 불발탄이 아니냐는 말을 건네자
표현철은 수류탄을 곳간 쪽으로 굴려 던진다. 겨울 양식으로 모아두었던
옥수수들이 하늘을 향해 폭발하면서 팝콘이 되어 눈송이처럼 흩날린다.
여일은 하늘을 향해 팔을 벌리며 환호하는 표정을 짓는다. 한순간에 현실

을 휘발시키는 이 환상은 지친 군인들을 잠재우는 이완제 기능을 한다.

이제 남북한 장병들은 서로 총을 놓고 동막골에서 긴장한 상태에서 불안한 동거를 시작한다. 리수화 일행은 곡물 창고가 폭발해 식량이 부족한 것을 메우기 위해 밭에 나가 감자 캐는 일을 도와준다.

한편 스미스가 추락한 정찰기에 올라가 고장 난 무전기에 대고 계속 자신의 존재를 사령부로 알린다. 이 교신을 듣고 사령부는 스미스의 생존을 확인하지만 스미스는 사령부에서 말하는 응답 내용이 전혀 들리지 않는다.

남북한 장병들은 서로 티격태격하면서 동막골 주민들과 어울려 농사를 도우며 전쟁과 증오를 잊어간다. 서택기는 여일에 대한 연민의 정을 품고 있다.

어린 동네 꼬마와 스미스가 숲 속에서 멧돼지를 만나 혼비백산한다. 멧돼지가 숲에서 나타나 서택기를 향해 공격을 하자 표현철이 몸을 날려 구

한다. 이때 다시금 표현철을 향해 돌진하는 멧돼지. 이 모습을 보고 리수화, 장영희, 문상상, 스미스가 힘을 합쳐 멧돼지를 잡아 바비큐를 함께 즐긴다. 오랜만에 멧돼지 고기를 먹은 리수화와 표현철은 메밀꽃이 점점이 박혀 있는 들판에 앉아 변을 보면서 서로 통성명을 하고 긴장의 끈을 거둔다. 이 멧돼지 사냥을 계기로 서로에 대한 벽이 허물어지기 시작하고 이들은 점차 '동막골' 의 주민으로 변해간다.

연합군 사령부에서는 마지막으로 교신이 온 지점인 동막골을 두고 설전을 벌이고 있다. 미군 측은 동막골에 인민군 기지가 있는 것으로 추측하고 폭격 감행을 주장하고 한국군 대령은 확실하지 않은 정보로 작전을 감행할 수 없다고 말한다. 결국 미군 측의 주장에 밀려 스미스 구출 작전 준비에 들어가고, 작전 개시 24시간 후 폭격을 하도록 되어 있다.

동막골에서는 이러한 사실도 모른 채 남북한 장병과 스미스, 주민들이 함께 어울려 들판에서 풀썰매도 타고 게임을 즐기며 어울려 논다. 촌장에게 리수화가 "그러니까네…… 고함 한번 지르지 않고 부락민들을 휘어잡을 수 있는 뭐 위대한 비결은 뭡네까?" 하고 묻자 "뭐르 마이 멕여이지 뭐"라고 대답한다.

이들은 옥수수와 감자를 먹으며 밤늦은 시간까지 노래를 부르며 흥겨운 시간을 보낸다. 스미스는 함께 어울려 정겹게 노는 모습을 보면서 동막골에서 나이가 제일 많은 할머니를 등에 업고 "참 행복해 보여요. 저렇게 살아야 하는데" 하고 말하며 할머니 집으로 온다.

스미스 구출과 폭격 작전을 개시한 연합군 작전팀들이 공중에서 낙하하면서 동막골 사람들이 불을 밝히고 노는 곳을 적진으로 오인한다. 동막골 사람들이 놀고 있는 곳으로 총을 겨누고 접근하는 작전 군인들. 스미스 대위는 할머니를 데려다주러 갔기 때문에 이 자리에는 없다. 순박한 동막골 주민들이 작전 인솔 미군 장교를 향해 인사하자 "장난인 줄 아나! 내가 놀러온 줄 알아! 빨갱이 새끼들이 내 인내력을 시험해?" 하면서 위협을 가한다. 이 모습을 본 여일이 작전 수행 중인 한국 군인에게 접근하여 아무렇지도 않은 듯한 표정을 지으며 웃음을 짓자 총으로 위협한다. 이때 서택기가 "그 애는 미쳤어요" 하고 소리친다. 연합군 작전팀이 계속하여 마을 사람들을 위협하자 촌장이 나선다.

"아니 왜 그래 부애가 많이 났소. 자 진정들 해요."

그러자 촌장에게 사정없이 발길질을 안기고 머리를 짓이기면서 "빨갱이와 대공포를 본 사람은 나와!"라고 위협한다. 이 모습을 지켜보던 표현철과 리수화가 달려들어 총을 빼앗아 작전 군인들을 사살하고 한 명을 생포한다. 이 과정에서 여일이 총을 맞은 배를 가리키며 "여가…… 뜨구와…… 마이 아파" 하면서 숨을 거둔다. 여일에게 연민의 정을 갖고 있던 서택기는 울부짖는다.

생포된 국군으로부터 스미스 구출 작전이며 폭격이 이루어질 것이라는 계획을 전해 듣고 표현철과 리수화 등은 동막골을 구하기로 마음을 먹는다. 이들은 추락한 수송기에 있던 무기와 화약을 발견하고 이를 이용해 동막골이 아닌 다른 곳에 대공포 기지를 만들어 이곳으로 폭격을 유도하려고 한다. 사지로 떠나는 이들과 이런 사실도 모르는 동막골 주민들 간에 끈끈한 이별의 정을 나눈다.

위장 대공포진지에 도착해 스미스는 "나도 당신들과 함께 남겠소"라고 하지만 생포되었던 작전 군인과 함께 사령부로 가서 실질적인 상황을 알리기로 한다. 남북한 군인 다섯 명이 대공포 진지를 설치하고 폭격기가 날아오기를 기다린다. 표현철이 비장한 표정을 지으며 "우리 여기 말고 다른 데서 만났으면 정말로 재미있었을 텐데. 안 그래요!"라고 말한다.

편대를 지어 날아오는 폭격기를 향해 대공포를 발사하자 폭격이 시작된다. 응사하는 남북한 장병들. 폭격기가 격추되고 다른 폭격기의 사정없는 폭격과 함께 장영희와 문상상이 죽는다. 수십 대의 폭격기들이 동막골이 아닌 대공포가 있는 진지를 향해 융단폭격을 시작한다. 죽어가는 그들의 얼굴에 미소가 보인다. 사령부를 향해 가던 스미스는 동막골이 폭격된 줄 알고 눈물을 흘린다. 산 너머의 폭격을 자신들을 위한 희생인지 모르고 불꽃놀이로 바라보는 동막골 주민들은 찬란히 흩어지는 불꽃을 보며 아름다움에 감탄한다.

폭격의 잔해는 눈으로 덮이고, 동막골에서 그들이 함께했던 장면이 환상처럼 스크린을 덮으며 영화는 끝난다.

〈웰컴 투 동막골〉은 장진 감독 동명의 히트 연극을 영화화한 작품으로 전쟁의 소용돌이 속에서 아름답게 빛나는 사람들의 순수함과 따뜻함을 이야기하고 있다.

한국전쟁에서 한발 비껴 있었던 두메산골 '동막골'이란 마을을 무대로, 이곳에 들어온 국군과 인민군 그리고 미군이 한데 모여 갈등하고 화해한다. 전쟁이라는 급박한 분위기에서 연출되는 아이러니한 상황과 구수한 사투리 대사들이 웃음을 주며, 산골 마을 사람들의 순박함과 풋풋한 인간애, 이념을 초월한 희생정신이 긴 여운을 선사한다.

〈웰컴 투 동막골〉은 2005년 대한민국영화대상에서 최우수작품상 등을 수상하였다.

박광현(1969~)

옴니버스 영화 〈묻지마 패밀리〉 중 〈내 나이키〉 편을 연출했으며 〈웰컴 투 동막골〉
은 장편 영화 데뷔작으로 2005년 대한민국영화대상에서 감독상과 신인감독상을 동
시에 수상하였다.

신하균(1974~) 국군 소위 표현철 역을 맡았다.

정재영(1970~) 인민군 장교 리수화 역을 맡았다.

임하룡(1952~) 장영희 역으로 2005년 청룡영화상에서 남우조연상을 수상하였다.

강혜정(1982~) 여일 역을 맡아 2005년 대한민국영화대상과 청룡영화상에서 여우조연상
을 수상하였다.

스티브 태슐러 공개 오디션으로 뽑은 할리우드에서 활동하는 배우이다.

히사이시 조(1950~) 음악을 맡아, 2005년 대한민국영화대상 음악상을 수상했다. 그
는 거장 미야자키 하야오의 파트너로서 〈센과 치히로의 행방불명〉, 〈하울의 움직
이는 성〉의 음악을 담당했다.

잃어버린 자아 정체성

카게무사 ┃ Kagemusa/Shadow Warrior ┃ 1980 ┃ 일본

 영주들은 전장에 나갈 때 자신과 비슷한 외모의
가짜 영주를 데리고 나가는 위장 전술을 즐겨 사용했는데
그 가짜 무사를 그림자 무사라는 뜻의 카게무샤라고 하였다.

감독 **구로사와 아키라**

출연 **나카다이 다츠야** - *다케다 신켄/카게*
　　　야마자키 츠토무 - *다케다 노부카도*
　　　하기와라 켄이치 - *다케다 가츠요리*

첫 장면은 6분간의 롱테이크(길게 찍기) 장면이다. 카메라가 줌, 또는 아웃이 되지 않고 고정된 채, 다케다 가의 본진本陣의 모습을 비춘다. 가운데 다케다 신켄이 앉아 있고, 왼쪽에 그의 동생 다케다 노부카도, 오른쪽에 주인공인 카게무샤가 앉아 있다. 신켄이 동생 노부카도에게 먼저 말한다.

"음. 닮았군."

"형님이 또 한 분 계신 것 같소. 나도 오랫동안 형님의 카게무샤를 해왔지만 이렇게 닮지는 못했소."

"어디서 찾아냈지?"

"처형장에서요. 사형당하기 직전에 주워왔지요. 형님 카게무샤로 어떨까 해서요."

"무엇 하는 자냐?"

"도둑놈이죠."

"아무리 닮았지만 도둑을 카게무샤로 쓰다니 불손하지 않느냐?"

이 말을 듣고 있던 도둑이 대꾸한다.

"흥, 난 겨우 돈이나 훔친 새끼 도둑입니다. 나라를 훔치기 위해 수없이 백성을 죽이는 것은 더 큰 도둑 아닙니까?"

그러자 신켄이 큰소리로 "천하를 얻기 위해서는 못할 것이 뭐가 있느냐. 피로 피를 씻는 난세. 살벌한 전국시대다. 누군가가 천하를 통일하지 않는 한 그 피의 강물은 멈추지 않을 거다. 주검의 산만 높아질 뿐. 저놈 배포가 맘에 든다. 노부카도 네게 맡긴다" 하고 말한다.

16세기 중엽, 천황은 상징적 존재였고, 그 밑에 영주들의 실질적 정부인 막부가 있었다. 그러나 당시 무로마치 막부의 수장이었던 요시아키는 통치력을 상실한 존재였고, 전국의 각 지방에서 일어난 영주와 그 가문들은 천하를 재패하기 위해 피비린내 나는 전쟁을 계속했다.

가장 강력한 영주 중 하나인 다케다 신켄은 천황이 거처하는 교토를 점령하고 일본을 통일하려는 야심을 가지고 있었다. 그의 교토 진출을 가로막고 있는 것은 오다 노부나가와 도쿠가와 이에야스의 연합세력이었다.

신켄의 강력한 군대는 교토 진출의 교두보가 될 노다 성을 20여 일이나 포위한 끝에 성으로 통하는 물줄기마저 끊는 데 성공한다. 하지만 성의 점령이 막바지에 이른 어느 날 밤, 포위된 성 안에서 들리는 피리 소리를 감상하는 데 열중하던 신켄은 적 저격병의 총탄에 심각한 상처를 입는다.

저격 소식은 도쿠가와 이에야스와 오다 노부나가에게 전해지고, 그들은 첩자를 보내 신켄의 생사를 염탐한다. 신켄이 죽으면 전국의 판도가 바뀌기 때문이다. 본진에 돌아온 신켄은 결국 최후를 맞이한다. 죽음이 임박한 그는 다케다 가의 미래를 염려해 부하와 아들 앞에서 다음과 같은 유언을 남긴다.

"내 깃발을 왕도에 세우는 게 평생소원이었다. 그러나 이젠 거기에 얽매이지 마라. 설사 내가 죽더라도 3년간은 비밀로 하라. 오직 영토 방비에만 힘쓰고 결코 군사를 움직여선 안 된다. 만약 이를 무시하는 날에는 우리 다케다 가문이 멸망할 것이다."

신켄은 죽고 시체를 강에 수장시킨다. 죽음을 비밀로 하는 것은 어려운 일이었다. 신켄의 동생 노부카도는 신켄의 생전에는 자신이 형의 카게무샤를 했지만, 신켄이 죽은 지금은 적뿐만 아니라 아군까지 속이는 완벽한 카게무샤가 요구되었다.

노부카도와 중신들은 도둑질을 하다 잡혀 사형당할 뻔한 도둑에게 신켄의 대역을 맡기고 철저히 연습을 시킨다. 신켄의 죽음을 아는 자는 중신들과 신켄을 모시던 시종과 경호하던 무사에 불과하다. 신켄의 손자와 소실조차 그가 가짜임을 알아차리지 못한다. 소실들에게는 전의들이 "신켄의 몸이 좋지 않아 같이 잠을 자서는 안 됩니다"라고 말한다.

한편 신켄의 죽음이 사실인가를 확인하기 위해 오다 노부나가는 첩자들을 보낸다. 전쟁터에서 돌아오는 신켄의 군대를 환영하는 자리에서 당당하게 들어오는 이가 있으니 분명 신켄이다.

적의 첩자들은 "신켄이 살아 있다"고 보고한다. 오다 노부나가와 도쿠가와 이에야스는 다케다의 영지를 쳐서 신켄이 죽었는지 살았는지 사실을 확인하기로 하는 중대 결정을 한다.

다케다 가문의 수뇌들은 회의를 갖고 전쟁을 하지 않기로 결정한다. 신켄의 동생 노부카도는 카게무샤에게 회의가 끝나면 "수고들 했소. 그렇게 하도록 하시오" 하고 한마디 말만 하라고 시킨다. 그러나 신켄의 아들 가츠요리는 도둑에 불과한 카게무샤를 주군으로 인정해야 하는 상황에 불만을 품고 사전 계획과는 틀리게 전쟁에 응할 것인지를 카게무샤에게 결정하도록 요청한다.

예상치 못했던 상황이 벌어진 것이다. 카게무샤는 마치 신켄이 살아 있는 것처럼 "우리는 산처럼 여기 가만히 있는다" 하고 침착하고 위엄 있게 말한다.

　너무나 거대한 아버지 신켄의 그림자에 평생 짓눌려왔던 가츠요리는 자신을 제쳐두고 자신의 아들인 손자를 후계자로 지정하고 죽은 아버지 신켄에 대해 야속한 생각이 들었다. 이제 가짜 신켄에게도 복종해야 하는 가츠요리는 아버지의 벽을 넘고자 자신의 병력을 이끌고 출정한다. 다케다 군대는 할 수 없이 가츠요리를 지원하러 전쟁터에 출전한다.

　신켄의 동생 노부카도는 언덕 위에 카게무샤를 앉히고 그대로 움직이지 말라고 한다. 카게무샤는 총알이 날아오는 전쟁터에서 신켄과 같은 근엄함을 보이고 있다. 카게무샤를 향해 총알이 날아들자 가짜임을 알고 있으면서도 옆에 있던 경호 무사들이 몸을 날려 대신 쓰러져 죽는다. 다케다 군대의 뒤에서 산처럼 앉아 있는 신켄의 깃발을 확인한 오다 노부나가와 도쿠가와 이에야스의 연합군은 물러간다.

　3년이 지난 후, 적군도 속이고 아군도 속였지만 신켄의 애마愛馬만은 카게무샤에게 속지 않는다. 신켄만이 탈 수 있었던 흑마를 탄 카게무샤가 말에서 떨어진다. 말에서 떨어진 카게무샤를 간호하러 온 소실들이 윗도리를 벗기자 신켄의 몸에 있어야 할 전쟁터에서 다친 칼자국이 없는 것이 밝혀진다. 이리하여 카게무샤는 쫓겨나 부랑자 신세가 된다.

　이제 다케다 가문은 신켄의 죽음을 밝히고 신켄의 아들 가츠요리가 후계자가 되어 실권을 장악한다. 가츠요리는 주위의 만류에도 불구하고 다케다 가문의 정예부대인 풍림화산風林火山 2만 5천 명을 이끌고 오다 노부

나가와 도쿠가와 이에야스의 연합군과의 전쟁을 위해 나가시노로 향한다. 풍림화산이란 '날쌔기가 바람과 같고, 조용하기는 숲과 같고, 무찌를 때는 불과도 같으며, 무겁기는 산과도 같다'는 뜻으로 '먼저 말을 탄 기병들이 바람처럼 돌격하고, 그런 다음 보병이 숲처럼 전진하고, 마지막으로 창을 든 기마 부대가 불처럼 달려가서 적을 무찔러버린다. 그런 돌격대 뒤에는 산처럼 영주가 버티고 있다'는 것이다.

다케다 가문에 맞선 오다 노부나가는 출전을 앞두고 유명한 '아쓰모리'를 부른다. "인간 오십 년 흥망을 보니 일장춘몽이네. 태어남은 오직한 번, 죽지 않는 자 있을 것인가."

다케다 군대와 연합군 군대가 대치하고 있다. 다케다 군대의 '풍' 기마대가 돌격한다. 연합군 앞에는 기마대를 막기 위한 마방책이 세워져 있으며, 조총부대가 버티고 있다. 말들은 마방책에 걸려 넘어지고, 조총부대는 쉬지 않고 총을 쏘아댄다. 가츠요리가 '임' 보병대를 출전시키자 다시 총성이 들리고, 함성 소리가 끊긴다. 가츠요리는 이제 마지막 부대인 '화' 기병대를 출전시킨다. 다시 총성과 함께 함성 소리가 완전히 묻힌다.

말들과 다케다 군대의 시체들이 나뒹굴고 있다.

이때 쫓겨나 갈대숲에서 이를 지켜보다 창을 들고 마방책을 향해 돌진하는 카게무샤. '탕' 총성이 울리고 카게무샤가 비틀거린다. 그리곤 뭔가 본 듯 피로 물든 강으로 간다. 강은 신켄의 시체를 수장한 곳이다. 그곳에 처참하게 넘어져 있는 다케다 군대의 깃발 '풍림화산'. 그 앞에서 카게무샤는 쓰러지고 물결 속으로 깃발과 함께 사라지면서 영화는 끝을 맺는다.

역사적으로는 그 후 이 나가시노 전투의 패배로 다케다 가문은 망하고 일본의 패자로 등장한 오다 노부나가는 그의 부하 아케치 미쓰히데에 의해 살해당한다. 미쓰히데는 노부나가의 부하 도요토미 히데요시에 의해 죽는다. 도요토미 히데요시는 조선과의 임진왜란 중에 병으로 죽고, 그의 후계자들은 도쿠가와 이에야스에게 제압당한다. 결국 일본의 패권은 도쿠가와 이에야스에게 돌아가 에도 막부 시대가 열린다.

〈카게무샤〉는 16세기 중엽의 일본을 배경으로, 중앙 막부가 약한 틈을 타서 전국의 세 영주가 세력 다툼을 벌이던 전국시대를 소재로 한 역사물로서 '가히' 지역을 지배했던 다케다 신켄과 관련해 전해오는 이야기를 토대로 일본 역사와 정신을 담았다.

당시 각 영주들은 전장에 나갈 때 자신과 비슷한 외모의 가짜 영주를 데리고 나가는 위장 전술을 즐겨 사용하였는데 그 가짜 무사를 그림자 무사Shadow Warrior라는 뜻의 카게무샤影武者 Kagemusha라고 하였다.

구로사와 아키라 Kurosawa Akira(1910~1998)

일본의 세계적인 감독. 1951년 〈라쇼몽〉으로 베니스영화제 그랑프리와 아카데미 외국어영화상을 수상하여 세계 영화계에 이름을 알렸으며 1976년에는 〈데루스 우잘라〉로 또다시 아카데미 외국어영화상을 수상하여 세계 영화사에 굵은 획을 그었다. 오늘날 세계 영화계의 거장이라 불리는 스티븐 스필버그, 프랜시스 포드 코폴라, 조지 루카스 등이 그들의 스승이라 부르는 감독이다.

〈카게무샤〉는 당초 일본 내에서 흥행 실패를 우려하여 제작자를 구하지 못해 프랜시스 포드 코폴라와 조지 루카스의 도움으로 20세기 폭스가 지원하여 제작되었으며, 1980년 칸영화제 작품상인 황금종려상을 수상하였다.

전쟁을 이겨낸 베트남 여인

하늘과 땅 | Heaven & Earth | 1993 | 미국

 〈하늘과 땅〉은 전쟁의 틈바구니에서 구걸하고 강간당하며
살아남기 위해 몸부림쳤던 한 여인의 인생역정을 형상화하면서
다른 시각에서 전쟁을 조명하고 있다.

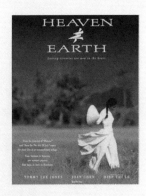

감독 올리버 스톤

출연 버사로 산룩크 / 히엡 티 레 – 리리
　　　행 S. 노르 – 아버지
　　　조안 첸 – 어머니
　　　토미 리 존스 – 스티브 버틀러

구슬픈 민속적인 음악과 함께 자막이 나온다.

이 영화는 퐁티 리리가 겪은 실화로서 1950년대 초 중앙 베트남의 한 시골마을 '킬라' 에서 시작된다. 이곳은 거의 70년 동안 프랑스의 통치 하에 있었는데 커다란 인도차이나 반도 식민지의 한 부분이었다.
하지만 수천 년을 하늘의 아버지 온그 트로이와 땅의 어머니 마 다트의 보호 아래 살아왔듯 식민 통치의 별 영향 없이 자신들의 삶을 살아가고 있었다. 그 하늘과 땅 사이에서 사는 사람들은 열심히 농작물을 수확하며 부처의 가르침을 따르고 있었다.

이어서 내레이션이 나온다.
"오래 전에 한 젊은 여자가 세상으로 뛰어들었다. 그녀의 형제들이 그랬듯이 전생 속에서 싸웠고 아이를 낳았고 고통을 겪고 깊은 사랑을 했다. 난 여섯 번째 아이인 퐁티 리리였고 내 고향은 세상에서 가장 아름다운 마을이었다."
평화스럽고 아름다운 마을의 정경이 가슴 저미는 음악과 함께 펼쳐지면서 퐁티 리리의 회상이 전개된다.

프랑스 지배하에 있던 베트남의 농촌 마을 킬라에서 태어난 리리(히엡 티 레 분/어린 시절: 버사로 산룩크 분)는 우직한 농사꾼 아버지(행 S. 노르 분)와 순박한 어머니(조안 첸 분)의 여섯 번째 딸이다.

1953년 여름날 평화롭던 이 마을에 프랑스군이 쳐들어와 마을 사람들은 핍박을 받았다. 리리가 처녀로 성장한 1963년 베트콩이 마을에 들어오면서 심한 전쟁의 소용돌이에 휩싸이게 된다.

베트콩들은 "외세 배격을 위한 통일 전쟁에 승리하자"면서 주민들을 동화시켜나간다. 사랑하는 오빠 본(빈 당 분)과 남동생 사우(더스틴 누엔 분)는 베트콩 혁명 전선에 참가한다. 뒤이어 들어온 정부군에게 리리는 베트콩의 염탐꾼이라는 누명을 쓰고 끌려가 심한 고문을 당하고 어머니가 결혼 지참금으로 쓸 돈으로 정부군 장교를 매수하여 간신히 풀려 나온다.

그러나 살아 돌아왔다는 이유만으로 베트콩에게 정부군의 첩자로 몰려 생매장을 당할 위기에 처한다. 리리는 죽음의 문턱에서 강간을 당하고 목숨을 건진다.

이 사건으로 리리는 고향과의 관계를 끊고 어머니와 사이공으로 향한다. 부잣집 유모로 들어간 18세의 리리. 주인 남자와 애틋하고 가슴 저린 사랑을 나눈 끝에 임신한 사실이 발각되어 다낭으로 어머니와 함께 내쫓긴다.

주인 남자는 경제적으로 도와주겠다고 약속을 했지만 주인 여자의 방해로 돈은 오지 않는다. 어머니는 장사를 하다가 고향으로 돌아갔으나 미혼모가 될 리리를 아버지가 보지 않겠다고해 리리는 만삭의 몸으로 군인들을 상대로 마리화나, 술, 담배 등 닥치는 대로 장사를 하면서 목숨을 연명한다.

리리는 언니인 킴의 집에서 기거하고 있다. 집은 언니가 근무하는 미군

을 상대로 하는 바와 붙어 있다. 이곳으로 아버지가 찾아온다. 아버지가 온 모습을 보고 리리가 숨어서 지켜보고 있다.

아버지가 보는 앞에서 미군과 사랑을 나누는 킴. 아버지는 딸인 킴에게 "삶 자체가 심판자다. Life finds a way to balance itself." 라고 하면서 미혼모가 될 리리를 용서한다. 리리는 아버지가 떠난 후 아버지 앞에서 미군과 사랑을 나눈 킴과 싸우고 쫓겨난다.

리리는 먹고살기 위해 미군 캠프의 쓰레기를 뒤지면서 천신만고 끝에 아들을 낳는다. 미군 부대 앞에서 장사를 하던 리리는 미군 헌병의 간곡한 권유로 곧 귀국할 미군 두 명에게 아들의 울음소리를 들으면서 350달러를 받고 몸을 판다.

리리는 아버지가 위독하다는 소식을 듣고 고향으로 향한다. 미군들에게 모진 고초를 겪은 아버지가 술을 마시면서 리리에게 말한다.

"쩜쟁이가 와서 내게는 미래가 없어서 할 말이 없다고 하더라."

"아빠, 지금 난 뭐죠? 전사도 아무것도 아니에요. 거리의 여자일 뿐예요. 너무 부끄러워요."

"부끄러워 말아라. 넌 최선을 다했어. 리리야. 넌 훌륭한 아내와 어머니가 될 거야. 그러나 킬라에선 아냐. 이제부터는 무엇이 옳고 그른지 묻지마라. 그런 의문들은 위험한 거야. 네가 아는 최선의 방법으로 사는 거야. 네 아들에게 돌아가거라. 최선을 다해 길러야 해. 네가 싸울 전쟁은 그거야. 그 전쟁에서 이겨야 한다."

아버지는 리리를 서둘러 떠나게 한 다음, 염산을 마시고 평소 농사를 짓던 논에서 자살한다. 리리가 아버지에 대해 회상한다.

"아빠는 인생의 단순함과 애정을 가르치셨다. My father taught me life is simple and compassion follows. 내 실수를 용서하시고 내 아들을 받아들이셨다."

그 후 1년이 지났고, 리리는 한국인 병참부의 판매원 일을 구했다.

전쟁은 점점 악화되어갔다.

그러던 중 우연히 미 해군하사관 스티브 버틀러(토미 리 존스 분)를 만난다. 이혼남인 스티브는 아이의 장난감도 가져오고 친절하게 하면서 사랑을 고백하고 청혼한다.

스티브와 동거하면서 3년이 지나 토미를 낳는다.

베트콩의 마지막 공격이 시작되어 패전이 짙어진 미군이 월남에서 철수하려 하고 있다. 가까스로 스티브가 리리와 아이들을 헬기에 태워 보내면서 메모를 쥐어준다.

"이들은 내 법적 부양가족으로 보호해주면 보상해드립니다."

리리는 미군의 마지막 철수 작전이 진행 중인 퀴논에 내려 스티브를 찾기 위해서 수소문한 끝에 극적으로 만나 미국으로 향한다.

미국 생활에 적응하면서 행복한 생활을 꾸려나가는 리리. 스티브 사이에 아들 알렌을 또 낳는다. 스티브는 전처에 대한 양육비 부담과 은행 융자로 파산지경의 상태였다.

집안 일만 하기를 원하는 스티브의 뜻과 달리 리리는 공장에 나가 일을 했고 나중에는 돈을 빌려 식당을 운영했다.

리리와 스티브는 부부싸움을 하기 시작했다. 리리는 스티브에게 맞고, 고함치고, 짜증내며, 대들곤 했다. 스티브는 술을 점점 더 마시고 폭력적이 되어갔다. 급기야 스티브는 권총으로 리리를 위협했다. 그 순간 리리는 정부군으로부터 전기고문을 당하고 베트콩으로부터 생매장의 위협을 받던 순간을 떠올리며 "그 순간 내 영혼은 과거로 돌아갔다. I felt my soul would go then, any moment."고 회상한다. 스티브는 자신이 경제문제를 해결하기 위해 자원한 용병이며 많은 사람을 죽인 고통에 시달린다고 고백한 후 자살하려 리리가 눈물로 만류하자 둘은 서로를 격려하고 위로한다.

"피부는 달라도 고통은 같군요."

"이런 날 사랑할 수 있어? 정말로 사랑할 수 있어?"

이들은 새 출발을 하기로 하지만 얼마 지나지 않아 결국 헤어지게 된다. 리리가 크게 괴로워하면서 그곳에 있는 베트남 스님이 있는 절을 찾아 조언을 듣는다.

"감정 때문에 탄생의 섭리를 부정하면 안 됩니다. 그 섭리는 해와 달의 움직임처럼 자연스러운 것입니다. 부인이 남편에게 속죄할 기회를 주지 않으면 부인의 영혼이 죽을 것입니다. 그를 거절하는 것은 자신의 속죄를 거절하는 것입니다. 아버지 없는 자식은 지붕 없는 집과 같습니다."

이혼을 하지 말라는 조언을 듣고 다시 스티브와 결합하려고 했지만 끝내 스티브는 총을 입에 물고 자살한다.

리리는 미국에서 경제적으로 성공했다.

식당 운영에서 벗어나 임대주택에 손을 대어 크게 돈을 번 리리는 1986년 조국을 떠난 지 13년 만에 베트남으로 향한다. 구 사이공에 들러 하층 노동자로 전락해 있는 큰아들의 아버지를 20년 만에 만난다.

고향집에 도착한 리리와 세 아들. 어느새 미국인으로 변해 있는 리리. 전쟁에서 동생 사우는 죽고, 오빠와 언니는 미국에 대한 전쟁의 상처로 리리에게 거부감을 갖는다. 하지만 어머니는 리리를 안고 울면서 말한다.

"난 이제 눈물이 안 남았어. 세파에 모두 날려버렸지. 넌 성장의 원을 완주한 거야. 하층계급에서 상류층으로, 가난에서 부유함으로, 슬픔에서 행복으로, 무지한 소녀에서 고상한 숙녀로 네 과거는 이제 완성됐고 이 엄마의 의무도 끝났어. 어서 아빠를 만나고 싶구나."

리리의 내레이션이 이어진다.

"나는 영원히 두 세계 사이에 있을 것이다. 남과 북, 동과 서, 평화와 전쟁, 베트남과 미국, 천국과 땅 사이에 있는 것이 나의 운명이다. 운명을 거부하면 고통받고 받아들일 땐 행복하다. When we reseist our fate, we suffer. When we accept it, we are happy. 세월과 풍요와 영겁 속에서 우리는 실수를 반복하지만 그걸 고치는 데는 한 번으로 충분하다. We have time in abundance, an eternity……to repeat our mistake. 우리에게 고통을 주는 건 신께 다가가게 해서 우리가 약한 것에 강하게 되고, 두려운 것에 용감하게 맞서고 지혜로 혼란을 극복하라고 가르치는 것이다. The gift of auffering is to bring us closer to God…… to teach us to be strong when We are weak…… to be brave when we are afraid…… to be wise in the midst of confusion……. 지속되는 승리는 가슴으로만 얻을 수 있다. 그곳이 어디인가는 상관없다."

이어서 다음과 같은 자막이 서서히 올라오면서 영화는 끝난다.

퐁티 리리의 두 회상록은 이 영화의 기초가 되었다. 그녀는 세 아들과 함께 캘리포니아에 살며 베트남의 여러 의료 시설 설립에 지원을 했다.

〈하늘과 땅〉은 베트남 난민 출신인 레 리 헤이슬립Le Ly Hayslip이 1989 년《하늘과 땅이 자리를 바꿀 때 *When Heaven And Earth Changed Places*》와 1993년《전쟁의 아들과 평화의 여자 *Child Of War, Woman Of Peace*》란 제목 으로 출간한 회고록을 바탕으로 제작되었다.

미국 현대사의 가장 큰 상처이자 치부인 '베트남'에 천착해 온 올리버 스톤 감독이 〈플래툰〉, 〈7월 4일생〉에 이어 베트남전을 소재로 제작한 3 부작의 마지막 작품이다.

명분 없는 전쟁에 끌려와 극한 상황과 싸우며 고통받는 젊은이들의 모 습을 통해 전쟁을 고발한 〈플래툰〉, 전상을 입고 귀향한 해병 이야기를 다룬 〈7월 4일생〉 등 두 작품 모두 남자들의 전쟁을 그렸던 것에 비해, 〈하 늘과 땅〉은 전쟁의 틈바구니에서 구걸하고 강간당하며 살아남기 위해 몸 부림쳤던 한 여인의 인생역정을 형상화하면서 다른 시각에서 전쟁을 조 명하고 있다.

베트남전이라는 상당히 길었던 전쟁에서 당했던 흔하지 않은 운명, 글 자 그대로 하늘과 땅 사이를 오갔던 한 여인의 운명이 감동적으로 펼쳐 진다.

올리버 스톤 Oliver Stone(1946~)

〈미드나잇 엑스프레스〉로 1979년 아카데미 각본상을 수상하였으며 〈플래툰〉으로 1986년 아카데미 작품상과 감독상, 〈7월4일생〉으로 1989년 아카데미 작품상과 감독상, 〈JFK〉로 1992년 골든 글로브 감독상을 수상한 영화계의 거장이다.

히엡 티 레 리리 역을 맡은 히엡 티 레는 아홉 살 때 미국으로 건너온 오리지날 '보트 피플'로, 캘리포니아 대학에서 심리학을 전공했다.

토미 리 존스 Tommy Lee Jones(1946~) 〈멜키아데스 에스트라다의 세 번의 장례식〉으로 2005년 칸영화제 남우주연상을 수상하였으며 〈도망자〉로 1994년 아카데미 남우조연상을 수상한 성격파 배우이다.

조안 첸 Joan Chen(1961~) 중국 출신 배우로 〈마지막 황제〉 등에 출연하였으며 〈뉴욕의 가을〉을 감독하였다.

행 S. 노르 Haing S. Ngor(1940~1996) 캄보디아 출신 배우였으며 〈킬링 필드〉로 아카데미 남우조연상을 수상하였다.

로버트 리처드슨 Robert Richardson은 촬영을 맡아 유려한 영상을 보여주고 있다. 그는 〈에비에이터〉로 2005년 아카데미 촬영상과 〈JFK〉로 1992년 아카데미 촬영상을 수상하였다.

키타로 Kitaro가 음악을 맡아 동양적 정서의 가슴을 파고드는 음악으로 골든글로브 음악상을 수상하였다.

기계에 사로잡힌 인간

모던 타임스 | **Modern Times** | 1936 | 미국

 〈모던 타임스〉는 1930년대 미국의 대공황을 묘사한 것이지만, 2000년대 정보화 사회에서도 여전히 유효한 교훈을 준다. 그 당시 기계가 인간을 종속시켰다면 현재는 컴퓨터로 대변되는 정보화가 인간을 종속시키고 있다.

감독 **찰리 채플린**

출연 **찰리 채플린** – 채플린
폴레트 고다르 – 젊은 처녀

자막과 함께 화면을 가득 채운 시계바늘이 6시를 향해 움직이는 것을 배경으로 영화가 시작된다. 이것은 당시 자본주의가 신속한 대량 생산 체제를 지향하고 있으며, 시간은 곧 생산량과 이윤의 양을 좌우한다는 것을 보여준다. 그리고 시계는 하루 일정한 시간 동안 노동을 해야 했던 노동자의 정형화된 생활을 암시한다.

화면에 영화 내용에 대한 해설이 자막으로 나온다. 영화는 대부분이 무성이며 해설이나 대사를 자막으로 보여주면서 가끔 목소리를 들려주고 있다.

"모던 타임스, 이 영화는 점점 공업화되어가는 각박한 사회 속에서 행복을 찾으려고 노력하는 사람들의 이야기이다."

화면에 양 떼들이 몰려가는 장면이 나오고 그 후에 수많은 단순 노동자들이 일터로 나가는 장면이 오버랩 된다. 이처럼 채플린이 그리는 현대는 냉혹하다. 노동자들은 축사로 끌려가는 양 떼처럼 공장으로 몰려 들어가고 있는 것이다. 이것은 당시 생계를 유지하기 위해서 저임금을 받고도 양처럼 순종하는 노동자의 열악했던 지위를 은유적으로 보여준다. 양 떼들이 몰려가는 장면에서 흰 양들 사이에 까만 양이 한 마리 있다. 이것은 단순 노동자들인 흰 양들 속에서 까만 양인 방랑자인 주인공 채플린의 외로운 모습을 나타낸다.

많은 사람들이 출근해 각자의 일자리에 자리를 잡는다. 전기철강주식회사 사장은 자신의 집무실 스크린을 통해 작업의 속도까지 일일이 체크하면서 지시하고 있다.

주인공인 채플린(찰리 채플린 분)은 전기철강주식회사에서 컨베이어 벨트를 따라 흘러가는 기계에 너트를 조이는 단순한 일을 반복적으로 하고 있다. 벌이 눈앞에서 뱅뱅 돌며 채플린을 위협해도 그로서는 쫓을 수도, 피할 수도 없다. 그러다간 어느새 조여야 할 기계는 저만큼 지나가 버리기 때문이다. 동료와 다투는 것도 기계에 매여 있다. 채플린이 잠시 틈을 타 화장실에 들어간다. 담배를 피우면서 잠시 쉬고 있는 사이 사장이 화장실에 설치된 화면에 나타나서 "꾸물거리지 말고 자리로 돌아가 일을 하라구!" 하고 외친다. 채플린은 컨베이어 벨트에 돌아와 볼트 조이는 일을 계속한다.

노동자들의 식사시간을 절약하게 하는 자동 급식 기계를 팔러온 사람들이 사장실에서 사장에게 "이 급식 기계는 점심시간을 없앰으로써 생산을 증가시키고 경비를 절감시켜줍니다. 노동자들 중 한 명에게 기계를 시험해보십시오. 귀하의 경쟁 회사를 앞서기 위해선 이 급식 기계의 중요성을 인식하셔야 합니다"라고 선전을 한다.

점심시간. 채플린은 컨베이어 벨트 옆을 지나가는 사장 여비서의 옷에 달린 단추를 보고 볼트를 연상하여 조이려 하고 옆의 동료 노동자가 식사를 하기 위해 수프를 접시에 따라놓자 접시를 들고서도 볼트 조이는 동작을 하다가 수프를 다 쏟아버린다. 그에게 자동기계처럼 손으로 나사를 죄는 습관이 생긴 것이다. 습관, 아니 직업으로 인해 생긴 고질병이었다.

급식 기계를 파는 업자들은 사장과 함께 작업장으로 와서 채플린에게 실험을 한다. 하지만 급식 기계가 제대로 작동하지 않아 엉망이 되자 사

장은 "이게 뭐야 실용적이지 않잖아" 하면서 나가버린다. 채플린은 추후 자서전에서 "나는 점심시간에도 일을 계속시키기 위한 시간 절약 방법으로 자동 급식 기계라는 것까지 궁리해 등장시켰다"며 기계화·자동화에 대한 반감을 드러냈다.

오후 시간. 컨베이어 벨트의 돌아가는 속도를 최고로 올려 작업이 시작된다. 일관된 작업 속에서 잠시라도 손을 놓을 수가 없다. 채플린은 한참 작업을 하다가 그만 속도를 따라가지 못하고 놓쳐 컨베이어 벨트 위에도 올라가 볼트를 조이다가 톱니바퀴 기계에 빨려 들어가서 볼트를 조인다. 기계에 노예가 되는 인간의 모습을 절실히 느낄 수 있는 장면이다.

채플린은 지나가는 여인의 볼트 모양 앞가슴 단추와 엉덩이의 단추를 조이려 하다가 치한으로 몰린다. 볼트를 조이는 일에 완전히 미쳐 있는 채플린은 정신병원으로 실려가 치료를 받는다. 퇴원하는 채플린에게 의사가 "마음을 편히 먹어요. 흥분하시면 안 됩니다" 하고 말한다.

신경쇠약을 치료했지만 실업자 신세가 된 그는 병원을 나와서 새 출발을 하기로 마음을 먹는다. 하지만 길거리를 배회하다 데모대를 선동하는 차량에서 떨어진 깃발을 주워 흔들다가 주동자로 몰려 경찰관들에게 잡혀간다.

장면은 주인공인 채플린에서 부둣가에 사는 젊은 처녀(폴레트 고다르 분)로 바뀐다. 배 위에서 바나나를 훔쳐 굶주리는 부둣가의 아이들에게 던져주고, 집으로 가져와 어머니를 잃고 배가 고픈 두 여동생과 실직한 아버지에게 나눠준다.

공산주의자들의 주모자로 오인된 채플린이 감옥에서 고생을 하고 있다. 교도관들이 죄수들을 상대로 마약 수색을 실시한다. 죄수들은 교도관들을 붙잡아놓고 탈옥을 시도한다. 채플린은 죄수들의 탈옥을 막고 이들을 붙잡는 데 공을 세운다.

밖에선 실업 문제가 심각하게 대두되어 실직자들이 데모를 한다. 젊은 처녀의 아버지도 데모를 하다가 경찰관의 총에 맞아 숨진다. 젊은 처녀와 두 여동생은 부둣가 거리에서 나무를 훔치다가 경찰관에 붙잡혀 두 여동생은 선도원으로 보내지고 젊은 처녀는 도망을 친다.

채플린은 죄수들의 탈옥을 막은 공로로 형무소에서 신문을 보며 안락하게 지내고 있다. 신문에는 '파업과 폭동, 폭도들 식량 배급 공격'이라는 제목의 기사가 게재되어 있다. 사면이 되어 자유의 몸이 된 채플린은 밥과 잠자리를 제공해주던 감옥에서 나오기를 두려워하면서 보안관에게 "여기가 너무 좋은데 더 있으면 안 될까요?" 하고 묻는다. 보안관은 취직에 도움이 될 소개장을 써준다. '관계자님께, 상기인은 정직하고 믿을 수 있는 자로서 일을 맡겨주시면 감사하겠습니다. –코울터 보안관.'

배고픔과 실업이 일상적이었던 대공황 당시의 사회로 다시 던져진 채플린은 배 만드는 조선소에 소개장을 들고 가서 취직이 된다. 조선소에서 선임 노동자가 쐐기를 찾아오라고 하자 만드는 중인 배를 고정시켜놓은 쐐기를 빼어 배를 진수시키는 실수를 저지르고 만다. 조선소를 그만둔 채플린은 죄를 저질러 형무소로 돌아가기로 마음을 먹고 거리로 나선다.

젊은 처녀가 바게트 빵을 훔쳐 도망을 가다가 채플린과 부딪쳐 넘어져 잡히고 만다. 지나가는 경찰관에게 빵 가게 주인이 "이 여자애가 빵을 훔쳤어요"라고 하자 채플린이 "아니오. 내가 훔쳤소"라고 말한다. 하지만 목격자의 진술로 젊은 처녀가 잡히고 만다. 형무소로 돌아갈 궁리를 한 채플린은 카페에 가서 무전취식을 하고 거리에서 돈 없이 담배를 사고 물건을 지나가는 아이들에게 나눠주고 난 뒤에 경찰을 불러 일부러 잡힌다. 경찰차에 실려가는 채플린. 젊은 처녀도 차에 실려 있다. 경찰차가 가다가 고장을 일으켜 길바닥으로 튕겨져 나온 채플린과 젊은 처녀는 도망을 쳐 잔디밭에 마주 앉는다. 채플린은 열심히 일하여 돈을 벌어 젊은 처녀와 행복한 가정을 꾸밀 것을 상상한다.

채플린은 백화점에 가서 보안관의 소개장을 보여주고 경비로 취직이 된다. 밤에 백화점 경비를 하고 있는데 강도가 들었다. 이 강도들은 전에 전기철강회사에 근무하던 동료였다. 이들은 실직해 배가 고파 강도짓을 하려 한 것이다. 채플린은 강도들과 백화점에 있는 술을 마신다. 취한 채

플린은 판매대 위에서 잠을 자다가 판매 시간에도 일어나지 못해 경찰에 넘겨진다. 열흘 뒤 풀려난 채플린을 만난 젊은 처녀가 기쁜 표정을 지으며 "놀랄 일이 있어요. 집을 마련했다구요" 하고 말한다.

채플린과 젊은 처녀는 비어 있었던 낡은 나무 집에 보금자리를 꾸민다. 채플린은 신문에서 '잿슨 기계 공장 재가동' 뉴스를 보고 공장으로 달려가 수많은 지원자들을 밀치고 일을 얻게 된다. 하지만 반나절 만에 파업에 들어가 공장을 그만둔다. 실수로 밟은 판자는 돌맹이를 날려 파업을 해산하는 경찰에 잡혀간다.

일주일 후 젊은 처녀가 부둣가의 길거리에서 춤을 춘다. 이를 본 카페 주인은 젊은 처녀를 채용해 손님들 앞에서 춤을 추게 한다. 경찰서에서 풀려난 채플린은 젊은 처녀의 주선으로 카페에 웨이터 겸 가수로 취직한다. 한편 경찰관들은 도망친 젊은 처녀를 찾고 있다.

채플린은 카페에서 웨이터로 일을 하지만 실수를 연발해 결국 노래하

는 일로 바뀐다. 젊은 처녀와 함께 노래를 연습한다. 채플린이 노래를 할 순서다. 반주가 나오는데도 가사를 잊어버려 노래를 부르지 못한다. 그러자 소녀가 안타까운 표정을 지으며 입 모양으로 말한다.

"노래해요. 가사는 상관 말고 불러요."

채플린은 우스꽝스런 몸짓과 흥겨운 목소리로 무국적어의 가사로 노래를 부른다. 이 노래가 〈티티나Titina〉이다. 이것이 이 영화에 나오는 채플린의 유일한 목소리다. 카페 손님들은 열렬한 환호와 박수를 보낸다. 카페 주인은 기쁜 표정을 지으며 채플린에게 "대단하군. 고정 계약을 맺지" 하고 제안한다. 이제는 젊은 처녀가 춤을 출 차례다. 춤을 추러 나온 젊은 처녀는 대기하고 있던 경찰관들에게 붙잡힌다. 하지만 채플린의 도움으로 함께 도망을 친다. 새벽에 언덕에 마주 앉아 젊은 처녀가 먼저 말을 건넨다.

"노력한들 무슨 소용이 있죠?"

"그렇지만 죽는다고는 말하지 마! 삶을 포기해선 안 돼. 우린 잘 해낼 수 있어!"

두 사람은 손을 잡고 포장이 안 된 쭉 뻗어 있는 도로를 걸어가면서 새로운 방랑을 시작한다. 희망과 행복을 상징하는 힘찬 음악과 함께 엔딩 타이틀이 나오면서 영화는 끝난다.

〈모던 타임스〉의 시대적 배경은 1930년대 미국의 대공황시기이며 찰리 채플린은 영화에서 당시 미국의 자화상을 풍자적인 방식으로 그려내고 있다. 특히 자동화된 기계 속에 말살되어가는 인간성과 산업사회가 가져다주는 필연적인 인간 소외의 문제를 빠른 템포의 팬터마임이나 몽타주 수법들을 동원하여 생생한 블랙유머로 잡아내고 있다.

채플린이 이 영화를 제작한 동기는 신문기자로부터 디트로이트의 한 청년이 공장에서 일하다가 신경쇠약에 걸렸다는 이야기를 들은 것이라고 한다.

20세기 공업화 시대의 사회적 모순들을 풍자함으로써 장밋빛으로 생각하기 쉬운 21세기 정보화 시대의 사회적 모순에 대해서도 우리가 성찰하도록 일깨워준다.

찰리 채플린 Charles Chaplin(1889 ~ 1977)

감독, 주연, 각본, 제작, 음악을 모두 담당한 전설적인 희극 배우로 영국에서 태어나 어렸을 때부터 무대에서 노래를 하고 연기를 했다. 17세에 극단에 입단해 자신의 팬터마임 기술과 각종 코미디에 필요한 자질들을 연마해나갔다. 1914년 미국으로 옮겨 영화에 데뷔했을 때 미국은 유럽 각지에서 모여든 이민자들의 수가 급증한 시기였다. 이민자들은 신대륙의 급격한 도시화와 근대화에 뒤져 있었으며 언어의 장벽을 느끼고 있었다. 그때 그는 처음으로 중절모에 코밑수염을 하고 헐렁하고 짤막한 바지, 지팡이를 든 특유의 '방랑자 캐릭터'를 선보이게 된다. 그의 캐릭터는 깊은 연민과 동정을 한 몸에 받았을 뿐 아니라 서민의 비애와 유머를 동시에 표현할 수 있는 중요한 도구였다.

그는 멀리서 보면 웃고 있는 얼굴이지만 클로즈업하면 눈물이 흐르는 영상을 통해 희극 뒤에 감춰진 비극을 표현하는 데 탁월한 재능을 발휘했다. 거의 모든 작품이 단순한 웃음에 그치지 않고 그 시대적인 상황과 밀접한 관련을 맺고 있다. 특히 채플린이 창조한 영화 속의 인물인 방랑자가 엮어내는 갖가지 희비애락喜悲哀樂은 미국에서뿐만 아니라 제1차 세계대전 후의 실의에 차고 정신적인 정착지를 상실했던 유럽인들에게까지도 환영을 받았다. 그는 1950년대 미국 사회의 서슬 퍼런 매카시즘 때문에 공산주의자로 몰려 미국을 떠났다. 이후 1972년 아카데미 특별공로상을 받기 위해 잠시 미국에 들렀으나 다시 스위스로 돌아갔으며 1977년 크리스마스에 88세의 나이로 숨을 거뒀다.

폴레트 고다르 Paulette Goddard(1911 ~ 1990) 〈모던 타임스〉에 출연하면서 일약 스타로 발돋움했고, 이후 채플린과 함께 동거한다. 그녀가 정말 하고 싶었던 것은 〈바람과 함께 사라지다〉의 스칼렛 오하라와 같은 역이었다. 필름 테스트까지 받았지만, 채플린과의 동거로 도덕적인 문제가 있다는 인식 때문에 결국 비비안 리가 맡게 되었다. 〈위대한 독재자〉 이후 1942년 채플린과 헤어졌다.

분단 이데올로기의 현장

공동경비구역 | JSA; Joint Security Area | 2000 | 한국

이 영화는 공동경비구역을 무대로 설정함으로써
우리 앞에 놓여 있는 현실, 피할 수 없는 현실,
외면하고 싶은 현실로서의 '분단' 을 직설적으로 화두화했다.

감독 **박찬욱**

출연 **이병헌** – *이수혁*
　　 송강호 – *오경필*
　　 소피 장 – *이영애*
　　 신하균 – *정우진*
　　 김태우 – *남성식*

추적추적 비가 내리는 가운데 불안한 듯 큰 눈을 끔뻑거리는 올빼미의 날갯짓을 따라 분단의 상징적인 공간인 판문점이 비춰진다. 이때 갑자기 판문점 공동경비구역 내 돌아오지 않는 다리 북측 초소에서 격렬한 총성이 울려 퍼진다. 북한군 정우진(신하균 분) 전사와 중년의 북한 장교가 처참하게 살해되고, 북한군 오경필(송강호 분) 중사가 부상을 입는다. 그리고 '돌아오지 않는 다리'의 한가운데인 남북군사분계선 위에 총상을 입은 남한군 병장 이수혁(이병헌 분)이 쓰러져 있다.

남측은 "북한군에게 납치된 남한 병사가 탈출하다 발생한 사고"라고 주장하고 북측은 "군사 분계선을 침범한 남한군의 테러"라고 서로 상반된 주장을 한다. 사건의 진상을 밝히기 위해 남북한이 합의하여 중립국 감독위원회에 수사를 의뢰한다. 이에 따라 스위스 법무장교인 한국계 소피 장(이영애 분) 소령이 본국에서 공동경비구역인 JSA로 파견 나온다. 소피 장은 한국인 아버지와 스위스인 어머니 사이에서 태어났으며, 한국 방문은 처음이다. 소피 장은 군사분계선을 넘나들며 조사하지만 남북한 당국의 비협조와 사건 당사자인 남한의 이수혁 병장과 북한의 오경필 중사의 상반된 진술에 당혹함을 느낀다. 이수혁과 오경필은 최초의 자술 진술서 내용만 시인할 뿐 다른 말을 하지 않는다.

소피 장은 이수혁의 애인인 남수정을 만나 이수혁의 그 동안의 행적을 조사하지만 특별한 것 못 발견 못하고 남수정이 남성식 일병의 동생이라는 사실을 안다. 현장 검증과 증거물 조사, 사체 부검을 통해 이데올로기의 알력 속에 숨겨져 있는 사건의 실체에 접근하면서 최초의 목격자인 남

한의 남성식(김태우 분) 일병의 진술에 의혹을 느낀다. 심문을 받던 남성식이 이층 창문을 통해 투신자살을 기도해 부상을 입고 병원에 실려 간다.
　이수혁의 회상이 이어진다.

　남한군 이수혁 병장은 비무장지대 수색 중 대열에서 낙오해 지뢰를 밟았다. 발을 떼면 온몸이 갈기갈기 날아갈 상황이었다. 바지에 오줌을 쌀 정도로 두려움에 떨고 있는 그 앞에 북한군 중사 오경필과 전사 정우진이 나타났다. 엉겁결에 서로 총부리를 겨누지만 이수혁이 지뢰를 밟고 있다는 사실을 알고, 오경필이 지뢰를 제거해 주고 아무런 일도 없었던 듯 농담을 주고받으며 헤어졌다.
　며칠 후, 남북한 병사들은 수색을 나갔다가 서로 마주쳤다. 이젠 조장끼리 담배를 서로 바꿔 피우며 허물없는 사이가 되었다. 북측 조장은 오경필이었다. 남측의 이수혁은 멀리 떨어져 물끄러미 자신의 생명을 구해

준 오경필을 바라보았다.

'돌아오지 않는 다리'를 사이에 두고 남측 초소에는 이수혁 병장과 남성식 일병이, 북측 초소에는 오경필 중사와 정우진 전사가 근무하고 있었다. 이수혁은 오경필을 형이라 호칭하며 쓴 편지와 함께 노래 테이프를 돌과 함께 묶어 북측 초소로 던졌다. 이때 한대수가 부른 '하루아침'이 흐른다.

어느 날, 남한의 이수혁은 북측 초소를 찾아갔다. 북측의 오경필과 정우진이 있었다. 이수혁은 라이터와 포르노 잡지를 갖다 주었으며 세 사람은 서로 대화를 나누었다. 이번에는 이수혁이 남성식을 데리고 북측 초소로 갔다. 남성식을 덥석 안은 오경필. 서로 "형!" "동생"이라 불렀다. 북한의 정우진이 나이가 제일 어렸다. 그는 강아지를 키우고 그림을 그렸다. 네 사람은 끝말잇기를 하면서 친근한 시간을 같이 보냈다.

북측 초소에서 다시 만난 네 사람.

닭싸움을 하고 총알로 살구받기놀이를 하고 서로의 지갑에 꽂아 둔 가족 사진과 애인 사진을 보여 주었다. 오경필은 이수혁이 가져온 초코파이를 먹고 남성식과 정우진은 서로 팔씨름을 하면서 놀았다.

이러는 가운데 남북한에 비상경계령이 발동되면서 비무장지대에도 긴장 상태가 벌어졌다. 이후 한동안 북측 초소를 가지 않은 이수혁과 남성식. 이제 이수혁의 전역일이 얼마 남지 않았다. 이수혁은 마지막 작별 인사도 하고 정우진의 생일 축하를 위해 남성식과 함께 북측 초소를 다니러 갔다. 이때 한대수의 〈하룻밤〉과 고인이 된 김광석의 〈이등병의 편지〉가 흘러나온다.

　네 사람은 술잔을 서로 기울이며 즐겁게 술을 마시고 기념사진을 찍는다. 이수혁이 오경필에게 "형, 전쟁 나면 우리 서로 쏘아야 해?"하고 물었다. 그러자 오경필이 "우리가 서로 총을 쏘기도 전에 전략 폭격기가 이 일대를 초토화해 버릴 거야" 하고 내뱉듯이 대답했다. 정우진에게 남성식이 생일 축하 선물을 건네자 "고마워요, 동지"라고 부르다가 이내 "형"이라고 고쳐 부르며 감사의 눈물을 흘렸다. 이때 북한군 장교가 초소에 나타났다. 일촉즉발의 상황이었다.

　과거 회상 장면에서 다시 현재 시점의 수사 장면으로 돌아온다.

　소피 장의 수사는 계속되고 있다. 오경필과 이수혁이 대질신문 장소에 불려나와 마주 앉아 있다. 이수혁이 오경필을 바라보며 눈물을 흘린다. 오경필은 질색을 하며 "간나 새끼!"라고 하면서 이수혁을 때려눕힌다. 그런 다음 "조선민주주의 인민공화국 만세!"를 외친다. 지난번 쓴 자술서의 이상 유무를 확인한 소피 장은 남성식의 투신자살 기도의 이유에 대해 의문을 제기하고 "총격사건에 대해 정밀 수사하겠다."고 말한다.

　남측에서는 "소피의 아버지가 과거 한국전에 참전했던 인민군이었으며 포로로 잡혀 거제 포로수용소에 있다가 제3국행을 택한 76인의 포로들 중 한 사람이었음"을 폭로하고 소피 장의 수사 중립성에 의문을 제기한다. 중립국 감독위원회의 보타 장군이 소피 장을 부른다.

　"자넨 판문점을 몰라. 진실을 감춤으로써 평화가 유지되는 곳이야. 남

북이 원하는 건 각자 주장이 끝나면 사건도 흐지부지 되는 것이야."

"그렇게 흐지부지하려고 유명무실한 중립국 감독위원회에 수사를 맡겼군요?"

"제3국행 포로들이 희망했던 나라 중 스위스와 스웨덴 이 두 나라는 차갑게 이들을 거절했어. 76인의 포로들을 떠올릴 때마다 이 두 중립국의 휴머니즘에 대해 다시 생각하네. 잘 가게."

소피 장은 보타 장군에게 "이수혁으로부터 3일 이내에 자백을 얻어낼 수 있다"고 말하지만 수사관직에서 해임된다. 수사관으로서의 권한은 다음날 자정까지이다.

소피 장은 수사관실로 이수혁을 마지막으로 부른다. 그녀는 총알의 탄피수가 많은 것을 보고 제3자가 있었음을 추정한다. 또 죽은 북한의 정우진이 그린 그림 속에 소피 장이 만났던 남한의 이수혁의 애인 남수정의 얼굴이 있는 점으로 보아 북한 병사 정우진과 남한 병사 이수혁이 평소

친분 관계가 있었음을 밝혀낸다.

소피 장은 그 동안의 수사를 통해 추정되는 사건 당시의 상황을 이수혁에게 말하고 "실체적 진실을 밝히면 후임 수사관에게 진실을 추정할 수 있는 자료를 제공하지 않겠으며, 오경필도 보호될 수 있도록 하겠어요." 라고 제안한다. 사실을 털어놓는 이수혁. 소피 장은 오경필을 만나 사실을 확인한다.

다시 총격 사건 당시의 현장 회상 장면으로 돌아간다.

네 사람이 놀고 있는 북측 초소에 북한군 장교가 권총을 들고 들어오자 이수혁과 북한장교가 서로 총을 겨누었다. 오경필은 북한장교에게 "월북을 상의하러 와서 대화를 나누는 중입니다" 하고 거짓말을 했다. 그러자 이수혁은 "형이고 뭐고 우린 어차피 적이야!" 하면서 북한장교를 노려보며 총을 겨누고 있었고, 북한의 정우진 전사는 남한의 이수혁과 남성식을 향하여 총을 겨누고 있었다. 예기치 못한 상황에서 모두 당황하여 서로 총부리를 갖다 대었다. 이것이 잠시 잊고 있었던 분단의 현실이었다.

일촉즉발의 상황. 서로를 진정시키며 총을 내려놓게 하는 오경필. 이때 고인이 된 김광석의 〈부치지 못한 편지〉가 흐르면서 권총이 불을 뿜었다. 북한 장교가 쓰러지고 정우진도 쓰러졌다. 순식간에 벌어진 우발적인 총격사건이야말로 분단의 비극을 가장 극명하게 드러내는 것이었다. 그들은 결정적인 순간에 서로를 불신했고, 총을 겨누었으며, 방아쇠를 당겼다. 그 순간 그들을 지배한 것은 인간적인 감정이 아니라 적대의식과 이

데올로기였다.

　살아남은 세 사람은 북한장교에게 확인사살을 하고, 그 동안 그들이 친하게 지냈다는 것을 은폐하기 위해서 정우진에게도 처참할 정도의 확인사살을 했다. 이때 이수혁도 다리에 총상을 입었다. 오경필은 사건의 진실을 은폐하기 위해 이수혁에게 자신의 어깨에 총을 쏘게 했다.

　비가 억수같이 퍼붓는 가운데 이수혁은 부상한 다리를 질질 끌며 남측 초소로 넘어오다가 '돌아오지 않는 다리' 중간에 쓰러졌다. 남측과 북측이 출동하여 다리를 사이에 두고 치열한 총격전을 벌였다. 이수혁은 남측 병사들에 의해 구출되고 남성식은 초소에서 두려움에 벌벌 떨고 있었다.

　다시 현재 시점의 화면이다.

　소피 장에게 모든 것을 사실대로 진술하고 나온 이수혁은 차에 올라 출발을 하려는 순간에 동행한 헌병의 권총을 빼앗아 자신의 입에 총을 쏘아

자살한다. 이 광경을 지켜본 소피 장은 망연자실해한다.

예전 판문점을 관광하는 외국인에 의해 찍혔던 남한군 복장을 한 이수혁과 남성식, 북한군 복장을 한 오경필과 정우진이 군사분계선을 사이에 두고 경비를 서고 있던 사진이 스톱모션으로 비춰지면서 영화가 끝난다.

〈공동경비구역 JSA〉는 박상연의 《DMZ》를 원작으로 하고 있다. 판문점 공동경비구역에서 벌어진 총격 살인 사건의 진실을 파헤쳐 가는 과정을 그린 미스터리 휴먼 드라마로 남북한 군사분계선을 경계로 모순된 분단의 기이한 상황을 웃음과 아픔으로 묘사하고 있다.

〈공동경비구역 JSA〉는 공동경비구역을 영화의 무대로 설정함으로써 우리 앞에 놓여 있는 현실, 피할 수 없는 현실, 외면하고 싶은 현실로서의 '분단'을 직설적으로 화두화했다.

영화는 공동경비구역에서 일어난 사건의 진실을 은폐함으로써 평화를 유지하는 체제의 거짓을 들추어내면서 분단의 비극성과 아이러니를 드러내고 있다. 그리고 더 나아가 체제의 이데올로기가 어떻게 한 개인을 비극으로 몰아가는가를 냉정하게 보여줌으로써 '분단' 이 우리 역사와 개인에게 갖는 의미를 진술하게 되묻고 있다.

공동경비구역은 '판문점' 의 공식 명칭이다. 판문점이라는 명칭은 휴전회담 장소가 개성에서 이곳으로 옮겨지면서 회담에 참석하는 중공군 대표들이 당시 회담 장소 부근에 있던 주막을 겸한 가게를 한자로 '판문점板門店' 으로 표기한 데서 유래되었다.

공동경비구역은 1954년 11월 8일, 유엔과 북한의 협정에 따라 만들어졌다. 군사분계선 상에 세워진 회담장을 축으로 하는 지름 800m의 원형지대로, 양측이 당시 남북 4km의 비무장지대 내에 군사정전위원회를 두면서 그 안에 공동경비구역을 두기로 합의했다.

1976년까지는 군사분계선이 없어 양측 경비병과 기자들이 자유롭게 통행했지만 1976년 미루나무 도끼 만행사건 이후부터 양측 군인들 간 충돌 방지를 위해 군사분계선을 표시하여 이를 경계로 양측이 분할 경비하게 되었다.

〈공동경비구역 JSA〉는 음악을 통하여 분위기를 한층 살리고 있다. 전통악기와 서양악기의 적절한 조화로 분단의 긴장감을 잘 표현하고 있으며, 고인이 된 김광석의 〈이등병의 편지〉, 〈부치지 않은 편지〉와 한대수의 〈하룻밤〉, 〈하루아침〉이 영화 속의 상황을 잘 표현하고 있다.

　이 영화는 2000년 청룡 영화제 작품상, 감독상, 남우조연상(신하균), 촬영상, 한국영화 최고 흥행상과 2001년 대종상에서 작품상과 남우주연상(송강호), 2001년 프랑스 도빌 아시아영화제에서 작품상인 황금연못상과 남우주연상(송강호), 인기상 등 3개 부문을 수상하였다. 또 2001년 베를린 영화제 경쟁부문에 초청되었다.

박찬욱Park Chan Wook(1963~)

'분단'이라는 무거운 소재를 우회하지 않고 정면으로 다루어 청룡영화상 감독상과 시애틀국제영화제 심사위원 특별상을 수상하였다. 〈올드 보이〉로 대종상·대한민국영화대상·청룡영화상 감독상과 칸영화제 심사위원대상을 수상하였으며 〈친절한 금자씨〉, 〈복수는 나의 것〉 등을 감독하였다.

이병헌(1970~) 남한의 이수혁 병장 역을 맡아 호기심 많은 밝고 건강한 현대 젊은이의 전형을 보여주고 있다.

송강호(1967~) 강인하고 거친 인상이지만 인정과 의리가 있는 캐릭터인 북한의 오경필 중사역을 맡아 2001년 대종상 남우주연상, 〈살인의 추억〉으로 2003년에도 대종상·대한민국 영화대상 남우주연상, 〈괴물〉로 2007년 아시아영화상 남우주연상을 수상하였다.

이영애(1971~) 소피 장 역을 맡아 강인하고 카리스마 있는 역할을 잘 소화해 내고 있다. 2005년 〈친절한 금자씨〉로 청룡영화상 여우주연상을 수상하였다.

김태우(1971~) 남한의 남성식 일병 역을 맡아 차분한 내면 연기를 잘 보여주고 있다.

신하균(1974~) 북한의 정우진 전사 역을 맡아 장난기와 겁이 많은 젊은 북측 초소병의 캐릭터를 잘 소화하여 청룡영화상 남우조연상을 수상하였다.

인생역정 스펙터클

글래디에이터 | Gladiator | 2000 | 미국

 로마의 한 장군이 노예 신분으로 전락한 뒤 자신과 가족들의 복수를 위해
검투사로 재기하는 이야기다. '로마인들에게 내려진 가장 극악한 저주'로까지 불렸던
폭군 코모두스에 대한 역사의 평가로부터 상상력이 발동하면서
권력에의 의지와 욕구가 심층적으로 그려지고 있다.

감독 리들리 스콧

출연 러셀 크로 ― 막시무스
　　　조아퀸 피닉스 ― 코모두스
　　　코니 닐슨 ― 루실라
　　　리차드 해리스 ― 마르쿠스 아우렐리우스

잔잔한 음악과 함께 해설 자막이 나오면서 영화가 시작된다.

전성기 때 로마제국의 세력은 아프리카 사막에서 영국 북부의 국경에까지 이르렀으며, 전 세계 인구 25퍼센트가 로마 황제의 통치를 받았다. 서기 180년, 로마 황제 마르쿠스 아우렐리우스가 게르마니아와 치른 12년 간의 전쟁이 막바지에 다다르고 있을 무렵… 로마 제국의 승리와 평화는 이제 마지막 고비에 직면했다!.

현악기와 기타가 어우러지는 신비로운 음악이 계속되면서 로마와 게르마니아와의 치열한 전투 장면이 이어진다. 황제 마르쿠스 아우렐리우스(리차드 해리스 분)가 직접 참전하고 있는 가운데 어둡고 울창한 삼림 속에서 로마 부대가 결전을 기다리고 있다. 로마의 위대한 장군 막시무스(러셀 크로 분)의 진격 신호에 따라 거대한 함성 소리와 함께 불화살이 날고, 숲이 불타고, 땅은 병사들의 피로 물들면서 마침내 전쟁은 로마의 승리로 끝난다.

왕세자 코모두스(조아퀸 피닉스 분)와 그의 누나인 공주 루실라(코니 닐슨 분)가 아버지인 황제가 있는 전투 지역으로 가면서 대화를 나눈다. 코모두스는 황제가 되기 위한 야심을 드러낸다.

"폐하께서 이번엔 진짜 위독한 걸까?"

"10년째 위태로우셨어."

"그래서 날 부르셨을 거야."

"집요한 네 야심, 생각만 해도 머리가 아파."

"후계자를 발표할 생각인 거야. 나 말고 누구겠어? 황제가 되면 등극을 축하하는 검투 시합을 열겠어."

"난 지금 따끈한 샤워가 그리울 뿐이야."

코모두스는 아버지인 황제가 있는 곳에 도착하지만 전투는 이미 끝나고 승전을 축하하는 분위기다. 야전막사에서 황제 마르쿠스 아우렐리우스가 전쟁 영웅 막시무스 장군을 부른다.

"소원이 무엇이냐?"

"고향을 떠난 지도 3년이 돼 갑니다. 고향에는 아내와 8살짜리 아들이 있습니다. 고향에 가서 농사를 짓고 싶습니다."

"고향에 가기 전에 할 일이 하나 더 있다."

"분부만 내리십시오."

"짐이 죽고 나면 로마를 지켜주게. 자네에게 그 권한을 주겠네. 공화정을 실시하여 로마 시민들에게 권력을 돌려주고, 로마를 부패시킨 타락을 종식시키게! 영예를 거절하진 않겠지?"

"황공하오나 싫습니다. 왕세자 코모두스는?"

"도덕적인 인물이 아니네. 어려서부터 봐 왔잖은가?"

"시간을 주십시오."

막시무스 장군을 만난 다음 마르쿠스 황제는 왕세자 코모두스를 부른다.

"로마를 통치할 준비가 되었느냐?

"네, 아버님!"

"넌 황제가 되지 못할 것이다."

"제가 아니라면 도대체 누가?"

"막시무스에게 권력을 넘기겠다. 원로원이 통치할 준비가 될 때까지 짐을 대신할 것이다. 로마는 공화국으로 다시 돌아간다."

"막시무스?"

"내 결정에 실망했느냐?"

"아버님이 날 미워하신 대가로 세상을 피로 물들이겠어요."

코모두스는 아버지인 황제 마르쿠스를 포옹하는 척하면서 목을 졸라 살해하고, 자고 있는 막시무스를 불러서 "황제가 자다가 조용히 사망했어. 짐은 자네의 충성을 명령한다. 손을 잡아라. 난 두 번 청하지 않아" 하고 명령한다. 황제의 죽음을 살해로 단정한 막시무스가 거절의 제스처를 하면서 나가버린 다음 공주 루실라는 동생인 코모두스의 뺨을 때린 후, 손에 키스를 하고 "황제 폐하"라고 말한다.

막시무스는 숙소로 돌아와 원로원 의원들을 만나려 했지만 한 발 앞서서 황제의 근위병에 의해 체포되어 숲 속으로 끌려간다. 막시무스는 처형

되기 직전에 근위병의 칼을 빼앗아 죽이고 말을 타고 도망치면서 "아내와 아들을 지켜 주시고 곧 만나러 간다고 전해주소서"하고 간절한 기도를 한다.

집을 향해 말을 달리는 막시무스. 그러나 그가 도착하기 전에 아내와 아들은 황제의 근위병들에게 무참히 살해되었다. 집에 도착하자 불에 타 숨진 채 갈고리에 걸려 있는 아내와 아들의 모습을 본 막시무스는 정신을 잃고 쓰러진다. 깨어나 보니, 자신이 노예 시장에 팔려가고 있지만 신분을 밝힐 수도 없는 처지다.

막시무스는 검투사 출신인 프록시모(올리버 리드 분)에게 팔려가 스페인 사람이라는 뜻인 '스패냐드' 라 불리는 노예 검투사가 된다. 검투 시합에 출전한 막시무스는 상대를 무참히 죽인 후 칼을 던지며 "이래도 만족 못하겠나? 이걸 보러온 게 아니었어?"하고 외친다. 관중들은 "스패냐드! 스패냐드!"라고 함성을 지르며 막시무스를 환호한다.

황제가 된 코모두스는 아버지인 마르쿠스 황제를 추모한다는 명분으로 150일 동안 로마에서 검투 시합을 개최한다. 실은 로마 시민들을 현혹시켜 자신의 왕권을 튼튼히 하고 공화정의 욕구를 무뎌지게 만들려는 것이었다. 막시무스는 코모두스가 주최하는 검투 시합에 참가한다. 로마 콜로세움 원형 경기장에 황제 코모두스와 공주 루실라가 입장하고, 검투 시합이 시작된다. 노예 검투사들과 로마 전차부대와의 집단적인 대결로 전투를 방불케 하는 시합이 벌어진다. 막시무스의 맹활약으로 검투사들이 승리하고, 그는 관중들의 영웅이 된다. 투구를 쓰고 있어 막시무스인 줄 모르는 황제 코모두스는 그의 실력을 칭찬하고자 모든 관중이 바라보고 있는 경기장으로 내려온다.

"역시 명성답군. 자넬 넘볼 만한 검투사는 없겠어. 투구를 벗고 신분을 밝히게. 이름이야 있겠지?"

"제 이름은 검투사입니다. (등을 돌리는 막시무스)"

"감히 등을 보여? 노예! 투구를 벗고 이름을 밝혀라!"

"(투구를 벗는 막시무스) 내 이름은 막시무스… 총사령관이었으며, 마르쿠스 황제의 충복이었다. 태워 죽인 아들과 아내의 아버지이자 남편이다. 반드시 복수하겠다. 살아서 안 되면 죽어서라도!"

황제 코모두스가 근위병들에게 "조준! 막시무스에게 칼을 들이대라"고 명령하자 공주 루실라는 안타까운 눈빛으로 이를 지켜보고 있다. 관중들이 주먹을 불끈 쥐고서 "살려 줘라! 살려 줘라!" 하면서 함성을 지르자 코모두스는 할 수 없이 "무기 원위치"라고 명령한다. 루실라는 안도의 한

숨을 내쉬고 관중들은 이제 "막시무스! 막시무스!"의 함성을 지른다. 이때 전율을 느낄 정도의 음악이 흐른다.

막시무스에게 한때 연인 사이였던 공주 루실라가 찾아온다. 그녀는 남편이 죽었으며, 8살 난 아들 루시우스가 있다. 루실라가 막시무스에게 "내가 한때 알았던 남자는 고귀한 사람이었죠. 깨끗한 절개로 아버지와 조국 로마에도 충성했죠. 돕고 싶어요."라고 하자 "그는 이제 존재하지 않소. 동생의 악랄한 계략 덕분이었소."하고 말한다.

64일째 계속되는 검투 시합에 황제 코모두스와 공주 루실라, 원로원 의원들이 입장한다. 코모두스는 로마 역사상 무적의 챔피언이자 전설적인 검투사인 티그리스와 막시무스의 결승전 시합을 명령한다. 원형 경기장에 호랑이까지 풀어놓아 절대 불리한 상황이지만 티그리스는 막시무스에 의해 피를 흘리며 쓰러진다. 수많은 관중들이 노예가 된 막시무스에게 "자비를 베풀라!"고 함성을 질러댄다. 원형 경기장 한복판에 서 있는 막시무스에게 황제 코모두스가 근위병들과 함께 내려와 "자넬 어떻게 해줄까? 자넨 절대로 순순히 죽지 못해!" 하고 말한다. 막시무스가 결연한 의지로 "하나 더 죽인 다음 눈을 감겠다!" 하고 대답한다. 관중들이 "막시무스! 막시무스!"를 계속 외쳐대자 어쩔 수 없이 코모두스는 막시무스를 살려둔다.

공주 루실라의 주선으로 원로원 의원들을 만난 막시무스가 "로마 탈출을 도와주십시오. 군대를 이끌고 와서 황제 코모두스를 몰아내고 공화정을 세운 다음 군대는 원대 복귀시키겠습니다" 하고 간청한다. 막시무스를 다시 찾아온 루실라가 "황제 코모두스가 눈치를 챈 것 같으니 탈출을 급히 서두르세요" 하고 말한다. 막시무스는 탈출을 하려다 근위병들에게 발각되어 체포되고 도와준 루실라에 대하여 막시무스는 조카인 그녀의 아들 루시우스를 인질로 잡고 "누나가 나를 사랑하지 않는다면 루시우스를 죽이겠다"고 협박한다.

이미 군중들의 영웅이 돼 있는 막시무스를 함부로 처형하지 못하는 황제 코모두스는 군중들 앞에서 대결을 하여 합법적으로 죽이고, 그에게 향하였던 군중들의 환호성을 자기에게로 돌리겠다는 생각을 한다.

코모두스는 묶여 있는 막시무스의 어깨를 칼로 찌른 다음 근위병에게 "갑옷을 입혀 경기장으로 내보내!" 하고 명령한다. 한쪽 팔을 제대로 쓰지 못하는 상황에서 황제 코모두스와 대결하는 막시무스의 주위에 근위병들이 빙 둘러 서 있다. 일진일퇴를 거듭하다 칼을 떨어뜨린 황제 코모두스가 근위병들에게 "칼을 달라!"고 외치지만 근위대장은 근위병들에게 "칼을 칼집에 넣어!" 하고 명령한다. 막시무스도 칼을 버린다.

이때 코모두스가 손목에 감쳐둔 작은칼을 꺼내어 덤벼들지만 막시무스에 의해 피를 흘리며 죽는다. 막시무스는 근위대장에게 "노예 검투사들을 풀어주고 공화정을 실시하라"고 말하며 쓰러진다. 막시무스는 달려온 루실라의 품에서 조용히 숨을 거두고, 애잔한 음악이 흐르면서 영화가 끝난다.

'글래디에이터' 라는 단어는 고대 로마의 공공장소나 원형 투기장에서 사람이나 맹수와 싸우는 검투사를 뜻한다.

로마의 한 장군이 노예 신분으로 전락한 뒤 자신과 가족들의 복수를 위해 검투사로 재기하는 이야기다. '로마인들에게 내려진 가장 극악한 저주' 로까지 불렸던 폭군 코모두스에 대한 역사의 평가로부터 상상력이 발동하면서 권력에의 의지와 욕구가 심층적으로 그려지고 있다. 등장하는 캐릭터는 실존했던 인물을 중심으로 하고 있으나 주인공 막시무스 장군은 허구의 인물이다.

《명상록》으로 유명한 스토아 철학자이기도 한 마르쿠스 아우렐리우스 Marcus Aurelius Antoninus(121~180)는 덕망 있는 황제였다. 시민들에게 철학을 강의하고, 평화주의자였으나, 부득이 전쟁을 하게 되면 몸소 변방의 전선으로 나갔다. 그의 죽음은 영화에서와는 달리 아들인 코모두스에게 살해된 것이 아니라 전장에서 얻은 역병 탓이었으며, 아들 코모두스를 무척 아껴 후계자로 삼았다. 폭군이었던 코모두스는 즉위 초에 자객의 습격을 받은 뒤부터 원로원을 겁내고 멀리했으며, 실제 콜로세움에 나아가 칼이 아니라 납검을 든 검투사를 상대로 무수히 살육 경기를 벌였다. 13년의 치세 끝에 코모두스는 애첩 마르키아에게 독살됐으나 독이 늦게 퍼져 그의 레슬링 상대였던 청년에게 목이 졸려 죽었다.

〈글래디에이터〉는 2001년 아카데미 작품상, 남우주연상, 의상상, 음향상, 시각효과상과 골든 글로브 작품상과 음악상을 수상하였다.

〈글래디에이터〉는 국가를 이끌어 가는 원리와 방법에 대한 여러 가지를 함의하고 있다. 독재자의 죽음은 미움만 남기고 끝난다.

중국의 민중은 폭군 진시황의 죽음에 대하여 처참한 노래를 선사했다.

진시황이여, 그대는 죽으리라.
내 집 문을 열고, 내 자리를 차지하고 내 국물마저 가로채고
그것도 모자라 또 달라네.
한마디 인사도 없이 내 술을 다 마셨네.

셰익스피어는 알렉산더의 죽음에 대해서 햄릿에서 다음과 같이 쓰고 있다.

알렉산더는 죽어 먼지로 돌아갔다.

먼지는 흙이다. 흙은 진흙이 된다.
그리고 알렉산더가 변화해서 된 그 진흙으로
우리는 맥주통의 마개를 만들어 쓴다.

다음은 남북전쟁 중 가장 치열했던 게티즈버그 전투 때 링컨이 마이드
장군에게 공격 명령을 내리면서 보낸 짧은 편지 내용이다.

존경하는 마이드 장군!
이 작전이 성공한다면 그것은 모두 당신의 공로입니다.
그러나 만약 실패한다면 그 책임은 내게 있습니다.
만약 작전에 실패한다면
장군은 링컨 대통령의 명령이었다고 말하십시오.
그리고 이 편지를 모두에게 공개하십시오!

-아브라함 링컨, 미국 대통령

책임은 자신이 지고 영광은 부하에게 돌리는 링컨, 올바른 성품과 책임
감에서 나오는 리더십의 표본이다.

리들리 스콧 Ridley Scott(1937~)

스펙터클하고 박진감이 넘치는 액션과 장엄한 화면, 주인공의 섬세한 심리를 연출하여 2001년 아카데미 작품상에 빛나는 영화로 만든 거장이다.

러셀 크로 Russell Crowe(1964~) 막시무스 장군 역을 맡아 2001년 아카데미 남우주연상을 수상하였다. 뉴질랜드에서 태어나 호주에서 활동하다 할리우드에 진출하였으며 〈뷰티플 마인드〉로 2002년 골든 글로브 남우주연상을 수상하였다.

조아퀸 피닉스 Joaquin Phoenix(1974~) 마약 과다복용으로 요절한 배우 리버 피닉스의 동생으로 연기파 배우이며 〈앙코르〉로 2006년 골든 글로브 남우주연상을 수상하였다.

리차드 해리스 Richard Harris(1930~2002) 원로 베테랑 연기자로 〈카멜롯〉으로 1968년 골든 글로브 남우주연상, 〈욕망의 끝〉으로 1964년 칸영화제 남우주연상을 수상했다.

코니 닐슨 Connie Nielsen(1965~) 덴마크 출신 배우이다.

한스 짐머 Hans Zimmer(1957~)골든 글로브 음악상을 수상하였다. 다양하고 웅장한 음악을 자연스럽게 영화의 장면에 연결시켜 분위기와 감동을 한층 고조시킨다. 한스 짐머는 엔니오 모리꼬네와 함께 영화 음악의 세계적 거장이다. 〈라이온 킹〉의 음악을 맡아 아카데미와 골든 글로브에서 음악상을 수상하였다.

운명의 바람 앞에 흔들리는 형제

보리밭을 흔드는 바람 ┃ The Wind That Shakes The Barley ┃ 2006 ┃ 영국

 데이미언이 자신의 신념을 지키기 위해 연인 시네이드에게 보내는 유서에
"무엇에 반대하는지는 알기 쉽지만, 뭘 원하는지는 알기 어렵다." 는 글을 쓴다.
'무엇에 반대하는가' 를 통해 입장의 일치 혹은 차이를 확인하지 말고
'무엇을 원하는가' 를 먼저 생각하는 삶을 영위해야 한다.

감독 **켄 로치**

출연 **킬리언 머피** – 데이미언
　　 패드레익 들러니 – 테디
　　 올라 피츠제럴드 – 시네이드

1920년 아일랜드, 동네 청년들이 영국 런던의 일류 병원에 의사로 취직되어 떠날 데이미언(킬리언 머피 분)을 환송하는 헐링 게임을 잔디 운동장에서 하고 있다. 운동을 마치고 동네에 모인 그들에게 영국군이 들이닥쳐 공공집회가 금지되었음에도 불구하고 모여서 헐링 게임을 했다는 이유로 이름, 거주지, 직업을 영어로 대답하게 하고 옷을 벗긴다.

17살의 미하일이 영어로 대답하지 않고 반항하자 닭장으로 끌고가 죽인다. 영국은 아일랜드를 식민지 지배하는 동안에 그들의 언어인 게일릭 언어를 죽였으며, 단지 그 언어를 사용한다는 이유만으로 비참하게 살해한 것이다. 미하일은 데이미언의 연인인 시네이드(올라 피츠제럴드 분)의 동생이다. 미하일의 장례식에서 어머니는 아일랜드의 민요인 〈보리밭을 흔드는 *바람*〉을 구슬프게 부른다.

나의 새로운 사랑은 아일랜드를 생각하네/ 산골짜기의 미풍이 금빛 보리를 흔들 때/ 분노에 찬 말들로 우리를 묶은 인연을 끊기는 힘들었지/ 그러나 우리를 묶은 침략의 족쇄는/ 그보다 더 견디기 어려웠네/ 그래서 난 말했지/ 이른 새벽 내가 찾은 산골짜기 그곳으로/ 부드러운 미풍이 불어와 황금빛 보리를 흔들어 놓았네

동네 선후배들과 시네이드가 런던의 병원으로 떠날 데이미언에게 아일랜드에 주둔하고 있는 1만여 명의 영국군을 상대로 독립투쟁을 벌이자고 설득하지만 그는 기차역으로 향한다. 기차역에서 민간열차에 승차를

거부하는 아일랜드 역장과 기관사를 폭행하는 영국군을 목격한다.

결국 데이미언은 자신의 꿈인 의사를 포기하고, 신부가 되려했던 형 테디(패드레익 들러니 분)가 이끄는 IRA(Irish Republican Army 아일랜드공화군)에 가입하여 조국의 자유와 독립을 위해 싸울 것을 맹세한다. 시네이드는 데이미언에게 미하일이 가지고 있던 소아시아에서 순교한 성인을 상징하는 성 크리스토퍼 메달 목걸이를 건넨다.

테디가 이끄는 IRA는 영국군 무기고를 습격하여 무기를 탈취하는데 성공한다. 범인을 색출하기 위해 혈안이 된 영국군은 영국인 농장에서 일하고 있는 IRA의 대원인 크리스 라일리를 농장 주인과 함께 협박하여 대원들이 모이는 곳을 알아내 이들을 체포한다. 주동자로 알려진 테디는 손톱이 뽑히는 고문을 받는다. 비명소리가 데이미언을 비롯한 대원들이 감금되어 있는 방까지 들리지만 끝내 조직의 비밀을 털어놓지 않는다. 방으로 돌아온 테디에게 동생인 데이미언이 눕혀 간호하면서 말한다.

"괜찮아. 형."

"나 한 마디도 안 했어."

"안한 줄 안다고. 형은 내가 아는 최고의 고집쟁이야."

이를 지켜보고 있던 아일랜드계 아버지를 둔 보초병의 도움으로 테디와 데미미언을 비롯한 일부 대원들은 탈출에 성공하지만 3명의 대원들은 미처 탈출하지 못하고 처형당한다.

그리고 자신들을 밀고한 자가 오랫동안 알고 지낸 동네 동생인 크리스이지만 밀고자를 처형하라는 명령에 따라 농장주와 크리스를 끌고 산으로 올라간다. 데이미언은 권총에 총알을 장전하면서 선배인 댄(리암 커닝햄 분)에게 말한다.

"5년 동안 해부학을 공부했는데 이렇게 사람머리에 총을 쏘게 됐군요. 크리스 라일리는 어릴 적부터 알아왔어요. 조국이란 게 정말 이렇게 할 가치가 있는 거겠죠. I hope this Ireland we're fighting for is worth it."

데이미언은 먼저 농장주를 처형한 다음에 크리스를 처형하기 위해 세워 놓고 말한다.

"유서 쓴 거 있으면 줘."

"뭐라고 쓸지 모르겠어요. 엄만 글도 못 읽고…… 그냥 사랑한다고…… 제가 어디 묻혔나만 말해 주세요."

데이미언은 "신의 가호가 있기를" 하고 말하면서 크리스를 향해 방아쇠를 당겨 처형한다.

데이미언은 연인인 시네이드와 함께 크리스가 묻혀 있는 지역을 걸으면서 말한다.

"바로 저기야. 크리스를 산속에 있는 교회에 묻었어. 그리곤 내려가서 크리스 어머니께 말했지. 나와 크리스에게 요리를 해 주시던 분이었는데…… 내가 말씀을 드리니까 말없이 바라만 보시더군. 그리곤 들어가시더니 신발을 신으시고 밖으로 나와서 '내 아이에게 데려다 다오'라고 하시는 거야. 6시간을 걸었는데 한 마디도 안 하시더군. 교회에 도착해서 무덤을 보여줬지. 난 무덤 위에 십자가를 꽂고 꽃을 좀 놨어. 크리스 어머니는 '널 다신보고 싶진 않구나'라고 하셨어. 시네이드, 난 마지막 선을 넘

어버렸어."

　이제 돌아올 수 없는 선을 넘었다고 생각한 데이미언은 연인 시네이드와 함께 더욱 투쟁에 몰입한다.

　그러던 중 휴전이 선언되고 교전 중지 명령이 하달되자 모두들 환호한다. 그리고 마침내 그들이 염원하던 영국과의 평화조약이 체결된다는 소식이 들려온다. 영국과 아일랜드의 평화조약 조인으로 새로운 아일랜드 자유국이 탄생하지만 영국 총독 하에 북아일랜드를 제외한 자치를 허용한다는 것임을 알게 되면서 아일랜드의 독립운동단체들은 혼란에 휩싸인다. 우선 조약을 받아들이고, 점진적으로 개선해나가자고 주장하는 형 테디와 완전한 자유를 얻지 못한다면 아무런 의미가 없다며 다시 투쟁을 시작하자고 하는 데이미언은 서로 다른 선택을 하기에 이른다. 서로를 의지해서 살아 온 두 형제, 그러나 이제는 다른 길을 선택하고, 서로를 마주할 수밖에 없는 그들의 슬픈 운명이 기다리고 있다.

　테디를 비롯한 현실주의자들은 영국군대가 물러가고 새로 창설하는 아일랜드 자치자유군대에 입대하고 동생 데이미언을 비롯하여 조약 내용에 반대하는 이상주의자들은 무장투쟁에 다시 나선다.

형 테디가 동생 데이미언을 만나 호소한다.

"데이미언, 네가 필요해. 우리가 충분히 강해지면 이 조약을 찢어버릴 거야. 맹세해. 지금은 내 편이 돼 줘. 부탁이야…"

데이미언이 반박한다.

"형은 몰라. 형은 아무 것도 모른다고. 우린 지금 영국 놈들한테 겁탈당하고 있단 말이야."

"그렇지 않아."

"이걸로 형은 대영제국의 하인이 된 거야. 망할 유니언잭 깃발로 온 몸을 휘감은 꼴이라구. 도살자의 앞치마를 두른 거야."

"아냐. 바보 같은 짓 하지 마. 데이미언!"

"내가 12살 때부터 형이 그 소리한 거 알아?"

데이미언을 비롯한 무장투쟁파들은 예전에 동지들이었던 자치자유군대를 상대로 무기를 탈취하지만 체포된다. 자치자유군대의 고급간부인 형 테디 앞에 동생 데이미언이 잡혀와 마주하고 있다.

"데이미언, 여기 오지 말았어야지. 집으로 돌아가야 돼. 시네이드와 함께 말이야. 내일 아침이면 너희들은 병원과 학교에 있어야 해. 아주 어릴 때부터 네가 원한 건 그런 거였잖아. 넌 항상 다른 애들보다 똑똑했어. 넌 시네이드가 있잖아. 그녀는 널 사랑해. 너희는 서로 운명이야. 넌 꼭……. 아들 딸 낳고, 길러서 애들을 멋지고 행복하게 해줘야 해. 나도 군복이 지긋지긋해. 평화를 원해. 그걸 위해 나 같은 사람도 너 같은 사람도 필요해.

단 한 번도 남에게 빌어본 적이 없어. 하지만 지금 진심으로 이렇게 빌게.
네 형으로서……"

"형이 원하는 게 뭐야?"

"무기들이 어디 있는지 말해 줘. 그리고 사면받자. 집에 가서 너의 원래
인생을 사는 거야."

"형, 내 말 잘 들어. 난 크리스 라일리의 심장을 쐈어. 왜 그런지 알잖아.
난 절대 배신 안 해."

동생을 회유하는 형에게 내뱉는 데이미언의 이 짧은 대답에 영화가 말
하는 진정한 자유의 의미와 그 열망이 들어있다. 단지 동료를 배신하지
않겠다는 표현을 뛰어넘어서, 그가 그동안 무엇을 위해 싸웠는지 그리고
단호하게 죽음을 택할 정도로 그것이 높은 고귀한 가치가 있다는 사실을
웅변하고 있다.

형 테디가 울먹이며 말한다.

"유서를 써 두는 게 좋을 거야. 무기 있는 곳을 말하지 않으면 넌 새벽에 처형된다."

데이미언은 연인 시네이드를 향한 유서를 써 내려간다.

사랑하는 시네이드⋯ ⋯원치 않았지만 결국 이 싸움에 휘말리고 말았어. 이젠 그만두고 싶은데 그럴 수가 없어. 우린 스스로도 알 수 없는 이상한 존재들이야. 내게 남은 마지막 순간 당신의 모든 게 소중하게 느껴져. 언젠가는 아이들이 자유를 맛보길 원한다고 했었지. 그날이 오기를 나도 기도해. 하지만 생각보다 더 오래 걸릴 것 같아 두려워. 언젠가 댄이 한 말로 계속 고민해 왔어. "무엇에 반대하는지 아는 건 쉽지만 뭘 원하는지 아는 건 어렵다. It's easy to know what you're against, quite another to know what you are for." 고 했지. 이제야 답을 알 것 같아. 그것이 내게 힘을 줘. 늦기 전에 우리 형 좀 살펴봐 줘. 형의 내면은 벌써 죽어있는 게 아닐까 걱정돼. 손으로 당신 심장 박동을 느끼는 상상을 해. 당신이 직접 걸어 준 메달을 손에 쥐고 있어. 내게 그리고 당신에게 용기를 줄 거야. 안녕 시네이드. 널 사랑해. 영원히 사랑할게.

데이미언이 형장에 끌려 나가 기둥에 묶인다. 테디가 비통한 표정을 지으며 다가와 말한다.

"아직도 안 늦었어. 데이미언."

"내가? 아님 형이?"

테디가 표적지를 꺼내 데이미언의 심장 위치에 붙인다. 집행 명령을 내리는 장소로 돌아온 테디에게 동료가 "집행 명령을 하고 싶지 않으면 내가 할게"하고 말하지만 테디가 자신이 하겠다고 대답하고 집행 명령을 차례대로 울먹이면서 외친다. 외칠 때마다 데이미언의 호흡이 가빠지고 얼굴이 일그러진다.

"전체, 차렷! 준비! 장전! 조준! 발사! 내려 총!"

데이미언의 다리가 꼬꾸라지면서 쓰러진다. 죽어서 고개를 떨구고 있는 동생 데이미언 앞으로 다가간 형 테디는 흐느끼며 기둥에 묶여있는 팔을 풀면서 손에 꼭 쥐고 있는 성 크리스토퍼 메달을 주머니에 넣는다.

테디가 오토바이를 타고 시네이드의 집으로 찾아가서 데이미언의 유서와 메달을 전달한다. 시네이드는 테디를 향해 울부짖는다.

"다신 당신을 보고 싶지 않아! 데이미언! 안돼! 안돼……"

마지막 엔딩인 이 장면은 롱 쇼트를 이용하여 넓은 공간에 남겨진 시네이드를 더욱 작게 표현함으로써 그 쓸쓸함과 비극적인 슬픔을 강조하고 있다.

홀로 남겨진 시네이드의 처절한 흐느낌 속에 그들이 잉글랜드 군과의 전투를 위해 행군할 때 부르던 노래와 함께 영화는 끝난다.

이 노랫소리는 자유를 위한 투쟁은 끝나지 않고 계속 될 것임을 나타내고 있다. 바람은 보리밭을 계속 흔들고 꺾으려 하겠지만, 보리자루 몇 개가 꺾어진다고 해도 보리밭은 꿋꿋이 그 자리를 지키고 있을 테니까….

〈보리밭을 흔드는 바람〉은 1920년대 아일랜드의 독립 투쟁을 소재로 하여 운명의 갈림길에 마주 선 형과 동생의 이야기이다. 2006년 칸영화제 작품상인 황금종려상을 수상하였다. 제목인 '보리밭을 흔드는 바람'은 조이스Robert Dwyer Joyce(1830~1883)의 시 제목에 붙인 아일랜드 민요다. 1798년에 실패로 끝난 아일랜드 봉기에 나섰다 연인을 잃은 한 청년의 슬픈 이야기를 그린 시다. 보리밭은 아일랜드를, 바람은 외세를 의미한다.

실제 아일랜드의 투쟁사를 살펴보면, 제1차 세계대전이 한창이던 1916년 4월 부활절 기간 동안 아일랜드의 수도 더블린에서 무장봉기가 일어난다. IRB(Irish Republican Brotherhood)와 IV(Irish Volunteers), ICA(Irish Citizen Army)가 주축이 되어 일어난 이 사건은 곧 영국에 진압 당했다. 그리고 이 사건을 주도했던 사회주의자 제임스 코널리James Connolly가 처형당했다.

1918년 11월 총선거에서 아일랜드의 독립에 반대하는 보수당이 우세한 북동 지역을 제외하고 신페인당이 다수의 의석을 얻었다. 그리고 신페인당은 아일랜드 의회를 설립, 아일랜드가 독립국임을 세계에 선언했다. 그러나 세계는 그들을 인정하지 않았고, 영국은 그들을 더욱 가혹하게 탄압하기 시작했다.

영국에 대항하기 위해서 IV는 IRA로 명칭을 바꾸고, 대대적인 투쟁에 들어간다. IRA는 주로 18세에서 30세의 젊은 청년들로 구성되었는데, 공장 노동자나 농부, 상점 직원 출신이 많았다. 몇몇은 제1차 세계대전에 참가했던 베테랑들로, 그들의 군사 기술은 IRA에 큰 도움이 되었다. 여자들은 IRA간의 연결을 담당하고, 아일랜드 의회를 운영하는 역할을 맡았다.

1920년, 아일랜드 남부 지역에서 게릴라 투쟁이 집중적으로 일어났다. 아일랜드의 거센 항쟁에 영국은 아일랜드와 휴전 협정을 맺고, 그들의 자치를 허용한다. 그러나 북아일랜드 지역을 제외한다는 내용에 IRA는 반발하고, 결국 조약에 찬성하는 이들과 반대하는 이들로 분열하고 만다. 영국과의 부분 독립에 협정을 맺은 마이클 콜린스는 변절자로 몰려 암살당한다. 그리고 우여곡절 끝에 1922년 12월 아일랜드 자유국이 탄생한다.

영화에서 주인공인 데이미언이 자신의 신념을 지키기 위하여 사형을 감수하면서 연인인 시네이드에게 보내는 유서에서 "무엇에 반대하는지는 알기 쉽지만, 뭘 원하는지는 알기 어렵다."는 문구가 나온다.

무엇을 원하기 때문이 아니라 무엇을 반대하기 위하여 가장 가까운 사람들을 처형한다. 무엇에 반대하고 싸우는 일조차 쉬운 것은 아니다. 무엇에 반대하는 것에도 용기가 필요하다. 반대하는 일을 위하여 목숨을 거는 사람들도 있다.

정의를 주장하면서 스스로 정의롭지 못하고, 사랑을 이야기하면서 더 이상 서로를 믿지 않는다. 비참한 타락을 감수하면서, 가장 가까운 사람과의 영원한 이별을 하면서까지 추구해야 할 고귀한 이상이라는 게 이 세상에 있기나 한 걸까?

'무엇에 반대하는가'를 통해 입장의 일치 혹은 차이를 확인하지 말고 '무엇을 원하는가'를 먼저 생각하는 삶을 영위해야 한다.

켄 로치 Ken Loach(1936~)

사회적이고 정치적인 주제 의식 속에 아웃사이더들의 애환을 담은 작품을 만들어 온 노장 감독은 영국인이면서도 철저히 아일랜드의 입장에서, 잉글랜드를 공격하고 있다. 전쟁 자체에 주목하는 것이 아니라 그들의 진정한 투쟁의 대상이 누구인지를 이야기하는데 주력한다. 두 형제 중 누구의 편에도 서지 않는다. 그저 조용한 관찰자적 시점에서 그들의 삶이 어떤 방향으로 흘러가는지를 중립적으로 보여줄 뿐이다.

킬리언 머피 Cillian Murphy(1974~) 아일랜드 출신으로 데이미언 역을 맡아 깡마른 체구와 눈빛 속에 느껴지는 젊은 투사의 열정을 표현하는 연기를 펼치고 있다. 특히 사형장에서 마지막으로 느끼는 공포와 결의에 찬 두 가지 감정을 동시에 표출하고 있다.

패드레익 들러니 Padraic Delaney(1977~) 테디 역을 맡아 동생에게 총부리를 겨눠야 하는 복잡한 심경을 섬세하게 표현하고 있다.

part 4

정의를 부르는 영화

폭력의 미학

대부 | The Godfather | 1972 | 미국

 〈대부〉는 이탈리아 시실리 섬 출신 이민자들이
미국 사회에서 살아남기 위해 조직한 범죄단체 마피아의
파란만장한 삶의 이야기를 다룬다.

감독 **프랜시스 포드 코폴라**

출연 **말론 브랜도** - 비토 콜레오네
알 파치노 - 마이클
다이앤 키튼 - 케이 애덤스
로버트 듀발 - 톰 하겐

마피아의 거물 돈 비토 콜레오네(말론 브랜도 분)는 이탈리아 시실리 섬에서 미국으로 이민하여 모진 고생 끝에 '돈' 또는 '대부' 라는 칭호로 불리는 미국 암흑가의 제왕이 되었다. 슬하에는 다혈질인 장남 소니(제임스 칸 분), 소심한 차남 프레도(존 카잘 분), 지적인 막내 마이클(알 파치노 분), 딸 코니(타리아 샤이어 분)가 있다. 양자인 톰 하겐(로버트 듀발 분)은 변호사로서 비토가 모든 일을 상의하는 참모다.

1947년 뉴욕, 비토의 대저택 정원에서 딸 코니와 사위 카를로(지안니 루소 분)의 결혼식이 성대하게 열리고 있다. 집안은 온통 축제 분위기에 휩싸여 있지만, '결혼식 때 들어온 청탁은 거절할 수 없다' 는 시실리의 전통 때문에 비토는 갖가지 고민을 호소해 오는 사람들과 서재에서 만나야 했다.

서재 의자에 앉아 고양이를 안고 있는 그의 자세엔 위엄이 서려 있고, 양자인 변호사 톰이 옆에 앉아 탄원자들의 간청에 귀를 기울이고 있다. 강간당한 딸의 복수를 부탁하는 사람, 다른 나라로의 강제 추방을 막아달라는 사람 등 많은 사람들의 부탁을 들어준다.

사람들을 접견한 뒤 딸 코니의 결혼식 파티가 열리고 있는 정원으로 나온 비토는 결혼 기념 가족사진을 찍으려 하다가 막내아들 마이클이 도착하지 않은 사실을 알고 그가 올 때까지 기다리기로 한다. 얼마 후 외지에서 대학을 다니고 있던 마이클이 말쑥한 정장 차림으로 애인인 케이 애덤스(다이앤 키튼 분)와 함께 참석한다. 드디어 춤과 노래를 부르며 결혼식 파티는 무르익는다.

　이때 장남 소니는 아내 몰래 신부의 들러리로 참석한 루시(지니 리데로 분)와 대저택 한구석에서 정사를 벌이고 있다. 루시는 이후 소니의 정부情婦가 되어 〈대부 3부〉에서 마이클에 이어 차기 대부가 되는 빈센트(앤디 가르시아 분)를 낳는다.

　결혼식 축가를 부른 가수 자니 폰테인이 비토에게 "촬영에 들어간 영화의 주연을 맡게 해달라"고 눈물을 흘리며 부탁하자 양자인 변호사 톰을 로스앤젤레스로 보내어 영화사 사장 볼츠를 만나라고 지시한다. 볼츠는 자초지종을 설명하면서 사양길에 접어든 자니의 출연을 거절한다. 다음날 볼츠가 침대에서 일어나 보니 이불에 피가 홍건하다. 이불을 들추자 자신이 아끼는 60만 달러짜리 종마의 목이 잘려 발아래 놓여 있다. 기겁을 한 볼츠는 톰을 만나 사정사정하면서 자니에게 주연을 맡긴다.

　어느 날, 라이벌 마피아 조직인 타타리아 패밀리의 솔로조가 마약 사업에 관한 협상을 제의해왔으나 비토는 거절한다. 그리고는 행동대원 루카 브래시에게 "솔로조의 뒤를 캐보라"고 지시하지만 오히려 타타리아 패밀리에게 역습을 당하여 살해되고, 비토는 저격을 받아 총알을 다섯 발이

나 맞는다.

　마이클은 연인 케이와 영화를 보고 나오다 길거리의 신문 판매대에서 아버지 비토가 저격당한 기사를 보고 그녀를 집이 있는 뉴햄프셔로 혼자 돌려보낸다. 아버지가 입원해 있는 병원을 찾아간 마이클은 경호원이 한 명도 없는 것을 보고 이상하게 생각한다. 간호사로부터 "방문자가 많아 치료에 방해가 됩니다. 경찰이 10분 전에 경호원들과 기자들을 강제 철수시켰어요"라는 대답을 듣는다. 위기를 느낀 마이클은 톰에게 연락을 취한 후 간호사를 설득해 아버지를 다른 입원실로 급히 옮긴다. 누워 있는 아버지에게 "제가 곁에 있어요. 보호해 드릴게요"라고 말하고 병원 밖에서 권총을 숨긴 것처럼 주머니에 손을 넣고 경호를 한다. 솔로조의 조직원들이 비토를 다시 저격하기 위하여 오지만 마이클을 보고 돌아간다.

　톰과 부하들이 병원에 도착하자 솔로조와 내통하고 있는 경찰반장 맥클루스키가 출동하여 "철수하라"고 명령한다. 변호사인 톰이 법 조항을 들어 항의하자 맥클루스키는 물러난다.

　다급해진 솔로조가 평화 협상을 제의해오고, 협상 상대자로 나선 마이클은 협상 장소의 화장실 변기 물통 뒤에 미리 권총을 숨겨놓는다. 경찰반장 맥클루스키로부터 몸수색을 당하고 함께 협상 장소로 가는 마이클…… 그곳에 도착한 마이클은 대화를 나누다 화장실에 다녀오는 척하면서 권총을 가져와 솔로조와 맥클루스키를 죽이고 유유히 사라진다. 뉴욕 한복판의 레스토랑에서 있은 총격 살인 사건이 신문에 대서특필된다.

　퇴원하여 집으로 온 비토가 가족들에게 "마이클은 어디 있어?" 하고 묻자 톰이 "마이클이 솔로조를 죽여서 안전한 곳에 피신시켰습니다. 다시 데리고 오기 위해 작업 중입니다"라고 사실대로 보고한다.

한편 아버지의 고향인 이탈리아 시실리 섬으로 피신한 마이클은 사냥을 나갔다가 우연히 그 고장의 처녀인 아폴로니아(시모데타 스테파넬리 분)를 만나 한눈에 반해 결혼을 하게 된다. 마이클의 애인이었던 케이는 비토의 집으로 찾아와 톰을 만나 마이클의 안부를 묻자 "잘 있다. 하지만 편지도 전달할 수 없는 상황이다"라는 대답을 듣는다.

비토는 차남 프레도를 라스베이거스로 보내 카지노 사업에 손을 댄다.

어느 날, 여동생 코니가 남편 카를로에게 폭행을 당해 친정으로 오자 큰오빠 소니가 길 한복판에서 매제인 카를로를 무참하게 때린다. 앙심을 품은 카를로……. 며칠 뒤 코니가 카를로에게 또다시 폭행 당했다는 전화를 받은 소니는 흥분해 코니의 집으로 향한다. 톨게이트에 다다랐을 때 숨어 있던 다른 마피아 조직의 총탄에 처참하게 난사당하고 만다. 다른 조직과 내통해 처남인 소니를 죽게 한 카를로의 향후 운명은…….

한편 마이클은 시실리에서 아내 아폴로니아에게 운전을 가르쳐주며 행복한 시간을 보내고 있는데, 그의 일을 봐주고 있는 시실리 마피아 돈 토마시노가 형 소니의 죽음을 알리며 "이곳은 위험하니 빨리 다른 곳으로 떠나라"고 말한다. 아내 아폴로니아가 짐을 챙겨서 먼저 운전석에 오르자마자 차 밖에 서 있던 마이클의 경호원인 파브리지오가 슬금슬금 도망을 친다. 마이클이 낌새를 알아차리고 아내에게 소리를 치지만 자동차가 폭발하면서 아폴로니아는 폭사당한다. 파브리지오가 배신하여 차에

폭탄을 장치한 것이었다. 망연자실해한 것도 잠시 복수심에 불타는 마이클……. (대부2에서 마이클은 파브리지오를 끝까지 추적해 살해한다.)

대부 비토는 큰아들 소니의 죽음을 알고 피의 대결을 막기 위해 마피아 5대 패밀리에게 회의를 제의한다. 그 회의에서 비토는 소니의 죽음에 대해 책임을 묻거나 복수하지 않는 대신 막내아들 마이클의 안전을 요구한다. 그 날 회담장에서 비토는 그 동안 자신의 패밀리를 잔혹하게 살해한 살인자의 배후에는 돈 바지니가 있음을 알아차린다.

비토는 미국으로 돌아온 막내아들 마이클에게 대부 자리를 물려주고 자문 역할만 한다. 소니를 주지사나 상원의원으로 키우려 했던 비토가 회한에 젖어 있자 마이클은 아버지를 위로하고 대부로서의 결의를 다진다. 또한 마이클은 유치원 교사로 열심히 살고 있는 옛 애인 케이를 찾아가 청혼을 하여 그녀를 아내로 맞는다.

패밀리의 거점을 뉴욕에서 라스베이거스로 옮긴 2세대 대부 마이클은 패밀리가 투자한 지분을 내세우며 모 그린에게 카지노와 호텔을 넘기라고 요구하지만 거절당한다. 이에 마이클은 보복을 결심하는데…….

넓은 정원에서 한가롭게 마이클의 아들인 어린 손자와 놀고 있던 비토가 갑자기 심장마비를 일으켜 사망한다. 마침내 콜레오네 패밀리의 1세대인 돈 비토 콜레오네의 일생이 막을 내린 것이다. 아버지의 죽음을 기폭제로 대부 마이클은 라이벌에 대한 무자비한 보복에 착수한다.

마이클이 누나 코니와 매형 카를로 사이에 태어난 조카의 천주교 세례식에 대부가 되어 참석하고 있다. 세례식이 진행되는 동안 마이클은 부하를 시켜 다른 패밀리의 보스인 타타리아, 바지니와 호텔 인도를 거부한 모 그린을 차례로 죽이고 패밀리 내부의 배신자들도 모두 처단한다.

세례식이 끝나자 마이클은 누나인 코니를 먼저 보내고 매형 카를로를 사업상의 이유로 패밀리의 사무실에 가서 기다리게 한다. 두 사람이 마주 앉게 되자 마이클이 매형 카를로에게 "내가 설마 누나를 과부로 만들겠어. 형 소니의 살해에 다른 패밀리와 내통한 걸 실토해!" 하고 윽박지른다. 카를로가 바지니와의 내통을 자백하자, 마이클은 라스베이거스로 가는 비행기 티켓을 주며 "대기 중인 차를 타고 공항으로 빨리 꺼져!"라고 소리친다. 차를 탄 카를로를 마이클의 부하인 중간 보스 클레멘자(리처드 카스텔라노 분)가 뒤에서 목 졸라 죽인다.

남편을 잃은 코니가 마이클에게 찾아와 몸부림치며 울부짖지만 마이클은 냉정을 잃지 않는다. 아내 케이가 카를로를 죽인 것이 사실인지를 다그쳐 묻는다.

"사실이에요? Is it true?"

"내 일에는 질문하지 마. Don't ask me about my business."

"사실이에요? Is it true?"

"좋아. 이번 한번만 질문을 허락하지. All right. This one time, I'll let you ask me about my affairs."

"사실이에요?"

"아니. No."

라이벌에 대한 피비린내 나는 초특급 보복의 성공으로 명실상부한 콜레오네 패밀리의 2세대 대부로 자리 잡은 돈 마이클 콜레오네에게 백발이 희끗희끗한 패밀리 내의 조직원들이 손에 입을 맞추며 "돈 콜레오네!" 하면서 충성을 맹세한다. 니노 로타의 주옥 같은 OST가 흐르면서 영화가 끝난다.

〈대부〉는 이탈리아 시실리 섬 출신 이민자들이 미국 사회에서 살아남기 위해 조직한 범죄 단체 마피아의 파란만장한 삶의 이야기를 다룬다. 뉴욕의 한 마피아 패밀리의 창업과 수성 과정이 대서사시로 펼쳐지면서 흥망성쇠를 장엄하고 비장하게 읊조리고 있다.

이탈리아 이민자의 아들로 미국 뉴욕에서 출생한 마리오 푸조Mario Puzo(1920~1998)의 1969년작 소설을 영화화한 것으로 영화 제작 직후부터 영화사는 마피아들의 격렬한 반대와 방해에 시달려야 했다. 특히 뉴욕의 5대 마피아 패밀리 보스 중 하나인 조지프 콜롬보는 자신의 조직 4만 명을 동원해 대규모 집회를 열었다. 폭탄 테러 위협과 협박 전화에 시달리던 영화사는 조지프 콜롬보를 만나 마피아라는 단어를 쓰지 않고 패밀리라는 단어를 사용하고, 200만 달러를 건넨다는 조건으로 협상을 마무리지었다.

〈대부〉는 단순한 갱 영화가 아니라 조직 관리의 냉혹함, 다양한 인간 군상들이 처해 있는 현실을 아주 사실적으로 보여 준다. 즉 치열하게 살아가는 우리 인생의 풍경이 압축되어 있는 예술 무대다. 법과 정의와 질서가 자리 잡지 못한 시대의 그늘을 드러내면서 타락한 자본주의 사회인 미국의 어두운 역사를 비판하는 텍스트다.

비정한 연기와 영상 미학을 통해 비장함과 함께 그것을 녹여주는 아름다운 음악의 선율은 압권이다. 신Scene과 신의 교차 편집과 사건들 사이의 숨 막히는 반전의 미학과 그 속에 흐르는 주옥 같은 음악은 영혼을 흔들어놓는다. 영화 장르에서 오락성과 예술성, 작품성을 고루 갖춘 걸작 중의 걸작으로 1973년 아카데미 작품상, 남우주연상(말론 브랜도), 각색상을 수상하였다.

〈대부 2〉는 1974년에 제작되었다. 〈대부〉에서 돈 비토 콜레오네로 나온 말론 브랜도의 젊은 시절을 로버트 드 니로Robert De Niro(1943~)가 맡아 비토가 미국으로 오는 과정과 마피아의 보스로 성장하기까지의 과정을 보여준다.

또 제2세대 대부인 마이클이 냉정하고 치밀하게 조직을 유지하고 확대해가는 과정을 그리고 있다. 이 과정에서 배신한 친형 프레도를 죽이고, 아내와도 헤어지는 등 인간적으로 점점 더 외로워진다. 인간적인 보스였던 비토와 냉혹하기 그지없는 마이클의 대조는 이 영화의 하이라이트다.

〈대부 2〉는 1975년 아카데미 작품상, 감독상(프랜시스 포드 코폴라), 남우 조연상(로버트 드 니로), 각색상, 미술상, 음악상(니노 로타) 등 여섯 개 부문을 수상하였다.

〈대부 3〉는 1990년에 제작되었다. 성장한 소니의 아들 빈센트 역으로 앤디 가르시아Andy Garcia(1956~)를 기용해 극 중반에 마이클(알 파치노 분)의 뒤를 이어 제3세대 대부로 등장한다.

60대가 된 마이클은 패밀리의 거대해진 자금력을 바탕으로 합법적인 사업에 투자하려 애를 쓴다. 자선 사업에 손을 댄 그는 마침내 로마 교황이 그의 노고를 치하해 수여한 훈장을 받게 된다. 축하 모임에 마이클의 장성한 아들 안소니, 아리따운 처녀로 성장한 딸 메리, 헤어진 부인 케이도 자리를 함께 하고 마이클의 큰형 소니가 외도로 낳은 아들 빈센트(앤디 가르시아 분)도 참석한다.

이후 빈센트는 마이클의 오른팔이 되어 해결사를 자청한다. 시간이 지나면서 딸 메리와 조카 빈센트가 어느새 사랑하는 사이가 된 것을 알게 된 마이클이 "메리와 헤어지면 대부의 자리를 승계시키겠다"고 제안하자 빈센트는 수락한다.

마이클은 교황청과의 접촉을 통해 새로운 사업을 시작하기 위해 도박 사업에서 손을 뗀다. 이러한 계획을 하고 있을 때 다른 패밀리의 보스가 정면으로 도전해와 마이클을 저격하려 한다. 한편 한쪽에서는 로마 교황청과의 사업을 방해하기 위한 거대한 음모가 결행되어 교황이 갑작스레 서거하면서 마이클의 합법적인 사업 계획은 물거품이 된다.

이후 마이클의 아들 안소니는 오페라 가수로 데뷔한다. 〈대부 3〉의 압권은 바로 이 오페라 장면이다. 화려한 무대에서 공연이 진행되는 동안 빈센트를 비롯한 마이클의 부하들이 적들을 차례대로 처치한다. 그러나 상대도 당하지만은 않는다. 그들 역시 마이클에게 저격수를 보낸다. 오페라 관람을 끝내고 나오던 딸 메리가 저격을 받아 죽는 모습을 보고 마이클은 절규한다. 인생의 뒤안길에서 남은 것이라곤 허무뿐이다. 마이클은 과거를 뒤돌아보며 쓸쓸히 숨을 거둔다.

음악은 니노 로타의 사망으로 코폴라 감독의 아버지 카민 코폴라 Carmine Coppola(1910~1991)가 맡았다. 니노 로타가 남긴 곡들을 편곡해서 수록하고 주제가인 〈*Promise Me You'll Remember*〉를 비롯해 여러 곡을 작곡해 넣었으며, 베르디Verdi(1813~1901)의 오페라 〈*나부코 Nabucco*〉 중에 나오는 여러 아리아와 시실리의 민요들을 아름답게 편곡해 수록했다.

〈대부〉의 3부작 대하드라마는 작품성에서나 흥행성에서 모두 성공한 영화다. 아카데미 사상 유일하게 속편도 작품상을 받았다.

프랜시스 포드 코폴라 Francis Ford Coppola(1939~)

〈대부〉로 1973년 아카데미 작품상, 〈대부 2〉로 1975년 아카데미 작품상과 감독상을 수상했다. 그 외 〈패턴 대전차군단〉으로 1970년 아카데미 각본상을 수상, 〈컨버세이션〉으로 1974년 칸 영화제 작품상, 〈지옥의 묵시록〉으로 1979년 칸 영화제 작품상을 수상한 거장이다

말론 브랜도 Marlon Brando(1924~2004) 카리스마 넘치는 비토 역으로 1973년 아카데미 남우주연상에 지목되었으나 영화계가 인디언들에 대한 차별을 한다는 이유로 수상을 거부하였다. 〈워터 프론트〉로 1955년 아카데미 남우주연상을 수상한 성격파 원로 배우였다.

알 파치노 Al Pacino(1940~) 치밀하고 냉정한 성격의 마이클 역을 잘 소화해 냈다. 〈여인의 향기〉로 1993년 아카데미 남우주연상을 수상한 연기파 배우이다.

다이앤 키튼 Diane Keaton(1946~) 우디 앨런이 감독한 〈애니 홀〉로 1978년 아카데미 여우주연상을 수상하였으며 〈지금은 통화중〉을 직접 감독하고 출연하였다.

로버트 듀발 Robert Duvall(1931~) 〈텐더 머시〉로 1984년 아카데미 남우주연상을 수상한 성격파 배우이다.

니노 로타 Nino Rota(1911~1979) 로맨틱하면서도 웅장한 테마 음악의 매력은 영화의 품위를 높이는 데 결정적인 기여를 하고 있다. 애절한 분위기를 풍기는 테마 음악 〈*Speak Softly Love*〉와 〈*The Godfather Waltz*〉를 여러 버전으로 들려주고 있으며, 오프닝에서 코니의 결혼식의 흥겨운 풍경을 고조시켜주는 경쾌한 멜로디의 〈*Connie's Wedding*〉은 마피아의 암투를 잠시 완화시켜주는 역할을 한다.

정의는 혈연보다 우선인가

뮤직 박스 | Music Box | 1989 | 미국

〈뮤직 박스〉는 가벼운 음악에 관한 영화가 아니다.
사회 정의의 구현을 위해 아버지를 고발해야 하는
딸의 갈등과 고통을 생각해 보게 하는 수작이다.

감독 **코스타 가브라스**

출연 **제시카 랭** – 앤 탈벗
아민 뮬러 스탈 – 마이크 라즐로

행복감에 젖어 있는 표정을 지으며 딸 앤 탤벗(제시카 랭 분)과 친정아버지 마이크 라즐로(아민 뮬러 스탈 분)가 파티에 참가해 빠르고 경쾌한 음악에 맞춰 손을 잡고 신나게 춤을 추는 장면이 비춰지면서 영화가 시작된다.

앤은 일류 여자 변호사이며 아버지 라즐로는 37년 전 헝가리에서 미국으로 이민하여 평화롭게 살아가고 있다. 그러던 어느 날, 라즐로가 전범으로 고발되었다는 법원 통지서는 한 가정의 평화를 뿌리째 흔들어놓는다. 혐의 내용은 '라즐로가 제2차 세계 대전 중 나치 친위대가 조종하는 '애로우 크로스'라는 헝가리 경찰 특수 조직의 일원으로서 나치에 협력하고 유대인 학살을 자행했으며 그는 그런 사실을 숨기고 미국 이민 서류에 허위 기재했으므로 이민법 위반으로 헝가리 정부의 처벌을 받아야 한다'는 것이다.

라즐로는 딸 앤과 함께 법무부 특별수사국 잭 버크 검사 앞에 출두한다. 앤은 아버지의 무죄를 확신하면서 "동명이인일 것이요"라고 주장하자 버크 검사는 "확실한 증거와 증인이 있다"고 응수한다. 앤은 전문 변호사를 구하려 하나 라즐로가 "변호를 직접 맡아 달라"고 간청해 변호를 맡기로 하고 검사 버크를 만나지만 "핏줄이나 감정으로 그릇 판단하지 않을 변호사를 구하라"는 핀잔을 듣는다.

담당 판사가 결정되면서 재판이 시작된다. 재판하는 날, 언론은 열띤 취재 경쟁을 벌였으며, 법정 밖에서는 "나치 전범 라즐로를 처벌하라"는 데모가 벌어지고 있다. 검사는 헝가리 정부로부터 보내온 라즐로의 사진

이 붙어 있는 '애로우 크로스'의 증명서를 제출하고, 증인들이 나와 생생한 증언을 한다.

"1945년 12월 14일 사건에 대해 얘기해줄 수 있겠습니까?"

"그날 밤, 7시쯤 어머니와 동생, 아내랑 방에 있었어요. 검은 제복의 특수과 사람들이 기관총에다 완장을 두르고……"

"아들은 몇 살이었죠?"

"일곱 살이었습니다."

"몇 명이 들어왔습니까?"

"장교가 둘, 그중 하나는 얼굴에 흉터가 있었습니다."

"들어와서 뭘 했나요?"

"미시카라는 장교가 말했어요. 모든 보석을 내놓으라기에 아버지가 없다고 했어요. 그랬더니 내 아내를 잡고 입을 벌려 이를 보았어요. '금니가 많군' 하더군요. 그리고 밖으로 끌어냈습니다. 그 날은 몹시 추웠어요. 걸어가다 넘어지자 흉터 있는 장교가 총으로 머리를 쳤어요. 길에 쓰러져 있는 어머니를 두고 우린 그냥 끌려갔어요."

"어디로 갔습니까?"

"다뉴브 강으로 갔습니다. 미시카가 목욕을 하라더군요. 한겨울에 강에서……."

"그래, 어떻게 됐습니까. 거기서?"

"우리를 모이게 하고 둘씩 단단하게 철사로 묶었습니다. 강둑에 세우고 "미안하지만 탄환이 모자라서……"라며 제 아내 뒤에서 "돼지야!" 하고 쐈습니다. 다음엔 아버지 머리를 겨눠 쐈고 저는 물에 빠졌습니다."

"어떻게 살아났습니까?"

"다행히 건너편 둑에 걸려 철사를 풀고 나왔습니다. 아버지랑 아이는 죽었고 아내는 실종됐습니다."

"(증명서에 붙어 있는 라즐로의 확대 사진을 보여주며) 부인과 부친을 쏜 사람이 미시카, 이 사람입니까?"

"그렇습니다. 40년간이나 눈을 감으면 떠오르는 얼굴입니다. 바로 이 사람입니다."

이어서 그 당시 10대 처녀의 몸으로 윤간당한 여인의 증언을 듣고 있던 앤의 눈가에는 이슬이 맺힌다. 하지만 앤은 상대의 조그만 허점을 파고드는 뛰어난 역량과 원로 변호사인 시아버지의 도움으로 필사적인 변호를 한다. 라즐로도 헝가리 공산당의 조작이라며 혐의 사실을 극구 부인한다.

이제 앤은 마지막으로 검사가 신청한 당시 '애로우 크로스' 요원의 증언을 청취해야 한다. 증인이 헝가리 부다페스트의 병원에 중병으로 누워 있어 판사, 검사와 함께 현지로 간다. 호텔에 여장을 푼 앤에게 모르는 사람으로부터 봉투가 전해진다. 이것은 라즐로가 그녀 몰래 현지에 있는 사람을 동원해 전달한 것이다. 다음 날 병원 입원실에서 증언 청취가 이뤄진다. 앤은 증인이 다른 비슷한 건을 고발했으나 무혐의 처리된 것을 증빙하는 서류를 제시하고 증인을 상습적인 고발자로 몰아세운다.

앤은 미국으로 귀국하기 전 아버지의 친구였으며 3년 전 교통사고로 사망했다는 티보 졸탄의 누이동생 집을 방문한다. 헝가리로 출발 당시 공항에서 변호사 사무실 직원이 "티보 졸탄이 라즐로를 협박한 것 같다"는 말을 앤에게 하고 부다페스트에 있는 누이동생의 주소를 건네주었던 것이다. 졸탄의 누이동생은 오빠의 유품은 카메라와 지갑이 전부라면서 앤에게 지갑 속에 있는 전당표를 꺼내주며 "미국에 가서 물건을 찾아 달라"는 부탁을 한다. 작별 인사를 하고 문을 나서려는 순간 벽에 걸려 있는 얼굴에 흉터가 있는 남자 사진을 보며 충격을 받는다. 그것은 바로 법정에서 여러 증인들이 그 당시 얼굴에 흉터가 있는 '애로우 크로스' 장교가 라즐로 옆에 있었다고 증언했기 때문이다. 앤은 그 당시 핏빛으로 물들었을 다뉴브 강가에서 회상에 잠긴다.

귀국하는 비행기에서 아버지 라즐로의 무혐의 판결 기사를 보고도 앤은 기뻐하는 기색이 없다. 미국으로 돌아온 앤은 전당포에 찾아가 물건을 찾는다. 낡아빠진 뮤직 박스를 열자 태엽이 풀리면서 음악이 나오고 광대의 그림이 펼쳐지면서 서서히 모습을 드러내는 흑백 사진들. 법정에서 증인들이 말하던 상황 그대로 아버지 라즐로가 살인과 잔혹한 행위를 저지르는 장면이 수십 장의 사진에 생생하게 담겨져 있다. 경악하여 집으로

돌아오는 앤. 정원에서는 무죄 판결 축하 파티가 무르익고, 아버지 라즐로는 앤의 아들인 외손자에게 승마를 가르치고 있다. 아버지를 만나서 울부짖는 앤.

"아버지였어요. 아버지가 죽였어요. 애 아버지가 보는 앞에서 아이를 죽였고……. 여자를 강간하고 시체를 버린 다뉴브 강에 직접 가 봤어요. 죽은 어머니에게 매달려 우는 그 애 머리를 쐈어요. 그 애는 겨우 일곱 살이었어요. 아버지는 짐승이에요! 울부짖는 애 머리를 쏘다니요. 사진으로 낱낱이 다 봤어요! 졸탄이 사진으로 아버지를 협박했죠? 흉터를 봤어요. 증인들이 말하던 긴 흉터 말이에요! 졸탄의 여동생을 만났어요. 아버지를 영원히 보고 싶지 않을 거예요."

라즐로는 끝까지 딸 앤에게 자신의 잘못을 인정하지 않고 뉘우치지도 않는다. 앤은 검사 버거에게 뮤직 박스에서 발견된 사진을 동봉하여 진실을 밝히는 편지를 보낸다. 신문에 라즐로가 전범이라는 기사가 증거 사진과 함께 톱뉴스로 실려 있는 모습이 보이면서 영화는 끝난다.

〈뮤직 박스〉는 가벼운 음악에 관한 영화가 아니다. 사회 정의의 구현을 위해 아버지를 고발해야 하는 딸의 갈등과 고통을 생각해보게 하는 수작이다. '피는 물보다 진하지만 정의가 앞선다'는 심각한 주제가 있는 작품으로 1990년 베를린영화제 작품상인 황금곰상을 수상했다.

진실은 결국 밝혀지게 마련일까?

이는 극히 순진하고 무기력한 질문이다. 우리가 살아가고 있는 현실 속에서 은폐되어 있는 진실이 무수히 많다. 숨겨진 진실의 현장은 어디에나 있다. 역사 속에서, 우리가 호흡하는 세상 어디에서도……

우리네 현실은 집권자, 힘 있는 사람의 편의에 따라 진실이 밝혀지기도 하고 축소·은폐되기도 한다. 때로는 특정인이나 특정 집단의 이해관계 때문에 알아서는 안 되는 것까지 밝혀지기도 한다.

거짓을 파헤치고 진실에 다가설 수 있게 하는 가장 큰 원동력은 마음에서 우러나는 용기다. 갈수록 진실을 파헤칠 수 있는 통찰력과 용기를 가진 자를 만나기가 힘든 세상이 되었다.

코스타 가브라스 Costa-Gavras(1933~)

그리스 출신 감독으로 작품 경향은 정치적이면서도 그것을 포용하는 인간의 문제를 다루고 있다. 〈매드 시티〉, 〈미싱〉, 〈계엄령〉, 〈Z〉 등을 연출하였다.

제시카 랭 Jessica Lange(1949~)　아버지의 숨은 진실을 알게 되는 여변호사의 연기를 냉정하게 펼쳐 1990년 베를린영화제 여우주연상을 수상했다. 그 외 〈블루 스카이〉로 1995년 아카데미 여우주연상, 〈투씨〉로 1983년 여우조연상을 수상한 연기파 배우다.

자유와 희망의 메타포

쇼생크 탈출 | The Shawshank Redemption | 1994 | 미국

 〈쇼생크 탈출〉은 바로 자유와 희망이 삶의 원동력임을 보여주는 영화다.
종신형을 선고받고 절망 속에서 살다가 마침내 자유와 희망을 찾아가는
극적인 과정을 감동적으로 그리고 있다.

감독 프랭크 다라본트

출연 팀 로빈스 - 앤디
모건 프리먼 - 레드

젊은 은행 간부 앤디 두프레인(팀 로빈스 분)은 간통을 한 아내와 골프 코치였던 정부情夫를 살해한 죄로 재판을 받았다. 앤디는 범행 사실을 부인하지만 검사는 당시의 정황과 그럴듯한 증거를 대며 유죄를 주장했다. 결국 앤디는 배심원과 재판장에 의해 "전혀 죄를 뉘우치지 않는다"고 하여 각각의 희생자에 대한 이중의 종신형을 선고받았다.

살인죄로 종신형을 받아 쇼생크 교도소에서 20년을 복역한 레드(모건 프리먼 분)는 가석방 사회 복귀 심사를 받지만 불합격 판정을 받는다. 그는 능란한 수완으로 죄수들이 필요로 하는 물품을 밀반입하여 몰래 전달하고 돈을 버는 죄수다.

영화는 같이 수형 생활을 하면서 앤디를 지켜본 레드의 내레이션으로 전개된다. 그는 흑인 특유의 저음으로 중후하고 호소력을 담고 있다.

1947년, 쇼생크 교도소에 죄수 호송차가 도착했다. 여러 명의 죄수들이 차에서 수갑을 찬 채 죄수끼리 줄로 연결된 채 내렸다. 그중에는 부잣집 아들같이 생긴 앤디도 포함되어 있었다. 신입 죄수들에게 교도소장 노턴(밥 건튼 분)과 간수장 해들리(클랜시 브라운 분)가 교도소 규칙을 설명했다. 그리고는 죄수들을 벌거벗겨 호스로 물을 뿌려 목욕을 시키고 소독약을 뿌린 다음 죄수복을 입혀 감방으로 보냈다.

교도소에서는 간수들이 죄수들을 때려죽이기도 하고, 독방에 감금하는가 하면 죄수들끼리 동성연애를 하는 등 가히 지옥 그 자체였다. 특히 보그스라는 죄수는 호모로 새로 들어온 죄수들을 강제로 강간하는 악랄한 놈이었다.

조용하던 앤디는 두 달이 지난 뒤 레드에게 처음으로 말을 걸었다.

"돌조각 망치를 구해줘요."

"굴을 파서 탈옥하려고? 왜 웃는 거지?"

"보면 알 거예요."

레드는 앤디에게 돌조각 망치를 구해준다.

레드의 내레이션이 이어진다.

"내가 그를 왜 딴 세계 사람이라고 하는지는 다음과 같은 이유가 있어서다. 그는 다른 죄수와 다르게 걷고, 말하고, 조용한 구석이 있었다. 세상 걱정 없이 공원을 산책하는 사람 같기도 하고…… . 투명 인간의 옷을 입고 있는 것 같기도 하고…… . 첫눈에 난 앤디에게 호감을 가졌다. 앤디가 왜 웃었는지 그 이유를 알았다. 돌조각 망치를 가지고 굴을 파려면 600년은 걸릴 거다."

순하게 생긴 앤디에게 호모인 보그스 일당이 덤벼들었다. 반항하는 앤디의 얼굴에 피멍은 계속 늘어가고…… .

2년이 지난 1949년, 앤디는 교도소 밖으로 지붕 공사 일을 나가게 되었다. 간수장 해들리가 작업 감독을 하면서 상속받은 재산의 세금 관계 고민을 털어놓았다. 작업을 하다가 이 말을 들은 은행원 출신 앤디는 작업장에 나온 동료 죄수들에게 맥주 세 병씩을 주는 조건으로 세금을 한 푼도 내지 않는 방법을 가르쳐주었다.

레드의 내레이션이 이어진다.

"작업이 끝나기 전날 아침, 우리 모두는 옥상에 둘러앉아 시원한 맥주

를 마시게 되었다. 우린 마치 자유인처럼 햇빛 아래서 마셨다. 꼭 우리 집 지붕에 있는 것 같았다. 그때 앤디는 뜻 모를 미소를 지으며 그늘에 앉아 있었다."

얼마 후 교도소에서 죄수들이 영화를 보고 있었다. 장면 중에 리타 헤이워스Rita Hayworth(1918~1987)의 관능적인 모습이 나오자 앤디는 레드에게 "리타 헤이워스 포스터를 구해줘요" 하고 부탁했다.

보그스 일당의 공격이 또다시 시작되고, 반항하던 앤디는 한 달 간 교도소 병실에 입원해 있을 정도로 맞았다. 한편 보그스는 독방에 일주일 동안 감금된 후에 간수장 해들리에게 불려가 평생 빨대로만 식사할 정도로 맞고 교도소 병실에 수감되었다. 해들리의 세금 문제를 상담해주고 인정을 받은 앤디를 이제부터는 그 누구도 함부로 하지 못했다. 앤디가 교도소 병실에서 나오던 날, 레드는 리타 헤이워스의 포스터를 구해 주었다.

어느 날, 앤디가 교도소장인 노턴의 사무실로 불려갔다. 소장실 벽에는 액자가 걸려 있었다.

"심판의 날은 오리라."

교도소장 노턴은 힘든 세탁 일을 하던 앤디에게 장기수 브룩스가 일하고 있는 편한 도서실에서 함께 일하게 하였다. 앤디의 교도소 내 위치는 점점 자리를 잡아가고……. 드디어 쇼생크 교도소뿐만 아니라 인근 교도소 간수들에게도 재테크 상담을 해주게 되었다. 앤디는 교도소 도서실 유지비를 지원받기 위해 주 의회에 매주 편지를 발송했다.

도서실에서 앤디와 같이 근무하는 브룩스는 교도소에서 50년을 보내고 내일이면 출소하게 되어 있었다. 그런 브룩스가 동료 죄수를 붙잡아 흉기로 목을 찌르려고 하는 것이었다. 이때 앤디와 레드가 달려가 간신히 말렸다. 그는 교도소를 떠나는 것이 두려워 일부러 죄를 범하려 한 것이었다. 레드가 동료 죄수들에게 말했다.

"브룩스는 안 미쳤어. 교도소에 길들여졌을 뿐이야. 50년을 있어 봐. 바깥 세상을 몰라. 여기선 그가 대장이야. 모르는 게 없지. 하지만 사회에선 아무것도 아냐. 쓸모없는 쓰레기지. 이 교도소 철책은 아주 웃겨. 처음엔 죽도록 싫지만 차츰 길들여져. 그리고 세월이 지나면 벗어날 수 없게 돼. 그게 길들여지는 거야."

브룩스는 감방 안에서 키우던 새를 철창을 통하여 날려 보내며 "이젠 널 더 돌봐줄 순 없어. 이젠 가. 넌 자유야. 자유를 찾아가" 하고 말했다. 형기를 마친 후 양복으로 갈아입고 교도소에서 출소한 브룩스는 사회로 나와 동료 죄수들에게 편지를 보냈다.

"친구들, 바깥 세상은 너무 많이 변했어. 어렸을 때 자동차를 봤는데, 지금은 너무 많아. 난 보호감호 대상이야. 가석방자 수용소에 있지. 난 밤에 잠을 못 자. 공포에 질려서 잠에서 깨. 절벽에서 떨어지는 꿈을 꾸곤 하지. 내가 어디 있나 몰라. 도둑질이라도 해서 쇼생크에 다시 가고 싶어. 난 사회가 싫어. 두려움 속에서 살기가 싫어."

브룩스는 가석방자 수용소에서 목을 매 자살했다.

6년 동안이나 주 의회에 매주 보낸 앤디의 편지 덕택으로 약간의 도서실 유지비와 헌책과 음반 등이 보내져왔다. 앤디는 기증받은 도서 속에 있는 레코드 앨범에서 모차르트의 〈피가로의 결혼〉을 발견하고 교도소 방송실 문을 잠그고 전 교도소 내에 음악을 흐르게 했다. 모든 죄수들은 운동장의 하늘 높이 달려 있는 스피커를 바라보았다. 작업을 하고 있던 모든 죄수들과 간수들이 일손을 멈추고 울려 퍼지는 〈피가로의 결혼〉 중 〈저녁 바람이 부드럽게 Che soave zeffiretto〉의 아리아 선율에 귀를 기울였다. 마치 천사가 노래하는 듯 아름다운 이중창이다.

이때 레드의 내레이션이 울린다.

"난 이탈리아 여자들의 노래를 아무 생각 없이 들었어. 사실 난 몰랐어. 나중에야 난 그걸 느낄 수 있었어. 노래는 아름다웠어. 말로 다 표현할 수 없었어. 그래서 몹시 가슴이 아팠어. 높은 곳에서 아름다운 새가 날아가는 것 같았지. 벽이 무너지고 그 짧은 순간에 모두가 자유를 느꼈지."

교도소장 노턴과 해들리가 방송실 유리문을 두드리며 "앤디! 앤디!"라고 부르며 방송을 중단하라고 소리치지만 그는 느긋한 표정과 회심의 미소를 지으며 볼륨을 최대한 높였다.

앤디는 그 일로 인해 2주 동안 독방에 갇혔다. 풀려난 앤디는 식당에서 식사를 하면서 레드를 비롯한 동료들과 대화를 나누었다.

"독방은 어땠어?"

"견딜 만했어. 모차르트도 계속 들었지."

"녹음기를 갖고 들어갔어?"

"머리와 가슴으로 들었지. 그게 음악의 아름다움이야. 나의 음악은 누구도 뺏어갈 수 없어. 세상을 망각하면 절대로 나갈 수 없어. 마음 속 깊이 간직하고 있으면 누구도 뺏어갈 수 없지."

"무엇을 얘기하는 거야?"

"희망. Hope."

"희망은 위험한 거야. 희망은 이성을 잃게 하지. 이곳에선 쓸모없는 것이야. 자네도 그걸 받아들여야 해. Hope is dangerous thing. Hope can drive a man insane. It's got no use on the inside. You'd better get used to that idea."

1957년, 30년을 복역한 레드가 다시 사회 복귀 심사를 받지만 또다시 부적격 판정을 받았다. 앤디는 하모니카를 구해 레드에게 선물하면서 위로했다. 앤디는 10년을 복역했다. 레드는 '10주년 기념 앤디'라는 메모와 함께 마릴린 먼로Marilyn Monroe(1926~1962)의 포스터를 선물했다. 또다시 앤디가 도서실 유지비 증액을 위해 주 의회에 끈질기게 편지를 보낸 끝에 쥐가 들끓던 곳을 음악이 흐르는 도서관으로 만들어놓았다.

교도소장 노턴은 직업 훈련 교육을 명목으로 죄수들을 싼 임금으로 외부 업체에서 일하게 하는 불법적인 거래로 수입을 올렸다. 앤디는 노턴의 불법적인 수입을 가명 계좌로 만들어 주식, 예금, 채권으로 돈 세탁을 하면서 관리해주었다. 교도소 내에서 확고한 위치를 잡은 앤디는 죄수들에게 고등학교 검정시험 과정도 가르쳤다.

이때 토미라는 젊은 죄수가 절도죄로 2년 선고를 받고 다른 죄수들과 함께 쇼생크로 들어왔다. 그는 열세살 때부터 절도죄로 이곳저곳의 교도소를 들락거린 친구였다. 글자를 읽을 수 없을 정도의 문맹인 토미는 앤디에게 고등학교 검정시험 과정을 배웠다.

레드의 내레이션이 이어진다.

"토미는 영리해서 잘 배웠다. 토미는 그를 정말 좋아했고, 앤디는 새 사람을 만드는 데 희열을 느꼈다. 그 한 가지 이유 뿐만은 아니었다. 교도소에서는 시간이 더디 가므로 오래 할 수 있는 일을 찾아야 한다. 교도소에선 마음을 잡으려고 무슨 일이든 한다. 앤디는 도서관을 만들었다. 그는 새로운 일을 필요로 했다. 그중 하나가 토미를 가르치는 일이었다. 아마 돌을 깎고 가는 것도 그래서 일 것이다."

토미는 공부를 하는 과정에서 앤디로부터 죄수가 된 경위를 듣고 깜짝 놀라면서 말했다.

"4년 전 토마스턴 교도소에 있었죠. 어리석게도 차를 훔쳤어요. 출옥하기 여섯 달쯤 전에 새로운 죄수가 들어왔죠. 앨모 블래치라고 덩치가 큰 악질이었어요. 그는 절도로 6년 선고를 받았죠. 별별 도둑질을 다했다고 했어요. 그는 신경질이 나면 악을 쓰곤 했어요. 쉬지 않고 떠들어대어 입을 다문 모습을 본 적이 없어요. 뭐든 다 말했어요. 도둑질이건 여자관계이건 그가 죽인 사람까지 다요. 하루는 농담처럼 내가 물었죠. '진짜 누굴 죽인 적이 있냐고요.' 그랬더니 블래치 그놈이 '골프장에서 일할 때 돈 많아 보이는 놈이 있었어. 밤에 그 집에 가서 털었는데 그 녀석이 잠이 깨어 내게 대들었지. 그래서 죽였어. 그리고 정부情夫도 죽이고 그게 제일 근사했었어. 그 여자는 결혼한 여자였는데 골프 코치랑 붙었었지. 남편이 잘 나가는 은행원이라고 했어. 그 녀석이 나 대신 잡혔지' 라고 말했어요."

19년째 복역 중인 앤디는 교도소장 노턴을 만나 토미로부터 들은 이야기를 하고 재심을 요청했다.

"석방되더라도 소장님의 돈에 대해서 절대로 말하지 않겠습니다."

교도소장은 간수를 불러 앤디를 한 달간 독방에 감금시켰다. 교육청으로부터 고등학교 검정시험 합격 통지를 받은 토미는 밤늦은 시간에 어두운 교도소 운동장으로 불려갔다. 그곳에는 교도소장 노턴이 와 있었다.

"네가 앤디에게 말한 것이 사실인지 알아야 해."

"네, 사실입니다."

"법정에서도 맹세할 수 있나?"

"맹세합니다."

"내가 생각했던 대로군."

노턴이 신호를 보내자 경비 초소에서 간수장 해들리가 총을 쏘아 토미를 사살했다. 그리고는 독방에 있는 앤디를 찾아온 노턴이 협박과 회유를 한다.

"토미가 탈옥하다가 해들리의 총에 맞아 사살됐다네."

독방에서 풀려난 앤디는 교도소 운동장에서 레드와 만났다.

"난 내 마누라도 마누라의 정부도 쏘지 않았어요. 난 잘못된 재판을 어쩔 수 없이 받아들인 내 실수보다 더 많은 걸 보상받을 거예요. 호텔, 보트, 그 정도는 무리한 요구가 아니라고 생각해요."

"널 학대하지 마. 이루어질 수 없는 꿈이야. 네가 있는 곳은 이 감옥이야."

"그 말이 맞기는 해요. 난 여기 갇혀 있죠. 선택은 하나밖에 없어요. 바쁘게 살든가, 바쁘게 죽든가. Get busy living, or get busy dying. 당신이 출옥하면 부탁이 있어요."

"뭐든 들어줄게. Sure. Anything."

"빅스턴 근처에 큰 목초밭이 있어요."

"어디에 있는 목초밭인지 어떻게 알아?"

"특별한 곳이에요. 북쪽 끝에 큰 떡갈나무와 바위 담이 있죠. 내 아내에게 청혼한 곳이에요. 그 아래 묻어놓은 것을 꺼내보세요."

"뭔데, 앤디? 그 아래 뭐가 있지?"

"바위를 들어내고 보세요."

교도소 점호시간이었다. 한 명이 없었다. 앤디였다. 교도소의 비상 사이렌이 울리고 앤디의 감방을 수색했다. 라쿠엘 웰치의 그림 뒤에 터널이 뚫려 있었다.

레드의 내레이션.

　"1966년 앤디 듀프레인은 쇼생크를 탈옥했다. 남겨진 건 진흙 묻은 죄수복과 닳아버린 바위 깨는 망치였다. 그걸 뚫는 데 600년이 걸릴 줄 알았다. 그런데 앤디는 20년이 안 걸려 해냈다. 앤디는 자유를 향해 썩은 냄새가 나는 하수관을 기어갔다. 500야드였다. 축구장의 다섯 배 길이다."

　탈옥에 성공한 뒤에, 비 오는 하늘을 바라보며 두 팔을 벌리고 서 있는 앤디⋯⋯. 말끔히 양복을 차려 입고 자신이 관리해준 가명으로 된 교도소장 노튼의 돈 37만 달러를 은행에서 찾은 다음에 교도소 내의 부정 진상을 폭로하는 자료를 신문사에 발송한다.

　다음날, 쇼생크 교도소의 부정과 살인사건이 신문에 대서특필되었다. 경찰차가 쇼생크를 향하고, 노턴은 앤디가 남겨둔 성경책을 넘겼다. 첫 장에 이렇게 적혀 있었다.

　"소장, 당신이 옳았어. 이 책에 영생의 길이 있나니!"

　성경책 속은 조각망치의 크기로 오려내어져 있었다. 바로 성경책 속에

조각망치를 숨기고 탈옥 준비를 한 것이었다.

경찰차가 교도소에 도착해 간수장 해들리가 체포되고, 노턴은 이층의 소장실에서 이를 지켜보고 있었다. 경찰이 노턴을 체포하기 위해 소장실 문을 여는 순간, 노턴은 권총으로 목을 쏘아 자살했다.

며칠 후 레드에게 멕시코 국경 근처의 텍사스 주 행콕의 소인이 찍힌 엽서가 왔다. 레드의 내레이션이 이어진다.

"시원한 태평양 연안을 달리는 앤디를 상상한다. 때때로 난 앤디가 가버려서 슬프기도 했다. 새장 안에 갇혀 살 수 없는 새들이 있다. 그 깃털은 너무나 찬란했다. 새들이 비상하는 그 기쁨을 빼앗는 것은 죄악이다. Some birds aren't meant to be caged. Their feathers are just too bright. And when they fly away the part of you that knows it was a sin to lock them up does rejoice. 하지만 난 그가 우리가 갇힌 곳에서 떠났기 때문에 허전하다. 내 친구가 그립다."

40년을 복역한 레드는 사회 복귀 심사를 받아 가출옥 승인을 받고 쇼생크 교도소를 출옥했다. 자살한 브룩스를 떠올리며 그 역시 사회에 적응하지 못하다가 교도소에 있을 때 앤디와 약속했던 장소를 찾아갔다. 앤디가 말한 바위를 들어내자 양철통이 있고 그것을 열자 약간의 돈과 편지가 들어 있었다.

친애하는 레드, 당신이 이걸 읽는다면 이제 자유의 몸이겠죠. 멕시코 마을 기억해요? 내 사업을 도와 줄 좋은 친구가 필요해요. 체스판을 준비하고, 당신을 기다릴게요. 기억하세요, 레드. 희망은 좋은 거죠. 가장 소중한 것이죠. 좋은 것은 절대 사라지지 않아요. Hope is a good thing. Maybe the best of things. And no good thing ever dies. 편지가 당신을 발견하길 빌며, 늘 건강하길.

–당신의 친구 앤디

가출옥 상태의 레드는 앤디가 말한 '바쁘게 살든가 바쁘게 죽든가. Get busy living, or get busy dying.'을 떠올리며 앤디가 있는 멕시코를 향해 떠났다. 레드의 내레이션이 이어진다.

"앤디 생각에 신이 나서 앉아 있기조차 힘들었다. 자유로운 사람만이 느낄 수 있는 기쁨이라고 생각한다. 희망의 긴 여행을 떠나는 자유로운 사람. 국경을 넘을 수 있기를 희망한다. 친구를 만나 악수하고 싶다. 태평양이 내 꿈에서처럼 푸르기를 희망한다. 나는 소망한다. I find I'm so

excited I can barely sit still or hold a thought in my head. I think it's the excitement only a free man can feel. A free man at the start of a long journey whose conclusion in uncertain. I hope I can make it across the border. I hope to see my friend and shake his hand. I hope the Pacific is as blue as it has been in my dreams. I hope."

마침내 앤디와 레드가 바닷가에서 만나 뜨거운 포옹을 나누고, 자유와 희망을 상징하는 푸른 태평양의 정경이 비치면서 영화는 끝난다.

〈쇼생크 탈출〉은 바로 자유와 희망이 삶의 원동력임을 보여주는 영화다. 종신형을 선고받고 절망 속에서 살다가 마침내 자유와 희망을 찾아가는 극적인 과정을 감동적으로 그리고 있다.

공포 소설의 귀재 스티븐 킹Stephen Edwin King(1947~)의 베스트셀러

《다른 계절》에 수록된 중편소설《리타 헤이워스의 쇼생크 탈출》을 원작으로 한 이 영화는 휴먼 드라마다. '쇼생크'는 원작자 자신이 태어난 메인 주에 가상 설정한 지명이다.

실제 영화를 촬영한 곳은 오하이오 주 맨스필드의 애팔래치아 산맥 기슭의 1886년에 지은 주립 교도소로 1990년 시설이 너무 낡아 폐쇄한 교도소다.

자유는 인간이 추구하는 근본적인 의지다. 인간이 인간답게 살아감에 있어서 가장 기본적인 조건은, 정신적으로나 신체적으로나 어떠한 것으로부터도 구속받지 않는 것이다. 자유가 제한되거나 침해되거나 하면 결코 행복한 삶이 아니다.

인간은 희망을 품고 살아가는 존재다. 희망은 우리 삶의 근거이고 원리다. 희망은 극한 상황에서도 인내와 용기를 가질 수 있게 만드는 힘이다. 절망의 순간에 미래에 대한 희망을 찾을 수 없다면 그것은 영영 죽은 삶이 될 것이다.

속박을 받는 상태에서 자유를 동경하면서 끊임없는 노력을 기울이고, 희망이 있는 한 어떠한 시련이라도 기꺼이 견딜 수 있음을 〈쇼생크 탈출〉에서는 보여주고 있다.

프랭크 다라본트 Frank Darabont(1959~)

데뷔 작 〈쇼생크 탈출〉에서 섬세하고 치밀한 연출 솜씨를 한껏 발휘하고 있다. 시나리오 작가 출신인 그는 자신이 직접 시나리오를 각색하여 영화의 완성도를 높였다. 탄탄한 원작을 바탕으로 극한의 긴장감과 통쾌한 극적 반전을 통해 관객들을 극의 흐름 속으로 빨려 들어가게 한다. 스티븐 킹의 원작인 〈그린 마일〉도 감독하였다.

팀 로빈스 Tim Robbins(1958~) 감독 겸 배우. 강한 정치적 소신을 가지고 있으며, 사회성 짙은 작품에 출연·감독을 하고 있다. 〈미스틱 리버〉로 2004년 아카데미 남우조연상과 1992년 〈플레이어〉로 칸영화제 남우주연상을 수상하였다. 사형제도를 다룬 〈데드 맨 워킹〉과 정치 풍자 영화인 〈밥 로버츠〉 등을 감독하였다.

모건 프리먼 Morgan Freeman(1937~) 뛰어난 성격 배우이며 〈밀리언 달러 베이비〉로 2005년 아카데미 남우조연상을 수상하였으며 〈용서받지 못한 자〉, 〈드라이빙 미스 데이지〉 등에 출연하였다.

토머스 뉴먼 Thomas Newman(1955~) 〈쇼생크 탈출〉의 음악을 담당, 다양한 장르의 선율을 보여주었다. 피아노와 현악기, 관악기가 어우러진 연주와 컨트리풍의 음악, 아리아 등 영상에서 받은 이미지를 탁월한 감각으로 묘사하고 있다. 특히 모차르트의 오페라 〈피가로의 결혼〉 중 아리아 〈저녁 바람이 부드럽게 *Che soave zeffiretto*〉는 자유에 대한 열망을 극적으로 상기시킨다.

순수를 향한 그리움

시민 케인 | Citizen Kane | 1941 | 미국

 〈시민 케인〉은 한 인물을 통해 **권력과 부에 대한**
욕망과 야망으로 인간성이 어떻게 상처를 받는지 그 과정을 그리고 있다.

감독 **오손 웰스**

출연 **오손 웰스** – 찰스 포스터 케인
도로시 코민고어 – 수전 알렉산더 케인
조지프 코튼 – 제데디아 릴런드
아그네스 무어헤드 – 메리 케인

철조망에 '출입금지'라는 팻말이 도전적으로 걸려 있다. 음산한 음악과 함께 어둠 속에서 거대한 성과 같은 대저택을 보여준다. 밖에는 눈이 내리고 불이 켜진 방의 침대에 한 남자가 누워 있다가 "로즈버드……."라고 하면서 손에 쥐고 있던 크리스털 구슬을 놓으며 숨을 거둔다. 주인공 케인(오손 웰스 분)이 죽음을 맞이하는 것으로 영화는 시작된다.

'제나두의 주인 사망'이라는 제목으로 영화관에서 뉴스가 상영되며 자막이 나온다.

플로리다에 세워진 제나두는 전설에 가까운 저택으로, 세계에서 가장 큰 개인 소유의 건물이다. 박물관 열 개를 채울 만큼 세계 각처의 예술품을 소장하고 있으며, 동물원과 식물원을 모두 모아놓은 것 같다.
지난 주 제나두에선 성대하고 기이한 장례식이 거행되었다. 장례식의 주인공은 우리 시대를 70년간 살다 간 찰스 포스터 케인이다. 케인은 37개가 넘는 신문사와 두 개의 기업군과 방송국을 소유하면서 확고한 왕국을 건설했다. 그는 평범한 집안에서 태어났다. 어머니 메리 케인은 하숙집 주인이었는데, 하숙비를 못 낸 하숙인으로부터 버려진 광산을 대신 받았다. 운이 좋게도 그것이 세계에서 세 번째로 큰 금광이었다. 이 이야기는 미국의 전설이 되었다. 언론계의 거물인 케인은 독자들에게 제공했던 어떤 뉴스보다도 가장 큰 뉴스를 자신의 죽음으로 장식한다.
그는 두 번 결혼했고, 두 번 이혼했다. 첫 번째 결혼은 대통령의 조카인

에밀리 노턴과 하였다. 그들 사이에 아들 하나를 두었으며, 결혼생활 16년 후인 1916년에 이혼한다. 에밀리는 2년 후인 1918년, 자동차 사고로 아들과 함께 죽는다. 케인은 이혼 후 2주 만에 성악가인 수전 알렉산더와 결혼하고, 시카고에 그녀를 위해 제나두를 짓기 시작한다. 하지만 결혼 생활은 원만치 못해 그녀와 이혼을 하게 되고 제나두는 절반쯤 완성되었다.

한편 케인은 성공적으로 사업을 이끌어갔으나. 정치에서는 항상 들러리 신세를 면치 못했다. 그는 1916년에 주지사로 출마해 거의 당선될 듯이 보였다. 그러나 선거 일주일 전에 수전과의 정사 스캔들이 밝혀져 패배하고, 영원히 정치인의 꿈이 좌절되고 만다. 세월이 흐르면서 그는 점차 역사의 뒤안길로 물러나 자신의 대저택 제나두에서 외로이 살았다. 마침내 오늘, 이 성의 주인인 찰스 포스터 케인이 숨을 거두었다.

한 잡지사에서 기자들이 케인에 대한 특집 기사를 내기 위해 방향을 정하는 열띤 논의를 하고 있다. 잡지 편집장 록스턴은 기자인 톰슨에게 케인이 죽기 전에 말했다는 "'로즈버드'가 무슨 뜻인지 취재하라"고 지시한다. 톰슨이 취재를 위해 케인의 주변 인물을 만나면서 그의 구체적인 인생 역정이 여러 사람의 관점에서 그려진다.

톰슨은 먼저 나이트클럽을 경영하고 있는 케인의 두 번째 부인이었던 수전(도로시 코민코어 분)을 찾아가지만 술에 취한 그녀와 대화를 나눌 수 없다. 이번에는 케인의 재산을 관리한 은행가였던 대처의 기념관에 간다.

이미 고인이 된 대처의 비망록備忘錄을 따라 화면이 전개된다.

　은행가 대처는 케인의 어머니 메리(아그네스 무어헤드 분)와 재산 신탁에 관한 계약서에 서명하였다. 매년 5만 달러씩을 지불하고, 케인이 25세가 되면 모든 소유권이 케인에게 넘어가도록 되어있었다. 대처는 메리로부터 "케인을 대도시로 데리고 나가 교육을 시켜달라"는 부탁을 받고 썰매를 타고 있던 여섯 살의 어린 케인을 데리고 온다. 25세가 되어 큰 부자가 된 케인은 대처에게 "신문사 '인콰이어러'를 경영하겠다"고 통고했다. 대처는 신문 사업에 반대하지만 케인은 신문사를 마구 사들이기 시작했다. 이 일로 케인과 대처 사이에는 반목의 감정이 싹텄다. 대처의 비망록에는 로즈버드에 관한 언급이 전혀 없다.

　톰슨은 케인의 매니저 역할을 하면서 신문사의 전무였던 번스타인을 만난다. 번스타인은 "어쩌면 로즈버드가 케인에게 있어서 스쳐지나간 여자의 이름일 수 있어요. 케인의 절친한 친구였으며 2인자였던 릴런드를 만나보세요"라고 하면서 케인과의 지난 시절을 회상하는 형식으로 화면이 전개된다.

케인은 친구인 릴런드(조지프 코튼 분)와 함께 〈인콰이어러〉를 인수한 후에 번스틴을 전무로 임명하고 신문사에 자신의 침실을 마련하기까지 하면서 뉴욕 최고의 신문으로 만들려는 노력을 아끼지 않았다. 그리고 케인은 '발행인의 맹세'를 작성해서 1면에 크게 실었다.

정직한 뉴스만을 전하겠습니다. 시민의 권리와 인간의 진리를 위해 싸우는 불굴의 투지를 보여 줄것입니다. I will provide the people of the city with a daily paper that will tell all the news honestly. I will also provide them with a fighting and tireless champion of their rights as citizens and as human beings.

당시 최고의 신문인 〈크로니컬〉의 유능한 편집진을 스카우트해 〈인콰이어러〉를 가장 발행 부수가 많은 신문으로 발전시킨 케인은 무희까지 동원하여 성대한 축하 파티를 열었다. 친구 릴런드는 이런 케인의 행동에 우려를 표시했다. 유럽 출장을 다녀온 케인은 대통령 조카인 에밀리 노턴과 결혼한다.

번스틴은 "에밀리나 수전은 결코 로즈버드가 아닙니다. 아마 그가 잃어버린 어떤 것일지도 모르겠어요"라고 말한다.
톰슨은 케인의 유일한 친구였던 릴런드가 입원해 있는 병원으로 찾아가 그를 만나 케인에 대한 이야기를 듣는다.

"그는 결코 남에게 무엇인가를 준 적이 없으며. 많은 의견들을 가지고 그것을 마음대로 표현하며 살았던 사람이오. 그는 자기 자신만을 믿었던 사람이오."

릴런드의 회상 장면이 이어진다.

케인은 가정에 무관심한 채 신문 제작에 온 힘을 기울였다. 그는 처삼촌인 대통령까지도 비판하는 논조를 실어 첫 부인인 에밀리와 의견 충돌을 일으키며 점차 애정이 식어갔다. 그러던 와중에 케인은 우연히 두 번째 부인 수전을 만났다. 이가 아파 진통제를 사 가지고 오던 수전은 흙탕물이 튀어 얼굴과 옷이 엉망이 되어 있는 케인을 보고 웃으며 "내 집에 들어가서 씻으세요"하고 권했다. 집 안으로 들어간 케인이 수전에게 "치통을 잊으려면 귀를 움직이면 된다"고 말하며 시범을 보이자 수전은 즐겁게 웃었다. 케인과 수전이 서로 자신을 소개했다.

"나는 케인이며 지금 감상적인 여행을 하는 중이오. 어린 시절의 추억이 어려 있는 돌아가신 어머니의 유품을 임시로 보관하고 있는 서부 맨해튼 창고로 가는 길이오."

"저는 지금 스물한 살이고 이름은 수전입니다. 좋은 목소리를 갖지도 않았는데 돌아가신 어머니가 성악가가 되기를 바랐습니다."

얼마 후 주지사에 출마한 케인이 경쟁 후보인 짐 케티스를 상대로 당선이 거의 확실시되고 있었다. 선거 일주일 전, 열광적인 호응을 받고 있던 케인의 연설이 끝난 후, 아내 에밀리는 케인에게 "같이 갈 곳이 있다"고 조용히 말했다. 아내를 따라 가보니 수전의 집이었고 주지사 선거 경쟁자인 케티스가 와 있었다. 케티스가 수전을 협박해 에밀리에게 편지를 보내도록 만들었던 것이다. 케티스가 케인에게 "선거에서 물러나 주기만 하면 입을 떠벌리지 않겠소"라면서 협박했다. 케인이 분노하여 "유권자들은 여전히 나를 선택할 것이오. 선거에서 절대로 물러나지 않겠어!"라고 소리 질렀다.

이튿날 각 신문에 케인과 수전과의 스캔들 사건이 크게 실리고 케인은 선거에서 참패했다. 낙선 후 친구인 릴런드가 케인에게 "케인! 넌 네 자신의 방식대로만 살아가고자 하는 사람이야. 무엇인가 잘못되면 너는 상처를 받았다고 느끼고, 게임은 끝나버리고 말지. 주변에 어떤 다른 일이 일어나도, 그 누가 상처를 받아도 넌 너만 위로를 받아야 직성이 풀리지"라고 말하자 케인은 "자신의 방식, 그것만이 사람들이 아는 방식인 거야" 하고 의견 다툼을 벌였다. 그 후로 두 사람은 서먹한 사이가 되었다.

선거 참패 후, 에밀리와 이혼하고 2주 후 수전과 재혼한 케인은 수전을 위해 300만 달러를 들여 오페라 하우스를 건설했다. 그리고 수전이 주연하는 오페라가 공연되었는데 수준이 형편없었다. 공연이 끝난 후 케인이 신문사로 와서 "신문에 실릴 오페라 평은 어떻게 되었느냐?"고 물었다. 술에 취해 잠깐 잠들어 있는 릴런드가 작성해놓은 공연평은 케인의 기대와는 달리 혹평하는 내용이었다. 원고를 읽은 케인은 기사를 마저 작성하겠다고 하고는 들고 나갔다. 릴런드가 깨어났을 때 전무인 번스타인은 "케인이 더 심한 혹평을 쓰고 있다"고 전해주었다. 그리고 케인은 릴런드에게 해고 통지를 했다.

다시 현재 시점의 화면이다.

톰슨이 케인의 두 번째 부인이었던 수전을 다시 만나 "내가 속한 잡지 사에서 케인에 관한 기사를 쓰고 있으니 협조를 부탁합니다"라고 말한 다. 수전의 케인에 대한 회상 장면이 펼쳐진다.

케인은 수전에게 성악 레슨을 받게 했다. 성악 선생은 수전이 재능이 없음을 알고 포기하라고 하나 케인이 듣지 않았다. 수전의 공연에 참석한 관객들이 실망하는 모습이 역력하고, 다음날 신문들마다 혹평이 실려 있 었다. 심지어 〈인콰이어러〉의 릴런드 칼럼의 혹평 기사를 읽은 수전이 케 인에게 "당신이 경영하는 신문에서마저 이럴 수 있어요? 다시는 노래를 부르지 않겠어요"라고 소리 질렀다. 그러자 케인이 단호하게 "당신은 노 래를 계속하는 거야" 하고 말했다.

수전의 공연은 계속되고 〈인콰이어러〉에는 극찬하는 기사들이 게재되 지만 급기야 수전은 스트레스를 견디지 못하고 자살을 기도했다. 자살은 미수에 그치고, 수전이 케인에게 "내가 어떻게 느끼는지를 당신에게 알 게 할 방법이 없었어요. 난 다시는 노래를 할 수가 없어요. 나를 사람들이 원치 않는다는 것을 느낀다는 것이 얼마나 비참한 일인지 몰라요"라고 말했다. 그제야 케인은 "당신은 더 이상 노래를 하지 않아도 돼!"라고 말 해주었다. 얼마 후 수전은 뉴욕 생활을 그리워하며 돌아가기를 원했으나 케인이 응하지 않자 제나두를 떠났다.

다시 현재 시점의 화면이다.

톰슨 기자에게 '로즈버드'에 관한 아무런 단서도 제공하지 못한 수전은 "제나두를 관리하고 있는 레이먼드를 만나 보세요."라고 권한다. 톰슨이 레이먼드를 만나러 제나두 저택으로 가자 많은 사람들이 소장품을 감정하면서 정리를 하고 있다. 레이먼드는 수전이 떠나던 날, 케인의 행동을 회상한다.

수전이 떠나버리자 케인은 방안의 물건들을 마구 부수기 시작했다. 그때 케인이 크리스털 구슬을 가지고 있다가 "로즈버드……"라고 중얼거렸다.

다시 현재 시점의 화면이다.

레이먼드는 "케인이 말한 '로즈버드'는 아무 의미가 없는 것이오."라고 말한다. 저택 곳곳에 엄청난 물건들이 포장되어 쌓여 있고, 인부들이 쓸데없는 물건들을 불 속에 집어넣고 있다. 불에 타고 있는 물건들 중의 하나는 케인이 어린 시절 즐겨 타던 썰매다. '로즈버드' 문자와 아래에 장미 그림이 선명하다. 활활 타오르는 불길과 함께 썰매에 새겨져 있는 '로즈버드'란 글씨와 장미 그림이 서서히 타 들어가는 장면이 비치면서 영화는 끝난다.

〈시민 케인〉은 한 인물을 통하여 권력과 부에 대한 욕망과 야망으로 인간성이 어떻게 상처를 받는지 그 과정을 그리고 있다. 타협을 모르고 자신의 꿈과 성취를 위해 매진하는 케인을 통해 성공과 반비례하는 인간의 공허한 내면 풍경과 물질에 미친 듯 탐닉하는 자본주의 사회를 그대로 보여준다.

신문왕 윌리엄 랜돌프 허스트William Rhandolph Hearst(1863~1951)는 이 영화가 자신을 모델로 만들어졌다는 사실에 매우 불쾌해하면서 언론을 통한 방해와 혹평을 가하기도 했다.

'로즈버드' 그것은 주인공 케인에게 있어서 절대 피할 수 없는 봉오리로서, 빼앗긴 어린 시절인 동시에 영원히 잃어버린 순수한 동심이다. 물질이나 야망으로 채워진 현실에서 오는 공허감, 그 속에서 찾고자 했던 것은 추억 어린 순수한 동심의 세계가 아니었을까?

〈시민 케인〉은 현대의 현란한 영상들에 익숙해져 있던 관객들에게는 재미있는 편은 아니지만 현대 영화의 교과서라 할 수 있다. 탄탄한 줄거리와 이야기를 처음부터 끝까지 끌고 나가는 미스터리적 구조, 같은 사건을 다양한 시각으로 바라보는 주변 인물들의 인터뷰라는 액자(이야기 속의 이야기)식 구성이 돋보인다.

또한 화면의 공간적인 거리감이 단 한번의 촬영에 동시에 포착됨으로써 장면의 객관성을 유지할 수 있는 촬영 기법인 딥 포커스, 오래 길게 찍기인 롱 테이크, 영상 이미지만이 아닌 음향을 편집하는 사운드 몽타주 등은 당시의 할리우드 영화가 만들 수 있었던 최상의 수준을 보여준다.

〈시민 케인〉을 기점으로 그동안 도피주의적 오락물이 주류를 이루었던 할리우드 고전 영화 시대를 마감하고 의미까지 전달하는 새로운 모더니즘 영화가 세계 영화의 주류로 자리 잡았다. 이 영화는 프랑스 누벨 바그Nouvelle Vague 영화인들로부터 높은 평가를 받았으며 세계 영화사상 가장 위대한 작품 중의 한편으로 꼽힌다. 미국영화연구소에서는 〈시민 케인〉을 미국의 위대한 영화 100편 중 1위로 선정하였다.

오손 웰스 Orson Welles(1915~1985)

〈시민 케인〉은 그가 26세에 감독, 각본, 주연을 맡은 첫 번째 작품이면서 최고의 걸작이지만 그 당시 관객들에게는 외면당했다. 사실주의적 미장센에 혁혁한 공로를 세운 오손 웰스가 두 번째로 만든 〈위대한 앰버슨가〉도 흥행에 실패했다. 세 번째로 당시 그의 부인이었던 당대 최고의 여배우 리타 헤이워스 Rita Hayworth(1918~1987)를 기용해 만든 〈상하이에서 온 여인〉도 대중을 자극하지 못했다. 결국 그는 유럽으로 가서 배우로 번 돈으로 영화를 만들어야 하는 외로운 영화 인생을 살아가게 되었다. 그는 〈오셀로〉로 1952년 칸영화제 작품상인 황금종려상을 수상하였다.

그는 구태의연한 영화적 습관을 청산하고 새로운 장을 연 작품을 만든 위대한 거장으로 재평가되고 있다.

강간의 사회학

피고인 | The Accused | 1988 | 미국

 〈피고인〉은 미국에서의 실제 일어난 사건을 바탕으로 하여
강간 문제의 본질을 세밀하고 설득력 있게 파헤친 페미니즘 영화다.

감독 **조나단 캐플란**

출연 **조디 포스터** – 세라 토비아스
켈리 맥길리스 – 캐서린 머피

추적추적 내리는 빗줄기 속에 '밀'이라는 술집을 배경으로 영화가 시작된다.

한 여자가 술집에서 "안 돼!"라고 소리치면서 맨발로 가슴을 움켜쥐고 뛰쳐나와 지나가는 차를 세우려 하고 있다. 이 모습을 지켜보면서 한 청년이 공중전화 부스에서 다급한 목소리로 "밀 바에서 사고가 났어요. 강간 사건이에요. 서너 명이 덮쳤어요!" 하고 집단 강간 사건이 발생했음을 신고한다.

세라 토비아스(조디 포스터 분)는 집단 강간을 당하고, 거리로 뛰쳐나와 지나가는 트럭을 타고 강간퇴치 센터로 가서 상대 남성의 체모 채취와 손톱 검사 등 강간당한 흔적 등을 검사받는다. 잠시 후 사건 담당 여자 검사인 캐서린 머피(켈리 맥길리스 분)와 담당 형사가 찾아와 세라를 위로한 후 범인 신상에 대한 진술을 듣고 세 명을 체포한다.

TV에서는 이번 강간 사건에 대해 "강간범들은 1만 달러의 보석금을 내고 풀려났습니다. 피고인 측 변호사들은 강간 사실을 자신 있게 부인했습니다"라고 보도하면서 "강간은 억측입니다. 그녀가 오히려 적극 동조했습니다. 조장된 쇼예요"라고 말하는 피고인 측 변호사의 주장을 화면으로 보여준다. TV를 지켜 본 세라는 분노하고, 반면에 보석금을 내고 일단 풀려난 피고인들은 환호성을 질러댄다.

밑바닥 삶을 살아가는 세라는 태어날 때 이미 부모가 이혼한 불행한 환경에서 성장했으며, 패스트푸드점 등에서 근무하면서 마약을 판매하는 래리와 동거하고 있었다. 이후 세라는 강간당한 악몽에 시달리면서 동거하던 래리와도 헤어진다.

검사 캐서린과 피고인 측 변호사들이 만나 죄명과 형량을 협의한다. 캐서린은 처음에 1급 강간을 주장하지만 강간을 입증해줄 증인들이 확보되지 않은 상황과 피고인들이 대학생이라는 점을 고려해 2급 과실 상해죄를 적용하기로 합의하고 재판에서 9개월의 징역 선고로 사건은 마무리된다. 그러자 세라가 검사 캐서린을 찾아가 분노를 터트린다.

"과실상해? 이건 뭐죠? 돈 없고 학식 없다고 무시하나요?"

"그것도 강간과 같은 형량이에요. 소원대로 그들은 징역을 살 거예요."

"내 기분을 모를 거예요. 음부를 드러내놓고 강제로 당했어요. 그러는 동안 주위에선 박수를 치며 환호했어요. 당신은 최선을 다했다고 말하는데 뒷거래가 있었나보군요."

며칠 뒤 세라는 우연히 레코드 가게 앞에서 얼굴에 조소를 띤 한 남자로부터 "넌 내가 누군지 모르지만 난 너를 알아. 밀 바에 갔었지?"라는 모욕적인 희롱을 당한다. 이 남자는 술집에서 강간을 부추겼던 사람이었다. 이에 격분한 세라는 차로 남자의 소형 트럭을 일부러 들이박아 사고를 낸다. 캐서린이 병원에 누워 있는 세라를 찾아온다.

"세라! 무슨 일이죠?"

"모두 날 갈보로 알아요. 당신이 절 그렇게 만들었죠. 난 법정에서 아무 얘기도 못해봤어요. 법정대리인은 당신이었어요."

캐서린이 세라를 만나고 나오다가 병원에서 차를 들이받은 남자를 우연히 만난다.

"세라를 아십니까?"

"섹스 쇼를 벌이는 창녀예요."

"그건 강간이었어요."

"실컷 즐기고 딴소리하는 겁니다. 그녀는 그걸 즐겨요. 다음 쇼를 기대한다고 전해주세요."

강간을 당한 세라의 마음의 상처를 확인한 캐서린은 사건 당시 강간을 부추긴 사람들에 대하여 강간교사죄라는 법리를 적용하기로 마음을 먹는다. 캐서린은 병원에서 퇴원해 집에 있는 세라를 찾아간다.

"강간을 선동한 자들을 처벌하겠어요."

"또 뒷거래를 하려고?"

"더 이상 그런 일은 없을 거에요. 강간 선동 범죄가 인정되면 지난번 형량은 효력이 상실돼죠. 과실상해에다 강간죄가 새로 적용돼요. 9개월 징역을 살고 있는 자들은 5년형을 받겠죠."

"정말 그렇게 할 거예요?"

"당신이 증언을 해주기만 한다면……"

캐서린은 '밀' 바의 종업원인 세라의 친구 샐리를 만난다. 목격자인 샐리의 지목으로 강간 사건 당시에 주위에서 부추긴 남자 세 명을 연행해 재판에 회부한다. 세 명 중에는 세라를 희롱하다 차를 들이받힌 남자도 끼여 있다.

캐서린은 증언자를 확보하기 위해 사건을 신고했던 사람의 목소리가 들어 있는 당시의 녹음테이프를 들어보고 신고자를 추적한다. 캐서린은 강간 사건의 현장인 게임방의 게임기에서 사건 당일 최고 득점자가 캔 조이스라는 사실을 발견하고 대학생인 그를 학교로 찾아가 만난다. 사건 신고 당시 녹음테이프의 목소리와 같은 그가 신고자임을 확인하고 재판의 증언을 부탁한다. 캔은 강간범 중 한 사람인 봅과 대학 친구 사이였으므로 의리와 정의 사이에서 갈등한다. 주위의 방조자에게 강간교사죄가 적용되면 이미 과실상해죄로 선고받은 피고인들은 더욱 무거운 처벌인 강간죄가 적용되기 때문이다.

강간을 부추긴 피고인들에 대해 재판이 열리고, 언론들도 취재 열기가 대단하다. 법정에 선 세라는 사건의 전말을 증언하고 억울한 심정을 호소한다. 검사 캐서린의 증인 심문에서 세라는 강간당한 당시 상황을 격정적으로 증언한다. 배심원들은 심각하고 진지한 자세로 세라의 증언을 청취하고 있다.

"그날 밤 있었던 일을 말해주겠어요?"

　"남자 친구 래리와 싸웠어요. 그래서 친구 샐리를 만나러 '밀' 바에 갔었어요. 일이 끝났을 것 같아 얘기를 나누려고요."

　"샐리가 거기서 일해요?"

　"웨이트리스예요. 그녀와 함께 얘기하는데 데니가 맥주를 보내 왔죠. 샐리와 아는 사이라 합석해 얘기를 나눴어요. 재미있는 농담을 했어요."

　"그 다음엔?"

　"사람들이 핀볼게임 하러 뒷방으로 갔어요. 게임을 하고 내 순서가 끝나 마리화나를 피웠어요. 그때 노래가 흘러나와 데니와 함께 춤췄어요. 그는 아주 밀착한 상태에서 내게 키스했어요."

　"좀 더 크게 말해주세요."

　"내게 키스했어요. 술김에 하는 것이려니 하고 그냥 놔뒀어요. 그때 치마를 걷어 올리더니 내 가슴을 움켜쥐었어요. 그를 밀어냈지만 허사였어요. 내 목을 손으로 눌렀어요. 너무 힘이 세서 그리고 나서는……"

"계속해주세요."

"손으로 내 목을 조르면서 핀볼 기계 위로 눕혔어요. 그리고는 치마를 들어 올리더니 거칠게 내 팬티를 끌어내렸어요. 움직이려 했지만 꽉 잡혀서…… 그리곤 손가락을 내 급소에 찔러넣었어요. 그때 '눕혀' 하는 소리를 들었죠. 커트가 내 팔을 잡았고 그들은 박수를 치며 환호했어요. 데니가 손으로 내 입을 틀어막았고 그가 나를 범했어요. 뒤이어 다른 사람이…… 그들은 계속 즐거워했고…… 밥이 또 날 범했어요. 박수, 환호, 웃음소리가 가득했어요. 다음엔 커트가 올라왔고…… 그들은 그의 이름을 외치면서 노래를 했어요."

"무슨 노래였죠?"

"구멍을 찾아서라는……"

이어 벌어진 세라에 대한 피고인 측 변호사의 반대 심문에서 "세라가 술에 취한 상태에, 마리화나까지 피우고, 남자들과 함께 선정적인 춤까지 춘 상황을 보면 사건 제공의 원인이 그녀에게 있고 오히려 강간을 원한 것이 아니냐?"는 모욕적인 말을 한다. 이어서 다시 캐서린의 심문이 이어진다.

"윤간을 당하면서 무슨 생각을 했죠?"

"생각이오?"

"세 명이 강간을 하고 사람들이 웃으며 박수를 치고 발가벗겨져 집단 강간을 당할 때 어떤 단어가 떠올랐죠?"

"안 돼!"

"이상입니다."

강간 사건을 신고한 캔은 재판에서의 증언을 앞두고 교도소에 있는 친구 봅을 면회한다. 봅이 증언을 하지 말아줄 것을 간청하지만 거절한다.

캔에 대한 증인 심문 재판이 열린다. 먼저 캐서린이 캔을 심문한다. 캔의 증언 내용을 따라 세라가 강간을 당하는 장면이 화면 가득히 펼쳐진다.

세 명의 남자들이 한 여성의 팬티를 내린 채 차례차례 강간한다. 주위의 사람들은 안 된다고 소리치는 세라의 울부짖음에는 아랑곳하지 않는다. 오히려 신이 나서 격정적으로 외치고, 박수를 치면서 선정적인 노래를 불러대고…… 서로가 서로를 부추기고 자극시킨다.

증인 캔에 대한 검사 캐서린의 심문이 계속 이어진다.

"세라가 강간을 자청했습니까? Mr. Joyce, do you believe that Sarah Tobias instigated that rape?"

"아닙니다. No, I don't."

"고마워요."

피고인 측 파울젠 변호사의 최종 변론이 이어진다.

"세라의 증언은 여러분들의 동정심에 호소하고 있습니다. 사실이라면 동정이 갑니다. 그러나 동정심과 이 사건은 전혀 별개의 것입니다. 애인이었던 래리는 그녀가 어떤 사람이라는 것을 증언했습니다. 바텐더 제시는 그녀가 매우 취해 있었음을 증명합니다. 친구인 샐리의 증언에 따르면 그녀가 어떻게 처신했음을 알 수 있습니다. 그런데도 세라와 캔의 증언에만 의존하고 있어 안타깝습니다. 캔을 믿습니까? 왜 그가 증언을 했을까요? 그 자리를 목격한 그는 죄의식에서 벗어나려는 것뿐입니다. 캔은 그 방에 있던 모든 사람들을 유죄로 보고 있습니다. 그의 말을 믿습니까? 그렇다면 처벌하십시오. 믿지 않는다면 석방시키십시오."

검사 캐서린의 최종 논고가 이어진다.

"파울젠 씨는 세라의 증언을 하찮은 듯이 말하는데 강간을 당했는데도 하찮습니까? 찢기고, 맞고, 멍들은 게 하찮은 겁니까? 사람들 보는 앞에서 그런 수모를 당한 게 하찮은 일입니까? 파울젠 씨에게는 사소한 것일지 몰라도 세라에겐 사소한 게 아닙니다. 여러분도 동감일 겁니다. 파울젠 씨는 강간을 인지한 사람이 캔뿐인 듯이 말하지만 여러분도 그를 보셨지만 그가 유별나게 관찰력이 뛰어나서 일까요? 과연 다른 사람이 보지 못한 걸 캔 혼자서만 봤다고 생각하십니까? 저 세 사람은 과연 그걸 몰랐을까요? 세라가 핀볼 기계에서 강간당하는 걸 몰랐을까요? 그는 강간을 목격했지만 저지하진 못했다고 했어요. 그가 목격자들의 잘못된 행동을 지적했듯이 이 건은 강간 사건과 분리된 단순한 교사죄가 아닙니다. 강간을 묵인한 방조죄도 아닙니다. 이것은 다른 사람에게 강간을 자극 선동한 강간교사죄입니다. "눕혀!", "갖다 대!", "신음소리를 내게 해!" 등등의 선정적인 고함과 함께 박수를 치며 사람들을 자극했습니다. 강간이란 걸 알면서도 그들은 그 짓을 반복했습니다. 그래도 하찮은 겁니까? They made sure that Sarah Tobias was raped. Now you tell me. Is that nothing?"

드디어 판결이 열리는 날, 배심원들이 입장을 한다. 재판장은 세 명의 피고인을 일으켜 세우고 "강간교사죄를 적용해 2주일 구류형을 선고한다"는 판결문을 읽는다. 강간교사죄가 성립해 과실상해죄를 적용받은 피의자들은 강간죄의 새로운 법리가 적용되게 되었다. 검사 캐서린과 세라, 증언을 한 캔은 서로를 쳐다보며 미소를 짓는다.

재판을 마치고 나오는 세라의 주변에 기자들이 몰려오고, 다음과 같은 자막이 올라오면서 영화는 끝난다.

미국에선 6분마다 강간이 보고되는데 그중 4분의 1은 집단 강간의 형태이다. In the United States a rape is reported every six minutes. One out of every four rape victims is attacked by two or more assailants.

〈피고인〉은 미국에서의 실제 일어난 사건을 바탕으로 하여 강간 문제의 본질을 세밀하고 설득력 있게 파헤친 페미니즘 영화다. 여성에 대한 사회적 편견에 도전하는 한편 남성 중심의 이기심을 비판하면서 많은 토론거리를 제공하는 작품이다.

주인공 세라는 평소에 이성 관계나 생활 방식이 매우 자유분방한 여자였다. 사건 당일에도 섹시하고 선정적인 옷차림으로 바에서 술을 마시며 마리화나를 입에 물고 음악에 맞춰 남자들과 어울려 춤을 추었다.

남성 중심의 기존 시각에서는 강간의 동기 유발을 충분히 제공했다고 볼 수도 있지만 이 영화에서는 강제와 폭력으로부터 보호받아야한다는 점을 명확히 강조하고 있다. 더욱이 강간의 가해자들만이 아니라 주위의 구경꾼들까지도 집요하게 추적해 강간교사죄를 적용함으로써 현실의 부도덕성에 경종을 울리고 있다.

조나단 캐플란 Jonathan Kaplan(1947~)

프랑스 출신 감독으로 이 작품을 통해 우리 현실의 도덕성 부재에 경종을 울리고 새로운 비전을 제시하고 있다.

조디 포스터 Jodie Foster(1962~) 강간을 연기하는 남자배우들이 죄책감을 느낄 정도로 리얼하게 연기하여 1989년 아카데미 여우주연상을 수상하였으며, 〈양들의 침묵〉으로도 1992년 아카데미 여우주연상을 받은 할리우드 최고의 지성적인 연기파 배우다.

켈리 맥길리스 Kelly McGillis(1957~) 여자검사 역을 맡은 자신이 강간을 당한 경험을 살려 열정적인 연기를 펼치고 있다.

사랑·헌신·구원을 위한 소명

미 션 | The Mission | 1986 | 영국

 액션 영화가 아니라 제목처럼 '소명'을 받은 신부들의
사랑과 헌신, 고뇌와 갈등의 이야기를 그린
가슴이 아릴 정도로 뭉클한 영화다.

감독 **롤랑 조페**

출연 **제러미 아이언스** – 가브리엘 신부
      로버트 드 니로 – 로드리고 멘도사
      에이단 퀸 – 필리페 멘도사

국경지대에 파견된 주교가 교황에게 보고하는 편지글이 내레이션으로 흐르면서 회상 형식으로 영화가 시작된다.

"교황님, 1758년, 지금 저는 남미 대륙에서 편지를 쓰고 있습니다. 여긴 남미 라플라타의 앙상센이란 마을인데 선교회에서 도보로 2주 걸립니다. 이 선교회는 개척민들로부터 인디언을 보호하려 했으나 오히려 반발을 사고 있습니다. 이곳 인디언들은 음악적 재능이 풍부해 로마에서 연주되는 바이올린도 그들이 만든 것이 많습니다. 이곳으로 파견된 신부들은 인디언들에게 복음을 전하려 했지만 오히려 순교를 당하게 됐습니다."

가브리엘 신부(제러미 아이언스 분)는 남미의 거대한 이과수 폭포 위에 있는 천연의 정글 속에서 살고 있는 인디언 과라니 부족을 찾아가 음악을 통한 복음의 씨를 뿌렸다. 이때 가브리엘 신부가 연주하는 형식을 빌려 천상의 음악인 〈Gabriel's Oboe〉가 흐른다.

로드리고 멘도사(로버트 드니로 분)는 식민지 개척자들의 하수인인 용병이자 노예를 파는 상인으로 부를 축적한 사람이었다. 어느 날, 연인 알라라가 친동생 필리페 멘도사(에이단 퀸 분)와 사랑을 나누는 장면을 목격하고 격분한 나머지 결투를 벌여 동생을 죽이고 말았다. 때늦은 후회와 자포자기의 상태에 빠져 있는 로드리고를 가브리엘 신부가 만났다.

"듣자하니 동생을 죽였다고요? 결투였으니 무죄잖소? 후회 때문에 이러는 거요?"

"나가시오, 신부님."

"내가 사형집행인이면 좋겠소."

"그 길이 간단하죠. 혼자 있게 내버려둬요. 내가 누군지 아시죠?"

"용병에다 노예상인이며 동생을 죽였다는 것도 알고 있소. 동생을 사랑했죠. 표현 방법이 이상했지만……"

"(가브리엘의 멱살을 잡으며)날 비웃는 거요?"

"이 세상에서 달아나 숨으려는 겁쟁이를 보고 있소. 그렇게 비굴하게 살 겁니까?"

"다른 방법이 없소. 나에겐 삶이란 없어요."

"삶이 있어요. 용서받을 길이 있어요. 로드리고! 하나님이 주신 자유를 그대는 범죄를 택했소. 속죄의 길을 택할 용기가 있소? 자신 있습니까?"

"내게 충분한 속죄는 없어요. 실패하더라도 지켜보시겠습니까?"

마침내 로드리고는 수도사가 되어 가브리엘을 포함한 세 명의 신부와 함께 이과수 폭포 위, 가브리엘 신부가 단신으로 선교의 토양을 개척해놓은 원주민 마을을 향해 길을 떠났다. 이 장정에서 로드리고는 자신의 삶의 흔적을 지우기 위해 특이한 참회를 수행했다. 용병과 노예 사냥꾼 시절 사용하던 무기들을 그물에 가득 담고 여기에 매단 긴 밧줄을 어깨에 걸고 질질 끌고 가면서 스스로 참회를 재촉했다. 무거운 업보의 꾸러미를 말없이 끌고 장엄하게 물줄기가 떨어지는 이과수 폭포 옆의 절벽을 힘겹게 오르는 로드리고의 모습. 풀어헤친 머리에 진흙으로 빚은 듯한 수염과 온갖 오물이 뒤범벅이 된 옷 그리고 맨발을 한 모습은 거대한 자연 속에서 한 점도 안 되지만 의지는 폭포만큼이나 커 보였다.

원주민들은 자신들을 노예로 팔아넘긴 로드리고의 과거의 무거운 짐을 상징하는 밧줄을 칼로 끊어주고 그를 용서하고 받아들였다. 신부들은 원주민인 과라니 족들과 동화되면서 신앙의 보금자리인 산카롤로스 선교회를 건설했다. 가브리엘 신부는 수습기간을 마친 로드리고에게 신부가 되는 성례를 베풀고 '대가 없는 삶과 복종의 삶'을 살아갈 것을 서약시켰다.

이즈음 스페인과 포르투갈은 남아메리카의 식민지 영토 분할을 둘러싸고 논쟁을 거듭했다. 이들만의 합의에 따라 과라니 족 마을은 무신론의 포르투갈 식민지로 편입되고 말았다. 애써 가꾸어온 보금자리를 떠나야 하는 원주민들은 선교회를 침탈하는 적들에게 항거할 것을 결심했다. 제국주의자들인 포르투갈과의 충돌을 우려한 교황청에서는 주교를 파견하였다. 주교는 선교회의 신부들에게 "만약 나의 지시를 어길 경우 파문하겠소. 신부들은 이 분쟁에 일체 관여하지 마시오. 선교회를 해체하고 원주민 마을을 떠나시오"라고 명령했다. 그러나 신부들은 주교의 지시를 무시한 채 "원주민들과 생사를 같이하겠다"는 의지를 표명했다.

신부인 가브리엘과 로드리고는 원주민을 돕는 방식에서 첨예하게 대립함으로써 이 영화는 극적인 용트림을 한다. 폭력과 불의의 와중에서 사랑의 실천과 그 방식을 두고 흔들리는 사제들의 갈등을 현실감 있게 묘사하고 있다. 가브리엘은 사랑과 평화의 사도적 이미지를 견지하는 방식으로 원주민과 생사를 함께 하려는 반면 로드리고를 위시한 다른 신부들은 총칼로써 대적하겠다는 결연한 의사를 표시했다.

칼로써 범한 과거의 죄악을 청산하고 새로운 삶을 구하기 위해서 신부

의 길을 택했던 로드리고는 역설적이게도 스스로가 이해한 구원과 사회
적 정의를 위해서 또다시 칼을 허리에 차고 나섰다. 어느덧 포르투갈 군
인들은 지척까지 진군해 들어오고, 로드리고는 홀로 묵상하며 기도하고
있는 가브리엘 신부를 찾아가서 싸우다가 죽을 자신을 축복해달라고 부
탁했다.

"가브리엘 신부님, 신부님의 축복을 받으러 왔습니다."

"아니오. 그대가 옳다면 하나님이 축복할 거요. 그대가 틀리다면 내 축
복은 의미가 없소. 무력이 옳다면 사랑은 설 자리가 없소. 틀림없이 그럴
거요. 그런 세상에서 난 살아갈 힘이 없소. 난 축복할 수 없소. No. If you'
re right, you'll have God's blessing. If you're wrong, my blessing
won't mean anything. If might is right… then love has no place in
the world. It may be so, it may be so. But I don't have strength to
live in a world like that, Rodrigo. I can't bless you."

그러면서도 가브리엘 신부는 칼을 차고 돌아서는 로드리고에게 자신
의 목에 걸고 있던 십자가 목걸이를 벗어 건네주었다.

쳐들어온 토벌군에 맞서 가브리엘 신부는 십자가상을 앞세우고 행진
하면서 묵묵히 저항했으며, 뒤따라가는 원주민들과 성가를 합창하고 있
었다. 토벌군의 총에 맞아 쓰러진 가브리엘과 로드리고. 칼을 든 로드리
고가 칼 대신 십자가를 든 가브리엘의 죽어가는 모습을 바라보면서 죽는
다. 나머지 신부들과 원주민들도 무참히 학살되고 선교회는 불타고 마을

은 폐허로 변했다. 아직도 전장의 열기가 가시지 않은 강 위에서 살아남은 아이들이 벌거벗은 채로 뗏목에 노를 저어 어디론가 떠났다. 강가에는 원주민들이 만들어 연주하던 악기들이 물 위에 둥둥 떠다니고 있었다.

이와 같은 기억 위로 교황에게 보내는 주교의 편지는 회한 어린 다음의 말을 남기면서 영화는 끝을 맺는다.

"신부들은 죽고 전 살아남았습니다. 하지만 진실로 죽은 건 나요. 산 자는 그들입니다. 왜냐하면 언제나 그렇듯 죽은 자의 정신은 산 자의 기억 속에 남기 때문입니다. Now your priests are dead and I am left alive. But, in truth, it is I who am dead and they who live. For as always, your Holiness the spirit of the dead will survive in the memory of the living."

〈미션〉은 1750년 아르헨티나, 파라과이, 브라질의 접경 지대에서 있었던 실화로서 스페인과 포르투갈의 식민지 영토 분쟁의 와중에 정치적 이유로 학살당한 산카롤로스 선교회의 순교를 소재로 하고 있다. 액션 영화가 아니라 제목처럼 '소명'을 받은 신부들의 사랑과 헌신, 고뇌와 갈등의 이야기를 그린 가슴이 아릴 정도로 뭉클한 영화다. 선교를 앞세운 단순한 종교 영화가 아니라 역사, 정치, 종교의 중요한 문제 속에서 개인의 갈등이라는 내용을 감동적으로 표현하면서 성직자들의 인류애와 구원 방법의 차이를 다룬 휴먼 드라마다.

이 영화는 우리들에게 '종교가 추구하는 사랑과 사회적 정의 구현을 위한 신앙인의 자세는 어떠해야 할까?'라는 물음을 던지고 있다. 이과수 폭포의 웅장한 화면 속에 성직자들의 처절한 고난과 희생의 드라마가 펼쳐지면서 인간의 죄와 구원과 사랑의 대서사시와 아름다운 천상의 음악과 함께 깊은 감동을 선사한다.

〈미션〉은 1986년 칸영화제 작품상인 황금종려상과 1987년 아카데미 촬영상을 수상했다.

롤랑 조페 Roland Joffe(1945~)

영국 출신의 작가주의 정신이 배어 있는 감독으로 삶과 죽음, 순수와 열정, 사랑과 우정 등의 휴머니즘에 입각한 주제를 다루고 있다.

로버트 드 니로 Robert De Niro(1943~) 〈분노의 주먹〉으로 1981년 아카데미 남우주연상, 〈대부 2〉로 1975년 아카데미 남우조연상, 2007년 베를린영화제 예술공헌상을 수상한 최고의 연기파 배우다.

제러미 아이언스 Jeremy Irons(1948~) 〈행운의 반전〉으로 1991년 아카데미 남우주연상을 수상하였다.

엔니오 모리코네 Ennio Morricone(1928~) 이탈리아 출신의 영화 음악계의 거장. 〈미션〉의 음악은 깊은 감동을 준다. 바로크 리듬의 음악을 오보에와 남미 토속악기인 퍼커션과 봄보로 연주하고 있다. 〈On Earth As It Is In Heaven〉은 주제음악으로 영화의 전반적인 분위기를 잘 나타내고 있으며, 〈Gabriel's Oboe〉는 경건하고 서정이 넘치는 멜로디로 영화 장면과 같이 연주될 때 눈물이 나고 전신에 전율을 느낄 정도의 감동을 준다.

어린시절의 악몽

양들의 침묵 | Silence Of The Lambs | 1991 | 미국

 〈양들의 침묵〉은 전 세계를 충격과 흥분으로 몰아넣은
엽기적인 범죄 심리 스릴러물로 공포 영화의 진수를 보여준 **'컬트 무비'**다.
'컬트 무비'는 성격이나 주제, 작가의 재능 등 영화의 모든 요소들에 대해
격렬한 논쟁을 일으키는 영화를 말한다. 즉 독특한 감각을 펼치는 감독이나
뚜렷한 개성을 보여주는 배우, 사회 문제를 예리하게 파헤친 상징적인 작품들을 말한다.

감독 **조나단 데미**

출연 **조디 포스터** – 클라리스 스탈링
　　 안소니 홉킨스 – 한니발 렉터
　　 스코트 글렌 – 잭 크로포드

영화는 FBI 견습요원인 주인공 클라리스 스탈링(조디 포스터 분)의 훈련 장면으로 시작된다. 훈련 도중 그녀는 상관인 잭 크로포드(스코트 글렌 분)의 호출을 받아 엽기적인 연쇄 살인 사건의 해결 임무를 띠고 한니발 렉터(안소니 홉킨스 분)를 만나러 간다.

한니발 렉터는 식인종이라고 알려진 흉악한 수법으로 자기 환자 아홉 명을 살해하고 '정신이상 범죄자 수감소'에 수감 중인 전직 정신과 의사다.

클라리스는 한니발에게 젊은 여자들을 죽여 피부를 벗겨 살해하는 사이코 면식범, 제임스 검, 일명 버팔로 빌에 대한 자문을 구한다. 독심술의 대가인 한니발과 명석한 두뇌를 가진 클라리스는 대형 방탄유리를 사이에 두고 대화로서 심리게임을 펼친다.

클라리스는 침착하게 주어진 상황을 분석하면서 한니발로부터 범인의 윤곽을 잡아나가고, 동시에 한니발은 클라리스의 내면에 잠재해 있는 과거의 끔찍한 경험들을 끄집어내어 그녀로 하여금 그 악몽을 마음에서 없애 버리도록 한다.

클라리스는 어린 시절 보안관인 아버지가 범죄자의 총에 맞아 고통스럽게 죽어 가는 모습을 지켜보면서 아무것도 할 수 없었던 자신에 대한 무력감을 지닌 채 성장한다. 아버지의 죽음으로 그녀는 목장을 운영하는 친척집에 맡겨진다.

어느 날 밤, 양들의 비명소리에 잠을 깬 클라리스는 그곳이 목장이 아니

라 도살장임을 알게 된다. 그녀는 한 마리 양이라도 구하기 위해 새끼 양을 안고 도망치다가 잡혀 고아원으로 보내진다. 그때부터 양들의 비명은 곧 그녀의 악몽이 된다.

클라리스가 마음속에 내재되어 있는 과거를 고백하고 한니발은 클라리스에게 "여자들을 살해하는 연쇄살인범 버팔로 빌을 잡아야만 양들이 소리 지르는 악몽이 끝날 것이다"라고 지적한다.

"어린 양들. 양들이 소리를 지르고 있었어요. 처음엔 난 그것들을 풀어주려고 했어요. 그래서 우리의 문을 열어주었지요. 하지만 양들은 달아나려 하지 않았어요. 새끼 양들은 어리둥절한 채 그냥 거기 서 있었어요."

"지금도 넌 그것 때문에 자다가 깨어나지? 안 그래? 어둠 속에서 일어나 양들의 비명소리를 듣지? 캐서린을 구해야 비명소리가 그칠 거라고 생각하지?"

피해자가 모두 몸집이 뚱뚱한 여인들이고, 피부가 도려내어져 있는 엽

기적인 살인자의 범행은 전국을 공포 속에 몰아넣고, 상원의원의 딸 캐서린이 납치되면서 범인 체포에 비상한 관심이 쏠리게 된다.

한니발은 '범인의 정체를 알게 해 준다' 는 조건으로 테네시 주 멤피스로 호송되고 클라리스는 수사전담반에서 제외된다. 한니발은 호송 경관을 물어뜯어 피부를 벗겨내는 끔찍한 사건을 저지르면서 탈출한다.

수사에서는 제외되었으나 캐서린을 구출해야한다는 집념으로 나름대로 수사를 계속한 클라리스는 한니발과의 다급한 최종 대화에서 얻은 힌트로 범인의 은신처를 좁혀간다.

수사전담반이 허탕을 치고 있을 때, 클라리스는 범인의 집을 찾아 집안에 날아다니는 나방을 목격하고 진범임을 확신한다. 클라리스가 범인의 집 지하실 어둠 속을 헤매고 있다. 들리는 것은 몰아쉬는 숨소리뿐. 그때 검은 물체의 버팔로 빌이 느린 몸짓으로 수영하듯 다가간다. 클라리스와 버팔로 빌과의 캄캄한 어둠 속에서의 대결은 숨이 막힐 정도로 스릴과 공포를 주고 있다. 화면은 적외선 감지기의 뿌연 빛깔을 보여주고 있다.

범인인 버팔로 빌은 어둠을 뚫고 상대를 볼 수 있는 감지기를 쓰고 있

다. 클라리스의 목덜미에 무기를 들이대고 죽일까말까 망설이다가 막 죽이려고 하는 찰나에 간발의 차이로 클라리스가 돌아서며 총을 발사한다.

화면은 아주 느리게 그 동작을 보여주며 순간적으로 희뿌옇게 되었다가 다시 총에 맞고 쓰러진 시체를 보여준다. 클라리스의 큰 눈이 더 커진 것을 확대해서 잡는다.

클라리스는 범인을 권총으로 쏘아 살해하고 캐서린을 무사히 구출한다.

연쇄살인 사건을 해결하고 훈련 과정을 마친 클라리스가 FBI 정식 수사관 임명장을 받는 날 한니발로부터 한 통의 전화를 받는다.

"오늘 저녁은 오랜 친구를 저녁으로 먹어야 해."

클라리스가 한니발을 잡기 위해 뛰쳐나가는 것으로 서서히 자막이 내려진다.

〈양들의 침묵〉은 전 세계를 충격과 흥분으로 몰아넣은 엽기적인 범죄 심리 스릴러물로 공포 영화의 진수를 보여준 '컬트 무비Cult Film'다.

'컬트 무비'는 성격이나 주제, 작가의 재능 등 영화의 모든 요소들에 대해 격렬한 논쟁을 일으키는 영화를 말한다. 즉 독특한 감각을 펼치는 감독이나 뚜렷한 개성을 보여주는 배우, 사회 문제를 예리하게 파헤친 상징적인 작품들을 말한다.

범죄 전문 기자였던 미국 작가 토머스 해리스Thomas Harris의 동명소설을 영화화한 것이다. 전편은《레드 드래곤》을 영화화한 마이클 만 감독의 〈맨 헌터〉이며, 후속편은 동명소설을 영화화한 리들리 스콧 감독의 〈한니발〉이다.

어린 시절 부모를 잃고, 친척집과 고아원을 전전하면서 성장한 FBI요원 클라리스 스탈링과 사람을 살해하여 인육을 먹는 천재적인 범죄자 한니발 렉터 박사의 심리 파악이 이 영화의 큰 줄거리다.

클라리스는 사건 해결을 위해 유사한 범죄자이며 인간 심리에 대한 전문 지식을 지닌 한니발 박사를 이용해 사건의 실마리를 찾으려 하고, 한니발은 정신병원 독방에서 평생 지내야 하는 자신의 처지에서 재미있는 놀이로 인간 심리 파악의 실험 대상으로 클라리스를 이용한다.

인육을 먹고, 사람의 가죽을 벗기는 잔인하고 음산한 분위기로 일관하며 상처받은 현대인의 복잡하고 다양한 이상 심리를 표출하고 있다.

등장 인물의 행동 양태를 통해, 인간사의 사소한 사건 또는 잠재되어 있는 과거의 흔적이 현재와 미래에 얼마나 큰 영향을 미치는가를 보여주고 있다.

〈양들의 침묵〉은 1992년 아카데미에서 빅5라 불리는 작품상, 감독상, 남우주연상, 여우주연상, 각색상의 5개 부문을 휩쓸었다.

조나단 데미Jonathan Demme(1944~)

컬트 무비의 거장 으로 '10년에 한번 나올 만한 수작' 이라는 평가를 받아 1992년 아카데미 작품상과 감독상을 수상하였다. 식인, 피부 도려내기 등 복잡한 스토리 전개로 영화화가 불가능한 소설이란 평가를 받기도 했던 원작을 세심한 연출로 고급 심리 스릴러물로 완성하였다.

조디 포스터 Jodie Foster(1962~)는 클라리스 스탈링역의 냉철한 연기를 펼쳐 1992년 아카데미 여우주연상을 수상하였으며, 강간당한 여인의 절규를 리얼하게 연기한 〈피고인〉으로도 1988년 아카데미 여우주연상을 수상하여 30세가 되기 전에 아카데미 여우주연상을 두 번이나 거머쥔 배우는 역사상 조디 포스터뿐이다. 명문 예일대학을 졸업한 지성적인 인물로 영화배우이자 감독으로 놀랄만한 성공을 거두었다.

안소니 홉킨스 Anthony Hopkins(1937~)는 영국 출신의 정통파 배우로 최대의 매력은 도저히 연기를 하고 있다고 생각되지 않는 자연스런 연기를 보여준다는 점이다. 한니발 배역의 고요한 동작으로 오싹한 전율을 자아내는 연기로 1992년 아카데미 남우주연상, 〈모나리자〉로 1986년 칸영화제 남우주연상을 수상하였다.

형장의 이슬

데드 맨 워킹 | Dead Man Walking | 1995 | 미국

사형제도는 폐지되어야 하는가, 존속되어야 하는가?
사형제도에 반대한다면 이 영화의 월터나 호프의 부모처럼 직접
피해 당사자의 입장이라 하더라도 그러한 생각인가?

감독 **팀 로빈스**

출연 **수잔 서랜던**_ 헬렌 수녀
숀 펜_ 매튜 폰스렛
로버트 프로스키_ 힐턴 바버 변호사

루이지애나 주의 흑인 빈민가에서 '희망의 집'을 운영하는 헬렌 수녀(수잔 서랜던 분)는 어느 날 매튜 폰스렛(숀 펜 분)이란 백인 죄수로부터 한 통의 편지를 받는다.

감옥 생활의 외로움과 고통을 달래줄 이야기 상대가 필요해요. 면회가 불가능하다면 편지라도 써 보내주세요……

헬렌 수녀는 교구 신부와의 면담 끝에 그를 만나기로 결심하고 교도소로 면회를 간다. 매튜는 사형수다. 애인과 데이트 중이던 젊은 여성인 호프를 강간한 후, 그녀의 애인인 월터와 함께 잔혹하게 살해한 흉악범이다. 지금도 자신의 죄를 조금도 인정하거나 뉘우치지 않고 있다.

헬렌 수녀를 만난 매튜가 "주범은 사형을 면하고, 나는 가난 때문에 변호사를 대지 못해 억울하게 사형 선고를 받았어요. 사형을 면할 수 있게 도와주세요"라면서 간곡히 부탁한다. 그러면서 자신의 꿈 이야기를 늘어놓는다.

"한번은 전기 의자에서 사형당하는 꿈을 꿨어요. 하느님이 주방장 모자를 쓰고는 입맛을 다시며 날 빵가루에 굴려댔죠. 자기를 죽이려는 사람들 속에 있다 보면 정신이 이상해지죠."

헬렌 수녀는 매튜의 사형 집행을 면하게 하기 위하여 백방으로 노력한다. 무보수로 봉사하는 힐턴 바버(로버트 프로스키 분) 변호사와 함께 사형 집행권과 감면 권한이 있는 주지사에게 간곡히 호소한다. 이런 와중에 매

튜는 TV 기자회견에서 거친 욕설을 퍼붓고 "나는 인종차별주의자이고 나치옹호자다"라고 내뱉는다. 모든 노력은 수포로 돌아가고 사형 집행일이 결정된다.

사형집행 6일 전, 헬렌 수녀는 매튜로부터 "사형장까지 함께 하는 영적 안내자가 되어달라"는 부탁을 받는다.

죽은 피해자 부모들이 흉악범을 동정하는 그녀를 비난한다. 그럼에도 매튜의 청을 수락한 헬렌 수녀는 사형 집행까지의 6일간을 옆에서 함께 보내고 영적 구원에 나선다.

매튜가 사형당하는 과정을 그대로 담은 마지막 30분은 영화 속 진행 시간과 실제 상영 시간이 일치한다. 영화 사상 최초로 사형 집행 과정이 공개되는데, 세트가 아니라 실제 교도소에서 촬영되었다. 사형 집행 20분 전, 완강히 범행을 부인하던 매튜가 철창을 사이에 두고 헬렌에게 범행을 시인하고 회개한다.

"그 남자애 월터를 내가 죽였어요."

"호프는?"

"아니에요."

"그 애를 강간했나요?"

"네."

"그들 죽음 모두에 책임을 느끼나요?"

"네! 어젯밤 무릎을 꿇고 그 애들을 위해 기도했어요. 전엔 그런 적 없었어요."

"오직 하느님만이 어루만질 수 있는 슬픔이 있죠. 당신은 끔찍한 일을 저질렀지만 이젠 고귀함을 얻었어요. 아무도 그걸 빼앗질 못해요. 당신은 하느님의 자녀예요."

"아무도 날 하느님의 자녀라고 불러준 적이 없어요. 욕은 많이 얻어먹었지요. 내 죽음이 그 부모들에게 조금이나마 위안이 됐으면 해요."

"그들에게 줄 수 있는 최선은 평화를 빌어주는 거예요."

"전엔 진정한 사랑을 몰랐어요. 나 자신 외엔 여자도 그 누구도 사랑한 적이 없어요. 사랑을 발견하려면 죽어야 하나 봐요. 날 사랑해줘서 고마워요. 시간을 봐요, 쏜살같죠."

매튜가 교도관과 함께 사형장으로 걸어 들어가면서 다시 헬렌과 대화를 나눈다.

"헬렌 수녀님, 난 이제 죽어요."

"진실이 당신을 자유롭게 했어요."

"더 좋은 곳으로 갈 테니 난 걱정 안 해요."

"주님이 이곳에 계십니다."

"난 아무 걱정 안 해요."

"당신이 마지막으로 보는 게 사랑의 얼굴이길 바래요. 그러니 그들이 사형 집행할 때 날 봐요. 내가 그 사랑의 얼굴이 돼줄게요."

"알겠어요."

사형장으로 걸어가는 매튜의 어깨에 헬렌 수녀가 손을 얹고 성경을 읽는다. 이때 사형수 입장을 알리는 "데드 맨 워킹"의 외침이 들려온다.

사형 집행 현장을 피해자 부모가 지켜보고 있다.

"마지막으로 할 말 있나?"

"네, 있습니다. 월터 아버지! 가슴속에 미움을 남겨둔 채 세상을 떠나고 싶지 않습니다. 내 죄를 용서해주십시오. 당신에게서 아들을 빼앗은 건 끔찍한 일이었습니다. 호프 부모님께는 제 죽음이 다소나마 위안이 되길

바랍니다. 전 살인은 그 주체가 누가 됐든 나쁘다고 생각합니다. 그게 나든 여러분이든, 정부든 말입니다."

사형 집행 시간 정시. 매튜의 팔뚝에 주사기를 꽂고 약물을 투여한다. 점점 희미해지는 매튜의 눈길. 헬렌 수녀를 바라보고 있다. 매튜가 죽어가는 사이사이에 그가 저지른 강간과 살인 장면이 화면에 중첩되어 연속적으로 가득 채워지면서 영화가 끝난다.

〈데드 맨 워킹〉은 사형제도에 대해 객관적이고도 면밀한 탐구를 해낸 작품이다. '데드 맨 워킹'은 사형수가 사형장에 입장할 때 외치는 간수들의 은어다.

실존 인물인 헬렌 프리진Helen Prejean(1939~) 수녀의 체험담을 바탕으로 한 영화로 사형수와 그의 영적 안내자가 된 수녀와의 이야기다.

사형제도 만큼 찬성과 반대가 극단적으로 나뉘는 찬반 논쟁거리도 없다. 사형제도의 존폐 문제는 많은 논란을 불러일으키고 있다. '인권 존중'을 위해 폐지하느냐 '사회 정의'를 위해 존속시키느냐에 초점이 맞춰지는 사형제도는 옛날부터 논란이 많은 형벌이었다.

　사형제도는 인간의 생명권과 신체의 자유를 침해하는 형벌이다. 다른 생명 또는 공공의 이익을 보호하기 위해 불가피하다고 보는 견해가 있는가 하면 처벌만으로는 세상을 우리가 살고 싶어 하는 곳으로 만들 수 없으며 사형은 범죄 억제 효과가 없는 잔인한 형벌이라고 주장하는 견해가 대립하고 있다.

팀 로빈스 Tim Robbins(1958~)

이 영화에서 균형을 유지하면서 사형에 대해 진지한 질문을 던졌다. 할리우드에서 문제의식을 가진 명감독이자 뛰어난 배우로 명성이 나 있다. 〈미스틱 리버〉로 2004년 아카데미 남우조연상을 수상하였으며 〈쇼생크 탈출〉에서는 부드러움 속에 감춰진 강한 면모의 연기를 보여주었다.

수잔 서랜던 Susan Sarandon(1946~) 헬렌 수녀 역의 섬세한 표정 연기로 1996년 아카데미 여우주연상을 수상한 최고의 연기파 배우다. 이 영화를 감독한 팀 로빈스의 아내다.

숀 펜 Sean Penn(1960~) 사형수보다 더 사형수다운 연기로 영화의 리얼리티와 완성도를 높이며 베니스 영화제 남우주연상을 수상하였으며, 〈미스틱 리버〉로 2004년 아카데미 남우주연상을 수상한 성격파 배우다.

part 5

닮고 싶은
영화 속 주인공

참다운 교육을 위한 몸부림

죽은 시인의 사회 | Dead Poets Society | 1989 | 미국

 키팅 선생은 자유와 상상력을 상실한 교육 현실에 도전하는 사람이다. 정열과 낭만과 사랑, 전통에 도전하고 신념에 따라 자유롭게 사는 젊은이들이 되게 하려는 교육을 하고자 한다. 이 영화가 상영된 후, 많은 선생님들과 학생들이 키팅 선생이 되고 키팅 같은 교사들로 이루어진 학교를 꿈꾸었다.

감독 피터 위어

출연 로빈 윌리엄스 _ 존 키팅
      에단 호크 _ 토드
      로버트 숀 레너드 _ 닐
      조시 찰스 _ 녹스

1959년 미국의 명문 웰튼 고등학교의 입학식이 벌어지고 있다. 학생들은 전원 기숙사 생활로 새로운 학기를 시작한다. 백파이프 연주를 앞세우고 교기를 든 학생들이 강당에 들어선다. 학생들은 교장으로부터 '전통Tradition, 명예Honor, 규율Discipline, 최상Excellence'의 교육 방침을 듣고, 이 학교 출신으로 새로 부임한 존 키팅(로빈 윌리엄스 분) 영어교사를 소개받는다.

키팅 선생의 첫 수업시간, 학생들을 데리고 학교 박물관으로 가서 "오! 선장님, 나의 선장님Oh Captain, My Captain은 월트 휘트먼의 에이브러햄 링컨에 대한 시에 나오는 말이다. 여러분들은 나를 미스터 키팅이라고 불러도 되고, 오! 캡틴, 마이 캡틴이라고 부를 수 있다"고 말한다. 'Oh Captain! My Captain!'은 미국 시인 월트 휘트먼Walter Whitman(1819~1892)이 링컨 Abraham Lincoln(1809~1865) 대통령이 암살된 후 그에 대한 존경과 추모를 담아 쓴 시다.

여행이 끝나가고 목적도 달성하고, 항구가 가까워 오는데
당신은 이렇게 쓰러져 차갑게 식어 대답도 못하고
창백한 얼굴로 고요히 누워 있군요.
이 벨소리가 들리지 않으세요?
오! 선장님! 나의 선장님!
난 당신이 쓰러져 누워 있는 이 갑판을
슬픔이 가득 찬 발걸음으로 걷기만 할 따름입니다.

키팅은 학생들 교재 중에서 시 하나를 낭송시킨다.

모아라, 장미꽃 봉오리를
시간은 언제나 날아 지나가죠
이 꽃은 오늘은 웃고 있지만
내일이면 죽을 거예요.

이 시는 전통과 규율에 도전하는 청소년들의 자유정신을 상징하고 있
다. '꽃이 시들기 전에 다 따라'는 뜻으로 중심 사상은 라틴어로 '카르페
디엠Carpe Diem'이다. 즉 '이 날을 붙잡아라. Seize The Day.', '오늘을
즐겨라. Enjoy The Present.', '삶을 특별하게 만들어라. Make Your Lives
Extraordinary.'라는 뜻이다. 키팅은 학교 박물관에 전시되어 있는 이미
고인이 된 이 학교 출신의 유명한 선배들의 밀랍 인형을 가리키며 누구나

죽게 되고, 시간은 많지 않으니 '카르페 디엠'을 강조한다.

이제 본격적인 키팅 선생의 수업시간이다. 학생에게 교과서 서문을 읽힌 키팅이 내용에 맞게 그래프까지 그려가면서 충실한 설명을 하려는 듯이 보이고, 학생들은 진지한 표정으로 설명을 기다리는데…… 그의 입에서는 뜻밖에도 "서문 전체를 찢어버려라"는 말이 튀어나온다. 학생들이 서문을 찢기 시작한다. 그리고 "내 수업에서 다른 사람이 평가한 것을 보는 것이 아니라, 너희들 자신이 생각한 것을 배워라. 말과 언어를 분석하지 않고 있는 그대로 맛보는 것을 배울 것이다. 의학이나 법이나 기술 같은 것들이 우리의 삶을 유지시켜 준다면, 시나 아름다움, 사랑 같은 것들은 인위적인 것이 아니라 우리가 살아 있다는 증거가 된다"고 말한다. 이 괴상한 선생에 대해 관심과 호감을 느낀 학생들은 졸업 연감에서 키팅이 재학 시절 회원으로 있었던 클럽이 '죽은 시인의 사회'라는 것을 안다.

닐(로버트 숀 레너드 분), 녹스(조시 찰스 분), 새로 전학 온 토드(에단 호크 분)등 일곱 명의 학생들은 '죽은 시인의 사회'를 부활시켜 활동한다. 이들은 학교 뒷산의 동굴에 모여 자작시를 낭송하고 짓눌렸던 낭만과 정열을 발산시키며 변화하기 시작한다.

이러는 중에 키팅 선생의 독특한 수업방식은 계속되고…… 키팅 선생은 수업하다 말고 때때로 책상 위로 올라가 수업을 진행하면서 "너희들은 곧 알게 될 거야. 이 위에서 보면 세상이 다르게 보인다는 것을. 여러분들이 뭔가를 알고 있다고 생각하는 때에 또 다른 관점으로 그걸 바라보아야 한다. 여러분들이 책을 읽을 때, 작가가 뭘 생각하는가에 대해서 고려하지 마

라. 자신만의 눈으로 작품을 보라. 획일화된 시각으로 사물을 보지 말고, 자유롭게 사고하고 느껴라"라고 강조한다. 수업 시간에 자작시를 발표하게 하고, 야외에 나가 독특한 수업을 하는 키팅.

학생들은 점차 키팅이 말한 '카르페 디엠'을 실천한다. 미식축구 선수 애인이 있는 크리스에게 반해 고민하다가 용기를 내어 크리스의 학교까지 찾아가 사랑의 시를 낭독하여 사랑을 얻게 되는 녹스.

닐은 연극이 전부라고 생각하지만 의사로 만들려는 아버지의 격렬한 반대에 부딪혀 괴로워하면서도 〈한여름 밤의 꿈〉의 연극 무대에 올라 요정 역할을 맡아 갈채를 받는다. 이 모습을 본 닐의 아버지는 공연을 마친 후 닐을 데리고 집으로 가서 "웰튼 학교를 그만두게 하고 브레이든 군사 학교로 보낸 뒤 하버드에 진학시켜 의사를 만들겠다"고 윽박지른다. 아버지 때문에 꿈을 포기당한 닐은 권총으로 스스로 목숨을 끊는다.

이 사건의 원인 규명에 나선 학교 측은 키팅 선생을 희생양으로 만든다.

키팅 선생이 학교를 떠나는 날, 교장이 키팅을 대신해 수업을 하고 있고, 키팅이 학생들을 뒤로 한 채 힘없이 교실 밖을 나가려고 한다. 그 순간, 평소 수줍어하던 토드가 일어서서 "키팅 선생님, 학교에서 우리에게 사인을 강요했어요. 내 말을 믿으셔야 해요. 정말이에요. 그건 선생님의 잘못이 아니었어요"라고 울먹이며 말한다. 그러자 교장이 제지하며 "앉아라 토드. 떠나시오, 키팅 선생! 빨리 떠나시오"라고 외친다.

문을 열고 나가려는 키팅을 향해 토드가 결의에 찬 표정을 지으며 갑자기 "오 캡틴! 마이 캡틴!"을 외치면서 책상 위에 오르자 고민하던 학생들이 하나 둘씩 책상 위에 오른다. 학생들은 '사랑합니다', '존경합니다', '저희는 선생님 편입니다' 등등의 무언의 표정으로 키팅을 바라보고 있다. 교장은 학생들에게 고함을 지르며 경고와 협박을 한다. 이 광경을 눈물을 흘릴 듯 지켜보던 키팅은 웃음을 지으며 "Thank boys. Thank you."라고 말하면서 떠난다.

〈죽은 시인의 사회〉는 교육 현장을 배경으로 청소년들의 성장을 다룬 교육 드라마다. 톰 슐만Tom Schulman의 소설을 영화화한 것으로 교육 문제에 있어서 많은 공감을 느끼게 하는 작품이다.

획일화되고 정형화된 교육을 비판하고 학생들에게 자유로운 정신과 잊혀졌던 꿈을 다시 키우게 해준다. 한 교사의 열린 교육을 실험해보려는 몸부림과 일류 대학 진학의 틀 속에서 자신의 희망과 꿈조차 접어가며 이상과 현실에서 갈등하는 학생들의 삶을 그리고 있다. 교육과 인생과 시에 대한 이야기가 가득하면서 우리에게 많은 생각을 하게 하는 이 작품은 1989년 아카데미 각본상을 수상하였다.

　교육의 가장 본질적 발전 방향의 하나는 '인간'을 복원시키고 내세워야 하는 것이다. 교육을 통하여 사람을 무지의 속박으로부터 벗어나게 하고, 삶을 모방과 인습적 동화同化에서 해방시키는 것이다. 그리하여 모든 사람을 각기 고유한 가치와 사고, 행동체계를 스스로 세워나갈 수 있는 주체적 인간으로 키워주는 것이다.

　올바른 교육은 그 내용에 있어서 학생들이 다양한 사고와 가치체계에 접할 수 있도록 해야 한다. 그 속에서 스스로 가치를 선택하고 판별하며, 자신들의 가치체계를 세워나갈 수 있도록 교육내용이 개방되어야 한다.

　또한 지구촌 시대에 부응하여 교육의 내용이나 방법 등 여러 측면에서 국제적 이해의 정도를 높여 나갈 수 있도록 해야 한다. 국제화 시대에 있어서 주체적 국민의식은 다른 문화, 다른 민족의 역사 및 언어와 삶의 양태 등을 바로 이해할 수 있을 때 더욱 공고해질 수 있기 때문이다.

피터 위어 Peter Weir(1944~)

호주 출신 감독으로, 할리우드에 진출한 현대 휴머니즘 영화의 거장으로 작가정신
이 배어 있는 작품을 연출하였다. 〈그린 카드〉로 1991년 골든글로브 작품상을 수상
하였다.

로빈 윌리엄스 Robin Williams(1951~) 코믹한 연기로 잘 알려진 오랜 인습을 깨뜨리
는 교사 키팅 역을 맡아 매력적이고 감동적인 연기를 펼쳤다. 〈굿 윌 헌팅〉으로
1998년 아카데미 남우조연상을 수상하였다.

에단 호크 Ethan Hawke(1970~) 오디션을 통해 선발된 이선 호크의 연기도 훌륭하다.
지금은 청춘 배우인 수줍은 토드 역할을 맡았던 호크의 청소년 시절 연기도 살펴
볼 수 있는 기회다.

이상을 향한 염원

정복자 펠레 | Pelle The Conqueror | 1988 | 덴마크

이 영화는 19세기 덴마크 이민 노동자들의 삶을 무대로 아버지와 아들이
역경을 헤쳐 나가는 모습을 감동적으로 그리고 있다.
안정을 바라는 아버지와 이를 박차고 새로운 세계로 향하는
어린 아들의 이야기가 큰 줄기를 이룬다.

감독 **빌 오거스트**

출연 **막스 폰 시도우** _ 라세
펠레 베네가르드 _ 펠레

19세기 말, 늙은 아버지 라세(막스 폰 시도우 분)와 어린 아들 펠레(펠레 베네가르드 분)는 어려운 형편 때문에 고향인 스웨덴을 떠나 덴마크에서 일자리를 구하려고 한다.

힘겹게, 그러나 희망을 갖고 덴마크의 항구에 도착하는 아버지와 아들. 해가 지도록 기다려보지만 아버지는 너무 늙고 아들은 너무 어려서 일자리를 얻지 못한다. 배에서 허세를 늘어놓던 아버지는 낙담하여 선술집으로 들어가버린다. 이리하여 결국 이들은 악덕 농장주 콩스트럽의 '스톤' 농장에 노예와 같은 조건으로 채용된다.

열심히 일해 돈도 벌고 재혼도 하여 일요일이면 침대에서 커피를 마시고 싶다는 소박한 소망을 가지고 있는 아버지와 미지의 가능성에 끊임없는 호기심을 갖고 도전하는 아들. 그러나 약속의 땅이라고 믿었던 덴마크는 이들에게 수많은 환멸과 비애만을 안겨줄 뿐이다.

두 부자가 일하는 스톤 농장에는 많은 노동자들이 열악한 환경 속에서 일하면서도 불평 한마디 못하지만 오직 불의를 못 참는 에릭만이 번번이 농장 감독 해리와 맞선다.

어느 날, 에릭이 펠레에게 "우리가 살고 있는 이 세계 밖에는 더 넓은 세상이 있다. 저 바다 건너에는 신대륙이 있고, 그곳에서는 어떤 땅이든 자기가 일해서 수확하여 주인이 될 수 있지. 눈이 녹고 봄이 오면 함께 세상을 정복하러 나가자" 하고 제안한다. 하지만 에릭은 농장 감독 해리에게 맞서다가 머리를 크게 다쳐 바보가 되고 만다.

재혼을 하여 안정된 생활을 누리고 싶어 하는 아버지는 선원인 남편이

바다로 나간 후 소식이 없는 올슨 부인과 재혼하기로 한다. 그러나 올슨 부인의 남편이 돌아오는 바람에 단란한 가정에 대한 아버지의 소망은 수포로 돌아간다.

펠레는 특유의 호기심으로 스톤 농장의 다양한 인생군상들을 관찰하며 삶의 여러 가지 모습들을 보게 된다. 바다 위에서 얼어 죽은 시체, 바람피우는 남편에 대한 배신감으로 알코올 중독이 되어 늑대처럼 우는 농장의 안주인, 농장의 젖 짜는 소녀 안나와 농장주 아들 닐스의 비극적인 사랑, 냉혹한 감독에게 대들다가 식물인간이 된 에릭. 또한 영웅으로만 여겨졌던 아버지 라세의 비굴한 모습도 보게 된다.

농장 안주인은 펠레에게 각별한 정을 보이면서 견습 감독으로 임명한다. 어느 날 바보가 된 에릭을 감독 해리가 어디론지 끌고 가는 것을 보고 펠레는 에릭이 언젠가 말했던 신세계를 향해 나아갈 것을 결심한다. 아버지 라세가 펠레에게 "나는 이미 늙고 노쇠하지만 너는 어리다. 네가 원한

다면 세계를 정복할 수 있단다" 라고 말한다.

　눈이 펑펑 내리는 날, 펠레는 아버지와 헤어져 열린 세계를 향해 나아간다. 새로운 세계를 정복하겠다는 희망을 가슴에 품고 떠나는 펠레. 새벽의 눈 내리는 벌판 한가운데서 아버지와 아들이 이별하는 모습이 오버랩 되면서 음악이 흐른다.

　펠레가 "난 넓은 세계를 보러갈 거야" 하고 말한다. 눈 덮인 벌판을 걸어가는 두 부자, 아버지와 헤어지고 뛰어가는 펠레. 음악과 함께 카메라가 롱테이크로 여운을 남기면서 엔딩 크레딧이 올라온다.

　〈정복자 펠레〉는 소설가인 마틴 안데로손 넥소Martin Andersen Nexos의 작품을 영화화 한 것이며, 원작의 분량이 방대한 관계로 주인공 펠레의 성장기 시절만을 따로 떼어내어 만든 덴마크 영화다. 19세기 덴마크 이민 노동자들의 삶을 무대로 아버지와 아들이 역경을 헤쳐 나가는 모습을 감동적으로 그리고 있다. 안정을 바라는 아버지와 이를 박차고 새로운 세계로 향하는 어린 아들의 이야기가 큰 줄기를 이룬다.

한창 세상을 배워가는 소년의 눈을 통해 인생의 여러 단면을 보여주는 수작으로, 인간 군상들의 다양한 삶을 엮고 있다. 인간의 성장과 인생의 순리, 삶의 부조리에도 불구하고 피어나는 희망이 가슴 벅찬 감동으로 승화된다.

낯선 세계에서 고단한 삶을 부자간의 애틋한 정과 진취적 세계관으로 극복해가는 과정을 사실적으로 묘사한 작품으로 1988년 칸영화제 작품상인 황금종려상과 1989년 아카데미 외국어영화상을 수상했다.

빌 오거스트 Bille August(1948~)

덴마크 감독. 낯선 생활에 적응해가는 아버지와 어린 아들의 질풍노도의 시간을 잔잔하고 차분한 영상으로 표현하고 있다. 진정한 삶과 인생에 대해 마치 관객들과 이야기를 나누고 있는 듯 자연스러운 영상을 선보였다. 굳이 흥미롭게 만들려는 인위적인 흔적도 없고, 모든 희로애락이 그저 객관적이고 평범하게 표현된다. 불행이나 고통, 증오를 따로 끄집어내 비극적인 면을 강조하는 것도 아니다. 그러한 연출이 오히려 관객의 가슴 깊이 파고들게 한다.

막스 폰 시도우 Max Von Sydow(1929~) 무기력한 아버지 라세 역을 맡은 스웨덴의 국민배우. 가슴 저미는 명연기를 보여주고 있다.

펠레 베네가르드 Pelle Hvenegaard 공개 오디션을 통하여 선발되어 펠레 역을 맡아 순진하면서도 강인한 연기를 펼쳐 깊은 인상을 남기고 있다.

스테판 닐슨 Stefan Nilsson(1955~) 〈정복자 펠레〉는 영상과 음악의 멋진 융합이다. 스웨덴 출신의 닐슨의 사운드 트랙은 감미롭게 가슴을 저미게 한다. 자연의 도도한 아름다움에 비해 비참하고 고통뿐인 인간의 삶과 화려한 바닷가 전원의 사계절 변화를 시시각각 담은 화면은 장엄한 음악과 함께 영상미를 더한다. 음악이 영화의 장면 장면을 무척이나 슬픈 여운을 준다. 피아노의 선율이 잔잔하게 흐르다가 뒤로 현악기를 위주로 한 관현악의 음색이 유려하게 받쳐 주기도 하고 솔로 트럼펫으로 영화의 쓸쓸함을 더해준다.

아버지가 만들어준 꿈

빌리 엘리어트 | Billy Eliot | 2000 | 영국

 〈빌리 엘리어트〉는 어려운 현실 속에서 자신의 이상을 실현해가는
과정을 그리고 있다. 아버지는 왜 동료의 비난을 무릅쓰고 빌리에게 발레를 가르치기 위해
파업의 대열에서 이탈했을까? 또 이러한 아버지의 선택에 대한 느낌은 ?

감독 **스티븐 달드리**

출연 **제이미 벨**_ 빌리 엘리어트

오프닝 송 〈코스믹 댄서Cosmic Dancer〉와 함께 한 소년이 해 맑은 표정으로 힘찬 점프를 한다. 이 음악은 1980년대 영국에서 유행하던 음악인데 '글램 록' 스타일을 대중적으로 확산시킨 대표적인 밴드인 티 렉스T. Rex의 음악이다. 거의 곡 전체가 다 쓰이고 있어 뮤직 비디오 같다.

영국 북부의 작은 탄광촌 마을에서 자라는 열한 살의 빌리 엘리어트(제 이미 벨 분)는 파업 시위에 앞장선 광부인 아버지와 형, 치매 증세가 있는 할머니와 살고 있다. 탄광은 현재 파업 중으로, 탄광 노동조합과 정부 사 이의 대립이 팽팽하다. 방패와 헬멧으로 무장한 경찰과 대치 중인 조합 측은 단 한 사람의 이탈도 거부한다. 빌리의 아버지와 다혈질의 형도 이 들의 무리에서 공동의 승리를 기약한다.

빌리의 아버지는 빌리를 권투 체육관에 보낸다. 체육관에서는 권투와 발레 교실이 함께 열리고 있다. 어느 날, 빌리는 권투 연습을 하다 체육관 한 귀퉁이에서 실시되는 발레 수업에 우연히 참여하게 된다. 그는 금세 발레 수업의 평화로운 분위기와 아름다운 음악에 매료된다. 발레를 가르 치는 윌킨슨 부인은 첫눈에 빌리의 소질을 알아보고 그에게 발레라는 전 혀 새로운 세상을 열어준다. 빌리는 음악을 사랑했던 어머니와 전문 댄서 가 되려고 했던 할머니의 피를 물려받아서 발레에 천재성을 발휘한다. 그 러나 아들의 권투 연습을 보기 위해 체육관을 찾은 아버지는 빌리가 발레 연습을 하는 것을 보고 극심한 반대를 한다.

"발레, 그게 남자가 할 짓이냐?"

"그게 뭐 이상하다고 그러세요? 남자도 얼마든지 할 수 있어요."

"남자가 할 짓이라고? 남자는 풋볼이나 권투, 레슬링을 해야지."

"발레가 어때서 그래요?"

"그걸 몰라서 묻는 거야?"

"무슨 말씀을 하시려고 그래요?"

"맞고 싶은 모양이군. 그건 안 돼."

"호모만 하는 게 아니에요"

"다 집어쳐버려!"

"아버지가 미워요. 정말 싫다고요."

　형도 빌리가 춤을 배우는 것에 대하여 반대한다. 힘든 노동과 시위로 살아온 아버지와 형에게는 남자가 발레를 한다는 것은 사치의 대상일 뿐이다. 하지만 발레 선생님은 빌리의 재능을 최고로 끌어올리기 위해 격려하면서 헌신적으로 가르친다. 감정이 고조된 빌리는 윌킨슨 부인에게 엄마가 돌아가실 때 18세가 되면 보라고 했던 편지를 읽어준다.

　"내 아들 빌리에게. 지금쯤이면 나를 다 잊었겠구나. 그러면 다행이지 뭐니. 정말 오래됐구나. 네가 크는 걸 봤으면 좋을 텐데…… 저 하늘에서 언제나 함께 할거야. 언제나 네 곁에서 널 지켜주마. 네가 내 아들인 것과 널 만났던 것이 자랑스럽다. 항상 너 자신에 충실하렴. 널 영원히 사랑하는 엄마가."

이미 세상에 없는 어머니의 이야기를 별다른 감정 없이 이야기하는 빌리. 그는 이미 어머니의 존재가 어떤 것인지 알고 있는 모습이다. 그러면서 그의 마음속엔 발레에 대한 명분 같은 것이 싹튼다.

윌킨슨 부인은 빌리를 왕립발레학교에 보내려고 하지만 모든 사실을 알아버린 아버지는 결사적으로 반대하고, 엎친 데 덮친 격으로 빌리의 형이 파업 농성 도중 경찰에 체포되는 일이 생겨 빌리는 발레의 오디션조차 보지 못하게 된다. 발레의 꿈이 수포로 돌아간 빌리는 또다시 춤으로 모든 고통을 이겨내기 시작하고, 어느덧 겨울이 찾아온다.

어느 날, 땔감이 없어 어머니의 추억이 배어 있는 유물인 피아노마저 부수어 땔감으로 사용하고 빌리의 가정에 사랑의 온기는 점점 식어간다. 빌리의 가족들은 우울하기만 한 크리스마스를 맞는다.

성탄절, 자신의 발레 솜씨를 친구에게 보여주고 싶었던 빌리는 텅 빈 체육관에서 춤을 춘다. 이때 근처를 지나던 빌리의 아버지가 우연히 그 모습을 보게 된다. 아들이 발레를 추는 모습에 놀란 아버지, 이 아버지의 모습을 덤덤히 바라보는 빌리는 아버지 앞으로 달려가…… 그 앞에서 자신만의 춤을 춰 보이기 시작한다. 아버지는 빌리의 진지한 몸짓에서 자신의 아들이 진정으로 원하는 것이 무엇인지 깨닫는다.

자신의 눈으로 아들의 재능을 직접 본 뒤 발레를 시켜줘야겠다는 생각을 하게 된 아버지는 마침내 윌킨슨 부인의 집으로 찾아가 "내 아들은 내가 책임지겠습니다"라고 각오를 밝힌다.

빌리의 재능을 알아본 아버지는 영국 왕립발레단 오디션 비용을 마련해주기 위해 동료들의 계란 세례를 받으면서까지 탄광으로 들어가는 버스를 탄다. 아들의 꿈을 실현시키기 위하여…… 아버지는 어제까지만 해도 연대 파업에 동참하지 않는 광부들을 향해 '배신자'라고 소리쳤다. 연대 파업에 동참 중인 빌리의 형이 탄광으로 들어가는 버스를 탄 아버지를 가로막자 아버지가 "빌리를 망치게 할 수 없다. 빌리의 재능을 살려주어야 한다. 빌리한테 기회를 줘야 한다"면서 울부짖는다.

아버지는 빌리를 데리고 런던에 있는 왕립발레단의 오디션에 참석하기로 한다. 형도 격려해준다. 아버지와 함께 난생 처음 대도시로 향하는 빌리. 하지만 왕립발레학교의 호화로운 낯선 풍경을 접하고 이내 기가 질려버린다. 드디어 시작된 오디션. 이미 잔뜩 긴장하고 겁을 집어먹은 빌리는 경직되어 있고, 정통 발레와는 무관해 보이는 자신만의 춤을 춰 보인 후 창피한 표정을 짓는다. 빌리는 발레학교 교사들과의 면접을 갖는다. 잔뜩 실망해 고개를 숙인 빌리는 질문에 잘 대답하지 못하고 있다. 교사들도 이 특이한 학생을 어떻게 해야 할지 어리둥절한 표정이다. 면접을 끝내고 체념하며 밖으로 나가려는 그에게 누군가 마지막 질문을 던진다.

"춤을 출 때 어떤 기분이 드니?"

"모르겠어요. 좋은 것도 같고…… 몸이 뻣뻣해지지만, 한번 춤을 추기 시작하면 모든 게 잊혀져요. 그리고 제가 공중 속으로 사라지는 것 같아요. 마치 내 몸 안이 모두 바뀌어서 내 몸 안에 불길이 치솟고 전 그냥 거기서 날아가요."

오디션을 마치고 다시 고향으로 돌아온 아버지와 아들. 이들은 합격 여부에 초조해하고 있다. 며칠 후 왕립발레단으로부터 한 통의 편지가 도착하고, 식구들은 빌리가 직접 봉투를 개봉하게 한다. 빌리는 방 안에 들어가서 나오지 않고……. 초조하여 담배 한 대를 피우고 방에 들어갔다 나온 아버지는 저 푸른 바다를 뒤로하고 언덕길을 힘차게 달려오며 "내 아들이 합격했다!"고 외친다.

빌리가 런던으로 떠나며 아버지에게 "힘들면 돌아와도 되죠? Well, if I don't like it, can I still come back?"라고 말하자 "농담하나? 네 방 벌써 세 줬다. You are kidding. We've let out your room."고 대답한다.

세월이 흘러 아버지와 형이 빌리의 공연을 보러 런던의 공연장에 왔다. 무대의 막이 오르고 성년이 된 빌리가 발레 복장을 입고 등장한다. 온갖 어려움에도 불구하고 결국 발레리노로 성장한 빌리가 공중을 향해 한 마리 백조처럼 힘차게 비상하는 모습이 펼쳐진다. 런던의 무대에서 〈백조의 호수〉를 멋지게 연기하는 모습을 지켜보는 아버지의 눈에 어느새 눈물이 고이며 영화는 끝난다.

이 영화는 빌리 엘리어트라는 소년이 자신의 꿈을 실현시켜 나가는 과정을 드라마틱하게 엮어내고 있다. 파업 중인 광산을 배경으로 권투와 발레, 현실과 예술, 검은 석탄과 하얀 발레복의 대위법은 영화의 감동을 더한다. 성장 드라마에 사회적 메시지를 담아내는 힘은 영국의 진보적 대중주의의 저력이라고 할 수 있다.

영화의 배경은 1984년 영국 북부 던햄 지역의 광산촌이다.

1979년, 마거릿 대처Margaret Hilda Thatcher(1925~) 총리가 이끄는 영국 보수당 정권이 집권하면서 영국 국민들은 여태 겪어보지 못한 구조조정의 찬바람을 맛봐야 했다. 탄광촌을 중심으로 한 강성 노조는 하나씩 와해되어가고, 부채더미의 국영기업은 민영화 조치를 밟는다. 그 와중에 쏟아지는 실업자는 국가에 대해 심한 배신감을 느껴야 했다. 이러한 정부와 노조가 팽팽한 대치를 보여주는 가운데 한 탄광촌에서 순수한 소년이 새로운 예술세계에 접어드는 과정이 펼쳐진다. 〈빌리 엘리어트〉는 에든버러국제영화제에서 관객상을 수상하였다.

이상은 실현의 가능성이란 것을 수반하는 사고 작용이다. 어떠한 이상을 추구하여 그것을 실현하면 그것은 이미 현실이 되고, 더 이상 이상은 아니다. 그 다음은 더 크고 높은 것을 추구하게 되며, 다시 이상이 된다. 현실과 이상의 차이는, 그것이 실현되었느냐 그렇지 않았느냐에 있다. 우리는 누구나 무엇이 되었으면 하는 꿈을 가지고 있다. 하지만 살아가면서 사회적인 편견이나 가족의 반대 등 여러 가지 형편 때문에 그 꿈을 펼치지 못하고 포기하는 경우가 많다. 여러 가지 어려운 상황을 극복하고 꿈을 이루기 위해서는 무엇보다도 이를 이겨내려는 의지가 중요하다.

스티븐 달드리 Stephen Daldry(1960~)

영국 잉글랜드 출신으로 단편 〈Eight〉로 감독을 시작했으며 〈빌리 엘리어트〉는 그의 첫 장편 영화이다. 그는 영국 왕립극장의 감독을 역임하면서 100편 이상의 연극을 제작했으며, 이 중의 많은 작품이 전 세계에서 공연되었다.
2003년 골든 글로브 최우수 작품상과 여우주연상, 아카데미 여우주연상을 수상한 〈디아워스〉를 감독하였다.

제이미 벨 Jamie Bell(1986~) 빌리 역을 맡음. 여섯 살 때부터 무용을 하였으며 영화 속 빌리의 삶과 공통점이 많은 소년이다. 마지막 장면에서 울려 퍼지는 음악은 차이코프스키가 1877년에 작곡한 발레 음악 〈백조의 호수〉다. 악마의 저주 때문에 낮에는 백조로, 밤에는 공주로 살아야 하는 오데트 공주의 비극을 진정한 사랑으로 풀어내는 지그프리드 왕자의 아름다운 사랑이야기다. 진정한 사랑을 꿈꾸고 그 사랑을 이루는 〈백조의 호수〉처럼 오랫동안 갈망하던 꿈을 이루고 힘차게 날아오르는 빌리와 백조의 호수 선율은 멋진 조화이다.

천재를 질투한 범인의 고뇌

아마데우스 | Amadeus | 1984 | 미국

 〈아마데우스〉에서는 **모차르트의 주옥 같은 음악의 선율**을 접할 수 있으며
그의 많은 작품들이 어떤 동기로 만들어졌는지 알 수 있다.
당시 서양 고전음악의 본 고장인 오스트리아 빈 무대에 등장한 이후 죽음에 이르기까지
모차르트가 밟은 시간의 궤적을 들여다볼 수 있다.

감독 **밀로스 포먼**

출연 **톰 헐스** _ 모차르트
　　 머레이 에이브러햄 _ 살리에리
　　 제퍼리 존스 _ 요제프 2세 황제
　　 엘리자베스 베리지 _ 콘스탄체

장중한 모차르트의 〈교향곡 25번 1악장〉의 선율과 함께 한 노인이 외치는 소리가 들려오면서 영화가 시작된다.

"모차르트! 모차르트! 용서해주게. 자넬 죽인 건 날세. 내가 자넬 죽였네. 모차르트 용서해주게! 나야! 모차르트! 자넬 죽인 게 바로 나란 말일세. 용서해주게, 모차르트!"

요양원에 수용되어 자살을 시도한 이 노인에게 신부가 찾아온다. 이 노인은 요제프 2세 황제의 궁정 음악장이었던 안토니오 살리에리(F. 머레이 에이브러햄 분)이다. 살리에리는 피아노 건반을 누르며 자신이 작곡했던 음악을 들려주지만 신부는 이 곡을 전혀 모른다. 하지만 다른 한 곡을 피아노 건반으로 누르자 허밍으로 따라 부르면서 살리에리가 작곡한 음악인 줄 알고 말한다.

"아주 매혹적인 곡입니다. 그걸 작곡하신 줄 몰랐습니다."

"내가 아니오. 모차르트의 작품이오. 볼프강 아마데우스 모차르트……."

이 음악은 모차르트가 작곡한 〈아이네 클라이네 나흐트뮤직〉이다.

"당신이 살해했다고 용서를 비는 사람이군요."

영화는 살리에리가 신부께 고해성사를 하는 형식으로 전개된다.

살리에리는 오스트리아 빈으로 와서 요제프 2세 황제의 궁정 음악장이 되어 음악 애호가인 황제의 개인 교습을 도맡았다. 하지만 모차르트의 출현으로 살리에리는 자신의 음악적인 한계를 절감하기 시작했다.

모차르트(톰 헐스 분)는 자신의 활동 무대를 오스트리아 빈으로 옮겼다.

대주교의 궁전에서 연주가 예정되어 있는 그날 밤 연주회에 참석한 살리에리가 모차르트의 모습이 궁금해 찾고 있었다. 모차르트가 궁중의 소녀와 음란한 장난을 치고 있는 모습이 눈에 띄었다. 그러면서도 모차르트는 갑자기 오케스트라가 연습하는 소리가 들리자 급히 참석하여 연주를 성공적으로 마쳤다.

살리에리는 그날 참석한 느낌을 신부에게 "그날 밤 내 인생은 바뀌기 시작했소. 마치 신의 음성을 듣는 기분이었소. 하지만 왜 신은 자신의 도구로 저런 녀석을 선택했을까? 그건 신의 실수라고 생각했소"라고 고백한다.

요제프 2세 황제(제퍼리 존스 분)는 모차르트의 오페라 연주 소식을 듣고 오페라 작곡을 의뢰하기 위해 그를 궁중으로 초대했다. 모차르트는 황제를 알현하기 위해 옷을 갖춰입고 궁중에 왔다. 살리에리가 작곡한 모차르트를 환영하는 행진곡을 황제가 악보를 보면서 피아노로 연주하고 있었다. 연주를 마치고 기념으로 악보를 모차르트에게 주자, 그는 받지 않고 한 번 들은 이 곡을 즉석에서 연주해버리고 수정할 부분까지 지적했다. 이와 같은 천재적인 재능을 보고 살리에리는 패배감에 사로잡혔다.

모차르트는 자신의 오페라 〈후궁으로부터의 탈출〉에 살리에리가 가르치는 사랑하는 제자를 프리마돈나로 출연시켰다. 황제도 공연에 만족해했다. 공연을 마치자 모차르트의 약혼자인 콘스탄체(엘리자베스 베리지 분)가 와 있었다. 살리에리는 프리마돈나로 출연한 자신의 제자가 콘스탄체를 질투하는 모습에서 모차르트가 그녀를 건드렸음을 알고 모차르트에 대한 증오와 저주의 마음을 품게 되었다. 모차르트는 아버지의 반대를 무릅쓰고 콘스탄체와 결혼했다.

살리에리의 고백이 이어진다.

"그때부터 신을 믿지 않게 되었소. 오만하고 음탕하고 지저분하고 유치하기 짝이 없는 녀석을 선택하고선 나에겐 그것을 인정할 수 있는 능력밖에 안 줬기 때문이오."

살리에리는 신이 편파적이고 매정하다고 생각하고 십자가를 불에 태워버리면서 모차르트에 대한 증오심을 더욱 불태웠다.

모차르트가 집에 돌아오자 그의 아버지가 와 있었다. 모차르트의 아내는 침대에 누운 채 그냥 있었다. 아버지는 모차르트의 경제 사정이 무척 좋지 않다는 것을 알고 있었다. 모차르트는 아버지와 아내와 함께 음악 무도회에 참석했다. 살리에리도 참석해 있었다. 그곳에서 모차르트는 게임의 벌칙으로 바흐와 살리에리의 곡을 악보도 없이 완벽하게 연주했다. 살리에리는 모욕감을 느끼면서 언젠가 모차르트를 비웃어주겠다고 다짐했다.

모차르트의 집으로 한 여자가 찾아와서 "전 하녀예요. 여기서 선생님을 도와드리라는 명을 받았어요. 급료는 선생님을 숭배하는 익명의 어떤 분이 내실 겁니다"라고 말했다. 모차르트가 옆에 있던 아버지를 바라보며 "아버지가 짜내신 생각인가요?"라고 묻자 정색을 하면서 "신분을 모르는 여자를 들어오게 해서는 안 돼"라고 하였고 아내인 콘스탄체는 "팬이 보낸 걸 거예요. 들어오게 해요"라고 강하게 주장했다. 며느리와 사이가 좋지 않은 아버지는 모차르트의 집을 떠났다.

하녀가 모차르트의 집으로 들어와 시중을 들기 시작했다. 하녀는 살리에리가 보낸 사람이었다. 하녀는 살리에리에게 가서 모차르트의 집 사정을 낱낱이 보고했다. 살리에리는 모차르트 부부가 집을 비우면 알려달라고 말했다. 하녀는 모차르트 부부가 궁정 연주를 위해 집을 비우자 살리에리에게 알렸다. 모차르트 집으로 온 살리에리는 모차르트가 작곡한 〈피가로의 결혼〉 악보를 보았다.

살리에리는 황실 음악 관계자들에게 모차르트가 〈피가로의 결혼〉 작곡을 하고 있다는 사실을 알렸다. 〈피가로의 결혼〉은 황제가 금지한 작품이다. 황제가 모차르트를 불렀다.

"모차르트, 난 관대한 사람이다. 내가 금지시켰을 땐 그만한 이유가 있어서야. 피가로는 부도덕한 희곡이네. 그건 계급을 부정하고 있어. 프랑스에선 그것 때문에 골머리를 썩고 있어. 누이 앙투아네트도 자기 백성이 두려워진다고 편지했어."

"폐하, 맹세코 그런 요소는 없습니다. 공격적인 그런 요소는 모두 뺐습니다. 전 정치를 싫어합니다."

"내 말을 이해하지 못하는군. 지금처럼 위험한 시기에 백성을 자극할 수 없어. 단지 오페라 공연 때문에 말이지."

"폐하, 이건 단지 사랑에 관한 희곡일 뿐입니다."

"자넨 정열이 넘치지만 설득력이 없네."

"폐하, 벌써 오페라 준비는 끝났습니다. 작품에 얼마나 많은 정열을 쏟았는지 아십니까? 작품을 보지 않고 어떻게 설득할 수 있겠습니까, 폐하? 그럼 서막만이라도 보여드리겠습니다. 허락해주시겠습니까?"

"좋아."

모차르트는 황제 앞에서 몸동작을 하면서 〈피가로의 결혼〉내용을 설명했다. 마침내 모차르트는 〈피가로의 결혼〉 리허설에 열중했다. 하지만 살리에리의 교묘한 음모로 〈피가로의 결혼〉 오페라 공연은 단 9회로 막을 내리고 말았다.

모차르트가 집으로 돌아오자 아버지가 돌아가셨다는 소식을 접하게 된다. 모차르트는 아버지의 죽음에 커다란 충격을 받고 자책감에 시달렸다. 이때부터 모차르트의 오페라 작품 성향이 바뀌게 된다. 〈돈 조반니〉 공연 장면이 보이면서 살리에리의 고백이 이어진다.

"그의 작품에 끔찍한 형상이 등장했지. 죽은 기사장의 혼령이 무대에 우뚝 서 있었어. 난 알고 있었소. 나만이 알았지. 그 무시무시한 형상은 죽음에서 소생한 아버지였지. 그는 아버지를 소생시켰던 거요. 자신의 죄를 세상 앞에 사죄하기 위해서……. 경악과 감탄을 자아내는 작품이었소. 그때부터 나의 광기가 발동하기 시작했소. 돌로 쪼개질 것 같은 한 인간의 광기. 나의 술수로 〈돈 조반니〉 공연은 5회를 넘지 못했소. 그러나 나만이 들을 수 있는 숭고한 음성을 듣기 위해서 난 몰래 매 공연마다 관람했었소. 난 이해할 수 있었소, 무덤 속에서까지 불쌍한 아들을 지지했다는 걸. 난 음모를 꾸미기 시작했소. 신에 대항해 끝내는 승리를 얻을 수 있는 무서운 음모를……."

집에서 작곡을 하고 있는 모차르트에게 저승사자 복장을 한 사람이 찾아와 충분히 보수를 주겠다고 하면서 죽은 사람을 위한 미사곡 작곡을 의뢰했다. 살리에리가 시킨 것이었다. 그러나 전기 작가들은 〈레퀴엠 *Requiem*〉을 의뢰한 이는 살리에리가 아니라 스스로 작곡가라고 자부하던 프란츠 폰 발제크 백작이라고 증언한다. 그는 자신의 죽은 아내를 기리기 위한 작곡가가 필요했다.

살리에리의 고해성사가 계속된다.

"계획은 아주 간단했지만 난 두려움을 느꼈소. 먼저 진혼곡을 손에 넣은 다음 그를 죽게 만드는 것이었소."

살리에리는 모차르트가 자책하면서 아버지의 환상에 시달리는 것을 알고 진혼곡 작곡을 부탁해 계속적인 심리적 압박을 가했다. 또한 주위로부터 도움을 받지 못하게 하는 경제적인 압박으로 모차르트를 죽음에 이르도록 만들려고 했다. 빈에서 모차르트는 도와줄 사람이 없어 생활이 곤궁해져 있었다. 모차르트는 추위에 떨며 거리를 헤매었다. 또한 여기저기 일자리와 돈을 빌리기 위해 알아보고 있었다. 음악가로서의 자존심도 접고 사정을 해보았지만 거절당했다. 이때 모차르트의 〈피아노 콘체르토 *d단조*〉가 흘러나온다.

모차르트는 집에서 진혼곡 작곡을 하면서 술과 약으로 지내며 점점 폐인이 되어가고 있었다. 살리에리가 모차르트 집에 보낸 하녀는 살리에리를 찾아와 무서워서 더 이상 모차르트 집에 있을 수 없다고 말했다. 모차르트는 점점 더 실성한 사람이 되어가고 진혼곡을 부탁한 저승사자 복장을 한 사람이 다시 찾아와 작곡을 빨리 끝내주기를 재촉했다. 진혼곡을 부탁한 사람이 떠나자 아내 콘스탄체가 "여보, 증세가 점점 더 심해지는 것 같아요. 돈 한푼 주지 않는 그 바보 같은 짓은 집어쳐요. 왜 완성을 않는 거죠? 이해가 안가요" 하고 말하자 "점점 날 죽여가고 있어" 하고 대답했다.

모차르트는 술에 탐닉하면서 방탕한 생활에 젖어들었다. 아내는 아이를 데리고 집을 나와 온천으로 가버렸다. 모차르트가 연주회에 참석하여 쓰러졌다. 이 모습을 지켜본 살리에리는 자신의 마차로 모차르트를 그의 집으로 데려주고 침대에 눕혔다. 모차르트가 살리에리에게 감사의 뜻을 표하자 살리에리는 "진정으로 자넨 가장 위대한 작곡가야" 라고 말해주었다. 살리에리는 침대에 누워 있는 모차르트를 도와 미완성 상태인 진혼곡의 작곡을 했다. 모차르트가 구술하고 살리에리가 받아 적었다.

모차르트가 쓰러진 사실도 모른 채 아내 콘스탄체와 아들이 집으로 돌아왔다. 콘스탄체는 살리에리가 떠나도록 강하게 요청하고 모차르트에게 앞으로 잘하도록 노력하겠다고 하면서 써놓은 진혼곡 악보를 보고 "이건 뭐죠. 안돼요. 여보 이건 안돼요. 이런 작품은 다시 손대지 마세요"라고 말했다. 그리고 난 다음, 콘스탄체가 살리에리를 쳐다보면서 말했다.

"이건 그이의 필체가 아니에요."

"내가 쓴 거요. 도와주고 있었소."

"이런 작품은 더 이상 안 할 거예요. 이것 때문에 병이 난 거예요. 안녕히 가세요."

"나는 이 작품을 높이 평가해요."

콘스탄체가 누워 있는 모차르트를 쳐다보자 그는 이미 죽어 있었다.

모차르트의 장례식.

살리에리도 참석했고 살리에리가 보냈던 하녀도 멀리서 눈물을 짓고 있었다. 모차르트의 유해가 파놓은 구덩이로 던져졌고 그 위로 횟가루가 뿌려졌다. 이때 모차르트가 작곡한 진혼곡인 《레퀴엠》이 흘러나온다. '안식'을 뜻하는 라틴어인 레퀴엠은 죽은 자의 명복을 비는 로마 가톨릭의 장송 미사에서 유래된 음악이다.

살리에리의 고해성사를 듣고 있던 신부가 십자가를 들고 눈물을 짓고 있다. 살리에리가 신부에게 말한다.

"당신들의 자비로운 신은 사랑하는 자녀를 파멸시켰소. 자신의 아주 작은 영광을 한 조각도 나눠주지 않으면서 모차르트를 죽이고 날 고통 속에서 살게 만들었소. 32년 동안을 고통 속에서 아주 천천히 시들어가는 나를 주시하면서 나의 음악은 점점 희미해져 갔소. 시간이 지날수록 더욱 더 희미하게……. 끝내는 아무도 연주하는 사람이 없게 됐지. 헌데 그의 작품은……."

이때 요양원에서 살리에리의 시중을 드는 직원이 들어온다. 살리에리는 직원을 따라 나가면서 자신은 평범한 사람이고 모차르트는 천재였다는 뜻으로 신부에게 "나는 보통사람들의 대변자요. 모든 평범한 사람들의 대변자지. 난 그 평범한 사람들 중 챔피언이요! 그들의 후원자이기도 하구!"라고 말한다.

"모든 평범한 사람들이여, 너희 죄를 사하노라! 너희 죄를 사하노라! 너희 죄를 사하노라!"하고 살리에리가 휠체어에 앉아 화장실을 가면서 허공을 향해 외치는 장면과 함께 영화는 끝난다.

〈아마데우스〉는 피터 쉐퍼의 브로드웨이 연극 대본에 바탕을 둔 영화로 새로운 시각에서 천재 음악가 모차르트Wolfgang Amadeus Mozart(1756~1791)의 내면에 접근하고 있다. 배경은 요제프 2세가 통치하던 오스트리아의 빈이며 이야기는 전반적으로 살리에리의 관점에서 보는 모차르트에 대한 묘사로 진행된다. 모차르트의 일생을 그린 평범한 전기 영화가 아니라 두 사람의 동시대 작곡가 볼프강 아마데우스 모차르트와 안토니오 살리에리 Antonio Salieri(1750~1825)의 삶과 음악 그리고 그들 간의 갈등을 그리고 있다.

천재적인 재능은 있지만 오만하고 경박스런 모차르트에게 내내 열등감에 사로잡혀 있는 살리에리가 그를 질투한 끝에 살해한 것일지도 모른다는 추리로 시나리오가 만들어졌다. 진실일지도 모를 허구의 사실을 기반으로 한 음악 영화로 그 시대의 흐름을 시각과 청각으로 음미할 수 있다. 'Amadeus'란 라틴어로 '신의 아들, 신의 사랑'이란 뜻이다.

〈아마데우스〉에서는 모차르트의 주옥 같은 음악의 선율을 접할 수 있으며 그의 많은 작품들이 어떤 동기로 만들어졌는지 알 수 있다. 당시 서양 고전음악의 본 고장인 오스트리아 빈 무대에 등장한 이후 죽음에 이르기까지 모차르트가 밟은 시간의 궤적을 들여다볼 수 있다. 아카데미에서 작품상, 감독상, 남우주연상, 각본상을 포함한 8개 부문을 수상하였다.

〈아마데우스〉는 네빌 마리너Neville Marriner(1924~)가 음악 감독을 맡아 지휘하는 아카데미 체임버 오케스트라가 모차르트 음악의 현란한 선율을 선사한다. 1985년 그래미상 최우수 클래식 레코드 상을 수상하였다. 또한 화려한 당시의 궁중 의상을 볼 수 있는 스케일이 큰 영화다.

밀로스 포먼 Milos Forman(1932~)

체코슬로바키아 출신 감독이다. 1963년 만든 첫 장편 〈블랙 피터〉와 〈금발소녀의 사랑〉은 1960년대 중반 체코슬로바키아의 정치 사회적인 배경에 대한 비판을 깔고 있는 영화이다. 〈소방수의 무도회〉는 당시 체코슬로바키아 사회 체제에 대한 풍자적인 내용으로 주제와 스타일 면에서 독자적인 비전을 제시하여 체코 뉴 웨이브 감독으로 세계적인 주목을 끌었다. 그는 소련의 프라하 침공과 함께 고국 체코슬로바키아를 떠나 할리우드로 활동 무대를 옮겨 첫 작품으로 〈탈의〉를 연출하였다.

그후 〈뻐꾸기 둥지위로 날아간 새〉로 1975년 아카데미 감독상을 비롯한 5개 부문에 이어 이 영화 〈아마데우스〉로 1985년 아카데미 감독상을 수상하였으며 〈래리 플린트〉로 베를린영화제에서 작품상을 수상하였다.

F. 머레이 에이브러햄 F. Murray Abraham(1939~) 방탕한 천재에게 흠모와 질투를 동시에 느끼다 좌절하고마는 살리에리 역을 연기하여 아카데미 남우주연상을 수상했다.

톰 헐스 Tom Hulce(1953~) 볼프강 아마데우스 모차르트 역을 맡아 벨벳 재킷에 하얀 가발을 쓰고 들뜬 웃음소리로 아마데우스를 재창조해냈다.

피터 쉐퍼 Peter Shaffer(1926~) 영국 출신 극작가로 브로드웨이에서 〈블랙 코미디〉, 〈에쿠우스〉 등 유명한 연극의 희곡을 썼다. 연극 무대에 올렸던 〈아마데우스〉를 작가 자신이 다시 손질하여 시나리오를 써서 아카데미 각본상을 수상했다.

나이를 초월한 우정

시네마 천국 | Cinema Paradiso | 1989 | 이탈리아

 알프레도는 토토에게 고향을 떠나 다시는 돌아오지 말라고 했다.
그것은 어쩌면 자기처럼 고향 작은 마을에서 영사기사로 안주하려는 토토에게
새로운 꿈과 희망의 날개를 활짝 펴라는 채찍질일 것이다.
아니면 검열된 영화 필름처럼 잘려나갈 뻔했던 토토의 진정한 인생 항로를
유품으로 남긴 필름처럼 잘 이어 준 것일 수도 있다.

감독   **쥬세페 토르나토레**

출연   **필립 느와레** _ 알프레도

        살바토레 카스치오 _ 소년 토토

        마르코 레오나르디 _ 청년 토토

        자크 페랭 _ 장년 토토

영화는 로마에서 유명한 영화감독으로 활약 중인 중년의 토토(자크 페랭 분)가 어느 날, 어머니로부터 어린 시절 고향 마을의 영사기사 알프레도(필립 느와레 분)의 사망 소식을 연락받고 지난 시절을 회상하는 형식으로 시작한다.

제2차 세계대전 직후인 이탈리아 시칠리아 섬의 작은 고향 마을에는 휴식 공간이라 할 수 있는 광장에 '시네마 파라디소Cinema Paradiso'라는 낡은 영화관이 있었다. 이야기는 이 영화관의 영사실을 중심으로 전개된다.

이 마을 소년 토토(살바토레 카스치오 분)는 학교수업이 끝나면 곧장 성당으로 달려가 신부의 일을 도왔다. 토토가 이 일을 하는 이유는 이 마을 영화관에서 상영하는 영화를 신부가 사전 검열하기 때문에 일을 도우면 살며시 영화를 볼 수 있어서였다. 신부는 영화를 보면서 키스신이 나오면 종을 흔들어 영사실의 알프레도에게 그 장면 필름을 자르도록 했다.

제2차 세계 대전에 출전하여 행방불명이 된 남편을 기다리고 있는 어머니는 토토가 영화에 미쳐 있는 것을 꾸짖었다. 하루는 어머니가 우유를 사오라고 준 50리라로 영화표를 사서 좌석에 앉아 당당히 보다가 영화관 밖에서 기다리고 있던 어머니에게 들켜 볼기짝을 맞았다. 영사 일을 마치고 나오던 알프레도가 이 모습을 보고 영화관의 바닥에서 주운 돈이라며 50리라를 토토의 어머니에게 건넸다.

크리스마스도 휴일도 없는 영사실에 갇혀서 영화만을 대하는 알프레도는 영사기사를 천직으로 알고 있었지만 영사기사 생활의 고독과 허상을 알고 있었기에 소년 토토가 어깨 너머로 영사기술을 배우는 것을 싫어했다.

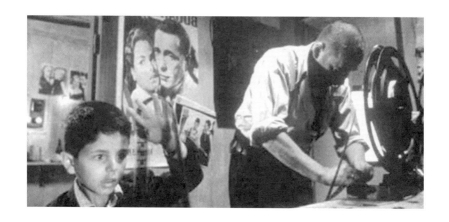

　어느 날 토토의 집에서 인화성이 강한 필름 때문에 조그마한 화재가 일어났다. 토토가 그동안 알프레도로부터 얻어온 삭제 필름들을 난로 옆에 두었다가 불을 내 아버지의 사진도 태우고 동생도 다칠 뻔하게 되었다. 토토는 어머니로부터 극장 출입 금지를 당하게 되었다. 얼마 후, 아버지의 사망 확인 소식이 날아왔다.

　토토의 학교에서 초등학교 자격시험을 보는데, 토토와 알프레도가 같이 시험을 보게 되었다. 알프레도는 토토에게 커닝을 요구했다. 그 대가로 토토는 영사 일을 배우고 실컷 영화를 보며 행복해했다.

　어느 날, 좌석이 모자라 극장에 못 들어간 사람들을 위해 영사기에 부착된 거울의 반사 작용을 이용해 광장 저편 건물을 임시화면으로 만들어 영화를 상영했다. 그러다가 필름이 과열되어 영사실에서 불이 났다. 토토는 있는 힘을 다해 알프레도를 구해내지만 극장은 모두 불타고 알프레도는 앞을 못 보게 되었다. 극장은 복권에 당첨된 마을 사람 시시오가 인수하여

새롭게 단장했다. 이제 토토가 정식기사로 일하게 되고 검열도 사라져 키스 신도 상영되었다.

청년이 된 토토(마르코 레오나르디 분)가 일하는 영사실로 실명한 알프레도가 찾아와서 "이게 너의 진짜 일이 아냐. 언젠가 넌 다른 일을 해야 해. 더 중요한 일과 훨씬 큰 일을 해야 해"라고 충고했다.

청년 토토는 마을에 있는 은행 지배인의 딸 엘레나에게 반하여 애를 태웠다. 엘레나가 극장으로 토토를 찾아오면서 둘의 사랑이 시작되었다. 야외에서 영화를 상영하는 날, 비가 많이 내리자 관객들은 집으로 돌아갔다. 혼자 남아 비 내리는 바닥에 누워 있는 토토의 입에 언제 왔는지 엘레나가 키스를 했다. 두 사람의 관계는 엘레나 아버지의 반대에 부딪치게 되고, 이후 토토가 군에 입대하면서 둘은 연락이 끊기고 말았다. 입대 후 연락을 주고받으려 하지만 토토에게 오는 편지는 자신이 보낸 반송편지뿐이었다.

군에서 제대한 토토는 알프레도를 찾아가 인사했다. 오직 엘레나의 생

각에 젖어 있는 토토에게 알프레도는 사랑과 꿈 중에서 꿈을 택하도록 단호하게 말했다.

"여길 떠나라. 네게 희망이 없는 곳이야. 여기서 하루하루 살다보면 이곳이 세상 전부인 양 착각하게 돼. 이곳과 인연을 끊어. 네가 할 일은 더 이상 여기 없어. 넌 오래 오래 떠나 있어야 해. 넌 나보다 눈이 멀었어. 인생은 영화와는 틀려. Life isn't like in the movies. 인생이 더 힘들지. Life is much harder. 여길 떠나서 로마로 가! 넌 젊어. 세상은 젊은 사람을 필요로 해. 돌아오지 마라. 나도 잊어버리고 편지도 하지 말아라. 향수에 젖지 말고, 모두 잊어야 해. 네가 돌아오면 안 볼 거야. 내 집에 들여놓지 않겠다. 무슨 일이든 좋아서 해야 해."

과거의 회상 장면에서 벗어나 다시 현재 시점의 화면이 이어진다.

로마에서 세계적인 감독으로 활약 중인 토토는 30년 만에 알프레도의 장례식에 참석하기 위하여 고향집을 찾아온다. 어머니는 한 여자를 만나서 결혼을 하라고 하지만 아직도 토토의 가슴에는 엘레나가 자리 잡고 있다. 이미 고향의 그 영화관은 TV와 비디오의 보급으로 6년 전 문을 닫았고,

고향에 온 토토는 이제 영화관이 자신의 눈앞에서 철거되어 주차장 부지로 변해버리는 모습을 보고 향수에 젖는다.

알프레도의 영구차 뒤를 따르는 토토에게 알프레도의 부인이 "네가 와서 알프레도도 기뻐할 거야. 항상 네 얘기만 했지. 임종 순간에도 말이야. 널 정말 사랑했단다. 네게 남겨준 게 있단다. 날 만나고 가거라"라고 말한다. 토토는 알프레도가 유품으로 남겨놓은 영화필름 한 뭉치를 넘겨받는다.

로마로 돌아온 토토는 초현대식 극장에서 알프레도가 남겨준 마지막 선물인 필름을 홀로 감상한다. 그가 어린 시절 살며시 훔쳐보던 신부에 의해 커트 된 수많은 키스 장면들. 토토는 벅차오르는 추억과 감격을 억누르지 못하고 눈물을 흘리는 장면이 비춰지면서 영화는 끝난다.

〈시네마 천국〉은 영화에 미친 한 소년과 마을 영화관의 늙은 영사기사와의 나이를 뛰어넘은 진한 우정을 그리고 있다. 영화에 대한 노스탤지어 Nostalgia가 화면 가득 채워지면서 소년 토토의 성장 과정과 끝내 이루지 못한 사랑과 따뜻한 인간미가 넘치는 갖가지 이야기가 당시의 영화 풍속도를 따라 파노라마처럼 펼쳐진다.

〈시네마 천국〉은 영상과 음악의 완벽한 결합으로 완성도 높은 작품이다. 여러 곡의 음악이 나오는데 그 중 음악적 중심은 〈Love Theme〉다. 몇 소절의 서주가 있은 후, 바이올린의 고요함을 뚫고 클라리넷이 애상적인 주제를 연주하기 시작하면 감미로운 분위기에 젖어들 것이다. 피아노와 함께 현악기가 읊어 나가는 이 선율은 실로 환상적이다.

〈시네마 천국〉은 1990년 아카데미와 골든 글로브 외국어영화상, 칸영화제 심사위원 대상을 수상하였다.

1895년 프랑스의 뤼미에르Lumiere 형제가 최초로 영화를 만든 이후 수많은 사람들이 스크린의 마술에 자신들의 욕망과 희망과 좌절을 투사해왔다. 그래서 영화관은 언제나 꿈의 궁전이었다.

영화와 같은 대중문화는 특정 계급과 신분이 생산하고 소비하는 것이 아니라, 모든 계급과 신분이 생산하고 소비할 수 있는 문화이다.

현대 산업 사회의 특징인 대량화, 능률화의 과정을 통해 생산된 이러한 대중문화는 문화의 폭을 넓히고 문화의 기회를 확대했다. 특히 다양한 미디어의 전파와 발달은 문화를 향유할 수 있는 저변을 확대시킴으로써 실질적인 문화의 민주화를 이룩하였다.

쥬세페 토르나토레 Giuseppe Tornatore(1956∼)

〈시네마 천국〉에서 소박한 인물들을 정감 있게 묘사하여 지난 시절의 향수를 가득 전해주면서 인간의 소박한 모습과 꿈의 실현을 선사하고 있다.

필립 느와레 Philippe Noiret(1930∼) 프랑스 최고의 배우로서 알프레도 역을 맡아 중후하고 때로는 장난스러운 시골아저씨로 등장하여 토토와 정을 나누고 그에게 영화에 대한 꿈과 희망을 심어주고 있다.

살바토레 카스치오 Salvatore Cascio(1979∼) 토토 역은 소년, 청년, 장년으로 세명이 등장하는데, 소년 시절 토토 역을 맡은 살바토레 카스치오의 천진난만하고 앙증맞은 연기는 감탄을 자아내게 한다.

자크 페랭 Jacques Perrin(1941∼) 장년 시절 토토 역을 맡았으며 정치영화 〈Z〉, 〈계엄령〉 등을 제작하고 출연까지 한 프랑스의 제작자 겸 배우다.

엔니오 모리코네 Ennio Morricone(1928∼) 이탈리아 출신의 세계 영화 음악계의 거장이다 그의 영화 음악은 단순한 배경이나 장식품이 아니라 독립된 음악 장르로서도 훌륭하다. 오프닝에서 흘러나오는 동명 주제곡 〈Cinema Paradiso〉를 비롯하여 영화 전편에서 사용되고 있는 〈Loves Theme〉, 연정을 품고 있는 엘레나를 카메라에 담을 때의 배경음악 〈For Elena〉 등은 감성적인 면을 느끼게 해 준다. 이는 영상고 쌍벽을 이루는 새로운 숨결이며, 그만의 연출법이다. 작은 소리 하나에서부터백 밴드의 연주곡까지, 주인공의 심상에서부터 대자연의 거대함에 이르기까지, 그만의 시나리오를 거침없이 연주하는 화면 속의 감춰진 또 한 명의 감독이다.

가공하지 않은 동심

내 친구의 집은 어디인가 | Where Is The Friend's House | 1997 | 이란

 이 영화에 등장하는 **어른들의 모습은 순수한 마음의 주인공과 너무나 비교된다.** 아무리 얘기해도 도무지 들으려고 하지 않는 어른들. 쓸데없는 심부름을 시키며 권위를 확인하려는 어른들. 이런 데서 어른들과 아이들의 뛰어넘기 어려운 벽이 생기는 것이다.

감독 압바스 키아로스타미

출연 바벡 아마드 푸르_ 아마드
　　　아마드 아마드 푸르_ 네마자데
　　　케다 바르치 데파이_ 선생님

이란 코케 마을의 한 초등학교 교실. 신나게 떠들던 아이들은 선생님의 출현으로 일순 조용해지며 긴장에 휩싸인다.

"숙제 검사를 하겠다."

선생님이 앞줄부터 숙제를 검사해나간다.

"이건 뭐지 네마자데? 숙제는 공책에 하라고 몇 번이나 말했어?"

"세 번이오."

"세 번이나 말했는데 왜 공책에 쓰지 않았어? 이건 찢어버리겠다. 그럼 정신을 차리겠지. 왜 선생님 말을 듣지 않는 거야?"

네마자데는 울고, 옆자리의 아마드가 동정 어린 눈으로 지켜본다.

"사촌 집에 갔다가 공책을 두고 왔어요."

이때 건너편 학생이 "제가 그 공책 갖고 있어요" 하면서 공책을 건넨다.

"네가 갖고 있어? 거짓말을 했군."

"그 애가 제 사촌이에요."

"숙제를 공책에 쓰라는 이유는 첫째 절제가 있어야 하기 때문이다. 두 번째는 오늘 숙제를 한 달 전 숙제와 비교하기 위해서다. 이제 왜 공책에 쓰라고 하는지 그 이유를 알았지? 네마자데?"

"네, 선생님."

"이번이 마지막이다. 다시 한번 그러면 퇴학이다."

"알았습니다."

수업을 마치고 집으로 가는 도중 아마드는 길에서 넘어진 네마자데의 바지에 묻은 흙을 아마드는 물로 씻어준다. 집으로 돌아와 숙제를 하려던

아마드는 공책의 표지가 똑같은 네마자데의 공책까지 가져온 것을 알게
된다. 초등학교 2학년인 아마드는 "네마자데에게 공책을 갖다줘야 한다"
고 어머니에게 계속 설명한다. 하지만 어머니는 젖먹이 동생에게 신경을
쓰면서 빨래를 하느라 건성으로 듣는다. 어머니는 "내일 학교 가서 전달하
면 되지 않느냐"고 하면서 "빵을 사와라"라는 심부름을 시킨다.

초조해서 마음이 급해진 아마드는 어머니의 심부름은 듣는 둥 마는 둥
네마자데의 공책을 들고 집을 나선다. 지그재그로 된 언덕길을 숨차게 뛰
어오르는 아마드. 네마자데가 사는 포시테로 달려왔지만 아마드는 네마
자데의 집이 어디인지 도무지 찾을 길이 없다. 온통 미로 같은 계단으로
꽉 차 있는 마을의 경사진 길들을 따라 아마드는 닫힌 문을 두드린다. 만
나는 모든 사람들에게 네마자데의 집을 묻지만 설교를 늘어놓거나 아예
그를 무시하는 어른들에게 아무런 도움을 받지 못한다.

자신이 사는 마을 코케로 돌아오던 아마드에게 길가에 앉아 있던 할아

버지가 담배 심부름을 시킨다. 아마드는 심부름을 간다. 옆에 있던 할아버지의 친구가 할아버지에게 "담배는 여기 있지 않나?" 하고 말한다. 그러자 할아버지는 덤덤한 표정으로 "알고 있네. 하지만 어린아이들은 어른 말을 듣도록 버릇을 들여야 하거든. 아이가 말을 잘 듣거나 자제력을 충분히 갖고 있다고 해도 어른들의 권위를 위해서는 규칙적으로 아이들에게 매를 들어야 해"라고 말한다. 할아버지는 아마드에게 아무 의미 없는 심부름을 시키면서 친구의 공책을 갖다 주려는 동심을 방해하고 있는 것이다.

심부름하는 과정에서 네마자데라고 불리는 사람을 발견한 아마드는 네마자데의 아버지인 줄 알고 친구 네마자데에 관해 묻지만 다른 일을 하며 아무런 관심을 표하지 않는다. 포시테 마을로 돌아가는 그의 뒤를 쫓아가는 아마드. 그러나 힘들게 도착한 그의 집에는 친구 네마자데가 아닌 다른 네마자데가 살고 있다. 그 동네에는 네마자데란 이름이 한둘이 아니라는데……

벌써 골목길은 어둑어둑해지고, 친구의 집을 찾지 못해 숙제를 해야 할 공책도 못 건네준 채 울상이 되어버린 아마드는 문을 만드는 노인을 만난다. 이 동네에 모르는 사람이 없다는 노인은 자신의 이야기를 아마드에게 들려준다. 이란의 전통적인 방법으로 나무문을 짜는 일을 하는 목수 노인은 점점 철문으로 바뀌어가는 세태를 안타까워하며 "이 철제 대문은 평생을 간다고 하더군. 난 평생이 얼마인지 모르겠어"라고 말한다. 노인은 샘이 있는 곳에서 손을 씻으며 들꽃 한 송이를 꺾어 아마드에게 준다. 노인을 따라 친구의 집을 찾았지만 굳게 문이 닫혀 있어 그냥 집으로 되돌아오는

아마드는 고민 끝에 밤을 세워 친구의 숙제까지 대신한다.

다음날 선생님은 어김없이 숙제검사를 시작하고, 네마자데의 숙제 검사 차례가 다가오자 네마자데의 얼굴은 겁에 질린다. 그때 뒤늦게 교실에 들어서는 아마드는 네마자데에게 "숙제했니? 내가 대신 해 왔어" 하고 속삭이면서 슬쩍 공책을 건넨다. 네마자데의 공책에 숙제 사인을 하면서 선생님이 "아주 잘했어"라고 칭찬한다. 펼쳐진 네마자데의 공책에 어제 저녁 목수 노인이 아마드에게 준 들꽃이 꽂혀 있는 모습이 비치면서 영화는 끝난다.

〈내 친구의 집은 어디인가〉는 단지 공책 하나를 모티브로 하루 동안에 일어나는 일을 그리고 있는 이란 영화다. '어떻게 이런 소재가 영화가 될 수 있나' 싶은 줄거리를 '가공하지 않은 현실의 아름다움'으로 일깨워주고 있다.

이 영화는 이란 북부 지역을 무대로 한 압바스 키아로스타미 감독의 3부작 중 첫 번째 작품이다. 키아로스타미의 카메라는 아미드를 따라가며 이란의 현실을 보여주고 어린이의 시선으로 세상을 발견한다. 아이들의 눈망울같이 순수한 동심 뒤에 잔잔한 여운이 긴 꼬리처럼 남는다.

두 번째 작품인 〈그리고 삶은 계속된다〉는 1991년에 이란 북부 지역을 엄청난 지진이 휩쓸고 지나가자 〈내 친구의 집은 어디인가〉 속에 등장했던 두 명의 소년이 생존해 있는가를 확인하는 과정의 로드무비이다. 오로지 두 아이의 생존여부를 물으며 감독과 자신의 어린 아들이 여정을 거듭해가는 과정에 비친 이란 사람들의 진솔한 삶의 모습을 담고 있다.

세 번째 작품인 〈올리브 나무 사이로〉는 〈그리고 삶은 계속된다〉에 나왔던 젊은 신혼부부 역을 아마추어 배우들 중에서 캐스팅하는 데서부터 시작된다. 그런데 캐스팅된 남녀 배우들 사이에서 실제로 사랑의 감정이 요동친다.

이와 같이 하나의 영화가 다음 영화로, 또 그 다음 영화로 계속 이어지고 있어서 자연스럽게 3부작을 형성하고 있는 것이다. 이 세 작품은 인상적인 연출의 공간인 '지그재그 언덕길'이 모두 등장한다는 이유로 '지그재그 3부작'이라고도 한다.

이 영화에 등장하는 어른들의 모습은 순수한 마음의 주인공과 너무나 비교된다. 아무리 얘기해도 도무지 들으려고 하지 않는 어른들. 쓸데없는 심부름을 시키며 권위를 확인하려는 어른들. 이런 데서 어른들과 아이들의 뛰어넘기 어려운 벽이 생기는 것이다.

흔히들 '걱정 없는 어린 시절이 좋다'라고 말을 한다. 과연 그럴까? 이런 말을 하는 어른들은 혹시 지난 어린 시절을 망각한 게 아닐까? 어린아이들은 나름대로 걱정도 많고 할 일도 많다. 아무 생각 없이 뛰어 놀고 공부만 하는 것이 아니다. 어른의 시각에서 보면 대수롭지 않을 수도 있지만 아이들은 그 나름대로 큰 문제를 매일매일 안고 살아간다. 어른들은 아이들을 얼마만큼 이해하고 있을까? 때로는 동심을 방해하고 있지는 않는지······.

압바스 키아로스타미 Abbas Kiarostami(1940∼)

사실적 기법으로 아랍 영화의 새로운 지평을 열었다는 평가를 받고 있는 이란의 대표적 감독이다. 그의 영화는 단순하고 명확하다. 일상의 삶 속에 널려 있는 이야기를 통해 '삶이란 무엇인가' 라는 근원적인 질문을 던진다. 거창한 이념보다 소박한 인생관을 통해 더 많은 것을 말한다.

극영화와 다큐멘터리를 넘나드는 형식으로 완성시킨 그의 영화는 생생한 사실감을 그대로 드러낸다. 영화와 영화 밖 현실의 경계가 없다. 그는 아마추어 배우를 쓰면서 그들에게서 가장 원초적이고 소박한 감정을 이끌어내 신선한 감동을 전한다. 기발한 아이디어와 어려운 테크닉을 구사하는 현대영화를 만드는 사람들에게 이 영화는 기교를 부리지 않은 영화도 얼마든지 아름다울 수 있다는 것을 일깨워주었다.

그는 〈체리 향기〉로 1997년 칸영화제 작품상인 황금종려상을 수상하였다. 이 영화는 자살을 결심한 40대 남자가 자신을 묻어줄 사람을 구하기 위해 거리를 헤매는 과정을 통해서 삶의 아름다움을 역설적으로 표현하고 있다.

영혼의 음성

레이 | Ray | 2004 | 미국

 맹인이었던 레이 찰스는 암흑 속에서 음악이라는 자신만의 빛을 찾아낸 위대한 아티스트였다. 12번의 그래미상을 수상하며 재즈에서 로큰롤까지 두루 섭렵하면서 명예의 전당에 이름이 오르는 신화를 만들었다.

감독 **테일러 핵포드**

출연 **제이미 폭스**_레이 찰스
샤론 워렌_아레사

미국 최대의 공황 시기였던 1930년 조지아 주 알바니의 가난한 집에서 태어난 레이 찰스(제이미 폭스 분). 그는 어릴 적부터 교회에서 찬송가를 접하고, 동네 블루스 음악가에게 피아노를 배운다. 이 시기에 동생 조지가 자신의 눈앞에서 물통 속에 빠져 익사하는 것을 목격하고 평생 죄책감에 시달린다. 레이 찰스는 이 사건을 목격한 지 1년 뒤부터 녹내장을 앓기 시작하면서 점점 시력을 잃게 된다. 결국 7살 때 완전히 시력을 잃은 레이 찰스는 아들이 혼자의 힘으로 당당히 살아갈 수 있기를 원했던 어머니 아레사(샤론 워렌 분)의 엄한 교육 덕분으로 세상에 맞서는 것을 두려워하지 않게 된다.

창문 밖 벌새의 날개 짓까지 들을 수 있을 정도로 청각을 가지게 되었으며 어머니는 그에게 보다 낳은 미래를 열어주기 위해 집에서 160마일이나 떨어진 맹인 주립학교로 유학을 보낸다. 그는 이 학교에서 악보 읽는 법과 악기를 다루는 법을 익히고 재즈, 스윙, 가스펠, 블루스 그리고 컨트리 음악에 심취하게 된다. 이렇게 맹인학교에 적응하는 동안 그를 이 세상에서 혼자 살아갈 수 있게 만들어준 어머니가 세상을 떠난다. 어머니가 항상 그에게 말했던 누구에게도 의지하지 말고 자기 힘으로 일어나라는 강한 메시지에 따라 그는 곧바로 음악계에 발을 들여놓는다. 청소년 시절에 플로리다 북부의 클럽과 연회장, 그리고 라이브 바에서 일하면서 다양한 장르의 음악과 접하고, 밴드들과 함께 연주하기 시작한다.

18세가 되던 해인 1948년 가수이자 피아노 연주자로 일하기 위해 혈혈단신으로 시애틀로 향한다. 그곳에서 노래하면서 레코드 제작 계약을 맺는 기회를 얻으면서 성공에 이르는 첫 걸음을 내딛게 되고 순회공연을 펼치는 동안, 그의 영혼을 울리는 음악은 높은 평판을 받기 시작한다. 가스펠과 블루스를 접목시킨 새로운 노래로 젊은이들에게 선풍적인 인기를 끈 그는 목사의 딸 델라(케리 워싱턴 분)와 결혼까지 하지만, 자유분방한 성격 탓에 밴드의 코러스인 마지(레지나 킹)와도 애인 관계를 만든다.

레이 찰스는 이미 20대에 연속적인 성공과 그만의 독특한 음악 세계를 구축하며 당시에 듣기 어려운 소울의 천재라는 칭호를 듣게 된다. 이렇게 치솟는 인기와 함께 1960년, 그는 인종 차별 때문에 백인과 흑인의 좌석이 구분되어야 하는 클럽이나 호텔에서는 과감하게 공연을 취소하는 용기 있는 행동을 보여준 최초의 음악가가 되었다. 그러나 이 행동으로 그는 재정적으로 큰 손해를 보았으며, 그가 공연을 취소했던 조지아 주는 그의 행동에 분개하여 조지아 주에서 평생토록 노래를 하지 못하도록 금지 명령을 내리기도 했다.

영화 속에는 영화의 스토리에 맞춰 레이 찰스의 노래 중 주요한 12곡을 사용하고 있는데 노래를 만들었을 때 혹은 연주할 때의 레이 찰스의 심리 상태를 잘 나타내고 있다.

〈I've Got a Woman〉은 가스펠에 R&B를 혼합하여 음악사의 새로운 장을 열었으며 소울Soul이라는 형태의 음악을 탄생시킨 노래다. 1955년 R&B 인기 차트 1위에 올라갔을 때 엘비스 프레슬리의 관심을 받기도 하였다. 더불어 신성한 가스펠의 리듬을 이용해 성적 욕망을 노래했다는 이유로 신성모독이라는 논란을 일으키기도 했다.

〈*Drown in My Own Tears*〉는 1956년 최고의 히트곡으로, 원래 가수 룰라 리드를 위하여 헨리 글로버가 작곡한 음악이다. 이 노래는 영혼을 뒤흔드는 다운비트의 형식으로 가슴을 쥐어짜는 느낌을 주기 때문에 많은 이들에게 사랑받는 발라드의 고전이다.

〈*What'd I Say*〉는 많은 사람들이 레이 찰스의 대표작으로 기억하는 1959년 히트곡이다. 이 노래는 최초로 관능적인 스타일을 시도했는데 레이 찰스가 노래를 리드하면 여성 백 코러스들이 허밍으로 답하는 형식이며, 레이 찰스가 전자 피아노 연주를 시도한 곡이기도 하다. 당시 관능적인 음악성 때문에 라디오에서는 방송이 금지되기도 했지만, 2003년 미국 의회 도서관에서는 미국 음악 레코드 역사상 가장 중요한 노래 중의 하나로 선정하여 보관 중이다.

〈*Georgia on My Mind*〉는 그의 전체 작품 중 팝 레코드 부문에서 처음으로 1위를 차지한 노래이며, 후에 조지아 주의 공식 주 노래로 선정되었다. 이 곡은 그동안 레이렛이라고 불리는 달콤하고 순수한 음색의 여성 백 보컬들 대신, 합창단과 관현악 오케스트라를 사용해 레이 찰스의 새로운 연출력을 보여주었다.

〈*Hit the Road Jack*〉은 1961년 인기 차트 1위를 차지하면서 대단한 성공을 거둔 노래로 그의 백 코러스들 중 레이에게 제발 떠나달라는 가사를 애원하듯 노래했던 마지 헨드릭스를 세상에 알리게 된 작품이기도 하다.

〈*Unchain My Heart*〉는 짝사랑하는 마음을 알아달라고 간절히 애원하는 남자의 마음을 노래한 펑키풍의 정열적인 노래이다. 레이 찰스의 풍부한 감정이 살아있으며, 라틴 리듬과 3명의 여성 백 코러스의 완벽한 하모니가 돋보이는 곡이다.

〈*I Can't Stop Loving You*〉는 돈 깁슨이 부른 전통 컨트리 음악을 레이 찰스의 정열적인 음색을 가미해 새롭게 창조한 곡이다. 10주 연속 빌보드 R&B 차트 상위권에 오르면서 당시로서는 기록적인 백만장의 앨범 판매고를 기록했다.

발매하는 음반마다 공전의 히트를 기록하며 음악인으로서 성공하지만, 6살 어린 나이에 목격한 동생의 죽음이 환영처럼 따라다니고, 앞이 보이지 않는데서 오는 암흑 속의 공포, 철저히 혼자라는 지독한 외로움은 그를 마약의 세계로 빠져들게 만든다. 아내 델라의 간곡한 부탁에도 불구하고 점점 마약의 늪에서 헤어 나올 수 없게 된 그는 최고 유명인의 자리에서 검찰에 검거되는 파문을 일으킨다.

그러나 마약에 한 번 손을 댄 이상 도저히 그만 둘 수 없었고, 평생을 지키겠노라 약속했던 가정마저도 위태로워질 뿐이다. 하지만 자신의 영향으로 마약에 빠져든 마지의 죽음 소식을 접하게 된 레이는 지금껏 자신을 지탱하게 했던 음악마저 송두리째 빼앗길 수 있다는 위기를 느끼고 재활원에 들어가 재활의 의지를 불태운다.

그리고 마침내 흑인으로, 그것도 시각 장애인으로 당당히 세상의 편견과 맞서 자신의 한계를 뛰어넘어 전 세계 음악팬들의 가슴에 영혼의 음성을 울린다.

레이 찰스에 대한 자막이 나온다.

그 후 40년 동안 히트 앨범을 만들었으며, 그래미상을 수상하고, 세계에서 가장 사랑받는 엔터테이너가 되었다. 그는 약속을 지켜, 다신 헤로인에 손대지 않았다. 유명해진 이후에도 뿌리를 잊지 않고, 20만 달러 이상을 흑인 대학 장애인들에게 기부하였다.

그리고 1979년 조지아 주는 레이 찰스에게 공연을 금지시킨 것을 공식적으로 사과하고 〈Georgia on My Mind〉를 조지아 주의 공식 노래로 선포하는 장면이 나오면서 음악과 함께 엔딩 크레딧이 올라온다.

〈레이〉는 2004년 6월 74세로 생을 마감한 미국 팝음악계의 전설적인 뮤지션 레이 찰스 Ray Charles Robinson(1930~2004)의 삶을 그린 감동의 전기 드라마다. 레이가 자신의 내면에 존재하는 어두움과 마약의 유혹을 극복하고, 세계적으로 사랑받는 뮤지션으로 자리 잡기까지를 감동적으로 그려나간다. 본명이 레이 찰스 로빈슨이었던 그는 18세 데뷔 당시에 권투선수 슈거 레이 로빈슨과 구별하기 위해 성(姓)을 버리고 레이 찰스라는 이름을 택했다.

맹인이었던 레이 찰스는 암흑 속에서 음악이라는 자신만의 빛을 찾아낸 위대한 아티스트였다. 12번의 그래미상을 수상하며 재즈에서 로큰롤까지 두루 섭렵하면서 명예의 전당에 이름이 오르는 신화를 만들었다. 그는 자서전에 "음악은 나와 함께 탄생했고 세상에서 내가 알고 있는 유일한 설명이다. 음악은 나 자신이다. 내게서 음악을 떼어놓으려면 외과수술을 해야 할 것이다"라는 말을 남겼다.

영화 속 음악은 레이 찰스가 곡을 만들 때의 감정을 들려주는 에피소드와 함께 자연스럽게 녹아 있는 한편 영화를 리듬감 있게 이끌어가는 에센스가 되고 있다.

〈레이〉는 2005년 아카데미 남우주연상(제이미 폭스), 녹음상과 골든 글로브 남우주연상(제이미 폭스)을 수상했으며, OST는 그래미상 시상식에서 '올해의 앨범상'을 수상하였다.

테일러 핵포드 Taylor Hackford(1945~)

내면의 두려움과 마약의 유혹에 시달리던 레이 찰스가 이를 극복하고 현대 미국인들에게 사랑받는 천재 뮤지션으로 자리 잡는 과정을 과장 없이 그리고 있다. 1983년 아카데미 남우조연상과 주제가상을 수상한 〈사관과 신사〉를 감독하였다.

제이미 폭스 Jamie Foxx(1967~) 레이 찰스라는 인물의 고통과 열정을 열연하여 2005년 아카데미와 골든 글로브 남우주연상을 수상하였다. 그는 시각 장애인의 실감나는 연기를 위해 하루 12시간을 인공 눈꺼풀로 눈을 가리고 리허설을 했다고 한다.

49편의 말 많은 영화읽기

1판 1쇄 2007년 7월 14일
1판 3쇄 2008년 5월 25일
지은이   윤문원
펴낸이   주혜숙
펴낸곳   포이즌
           서울시 종로구 내수동 73 경희궁의 아침 4단지 오피스텔 1603호
           전화: 725-8806-7, 팩스: 725-8801
등록   2003년 7월 22일 제6-510호
ISBN 978-89-959880-0-8   03680

                가격 12,800원